Kay Hoffman

Maria Schneider, Martin Haberzettl

BodyMindManagement
in Action

NLP • Body • Trance • Feldenkrais

Junfermann Verlag • Paderborn

1996

© Junfermannsche Verlagsbuchhandlung, Paderborn 1996

Covergestaltung: Petra Friedrich

Coverfoto: Comstock GmbH Berlin

Satz: La Corde Noire – Peter Marwitz, Kiel

Druck: PDC – Paderborner Druck Centrum

Die Deutsche Bibliothek – CIP-Einheitsaufnahme

Hoffman, Kay:
BodyMindManagement in Action: NLP • Body • Trance • Feldenkrais / Kay Hoffman; Maria Schneider, Martin Haberzettl. – Paderborn: Junfermann, 1996.
ISBN 3-87387-307-9

NE: Schneider, Maria; Haberzettl, Martin; GT

ISBN 3-87387-307-9

Inhalt

Vorwort

Diese Arbeit von Kay Hoffman, Maria Schneider und Martin Haberzettl hat mich auf mehreren Ebenen erreicht und bereichert.

Als ich meinen Geist fragte, was er BodyMindManagement voranstellen möchte, sprach er respektvoll von klaren, in der Tiefe verbundenen Strukturen, von sorgfältig aufbereiteten Essenzen aus der reichen Erfahrung dreier hervorragender Therapeuten. Sprach von der integrierenden Kraft, die das Entweder/Oder vieler therapeutischer Schulen in das Sowohl-Als-Auch wirklich ganzheitlicher Arbeit überführt und davon, daß darin zugleich die ursprüngliche, oft vergessene Mission jeder Entwicklungsarbeit besteht.

Als ich meine Seele fragte, schickte sie mir Vorstellungen, die aus meiner Kindheit zu kommen schienen: Von Menschen, denen ich mich anvertrauen kann, von Menschen, mit denen ich neue Wege gehen kann und die – auch als Erwachsene – intuitiv erfassen, was Lebendigkeit bedeutet, sie zu erwecken und zu fördern vermögen.

Als ich meinen Körper fragte, begann er, sich zu recken und zu strecken – dankbar, als gleichberechtigter Partner angenommen zu sein, sich in ureigensten Bewegungen aufrichten und bewegen zu können.

Ich habe den drei Anteilen meines Wesens voneinander erzählt – und sie freuten sich, wieder miteinander bekannt gemacht zu werden. Als sie mich fragten, wer denn ich sei, der Fragesteller, antwortete ich: Ich bin das „Wir", die Melodie, die entsteht, wenn unsere Instrumente zusammenspielen. Sie ist um so reichhaltiger, je mehr wir voneinander wissen, uns aufeinander beziehen können und je erfahrener und kunstvoller wir die Instrumente zu spielen vermögen. Eine Entwicklung, die vielfältige Lernprozesse beinhaltet – und die durch gute Wegbegleiter, Lehrer und Modelle so sehr gefördert werden kann.

Als solche Wegbegleiter und Lehrer erlebte ich Kay, Maria und Martin – und nicht erst mit diesem Buch. Sie vermitteln Essentielles darüber, wie unser Instrumentarium von Körper, Geist und Seele zum Orchester wird. Die AutorInnen bauen darauf auf, was in alter wie in jüngerer Zeit Menschen mit dem ähnlichen Anliegen entwickelt haben und verknüpfen es zu einem ganzheitlichen Entwicklungskonzept. Erprobte Wege, Modelle und Methoden, wie Trance, NLP und Feldenkrais, erscheinen in neuem Gewand und relativieren sich zueinander als Teile eines Ganzen. Die klangreich gespielten Instrumente von Geist und Körper werden durch die Sensibilität des Seelischen belebt, welche nicht zuletzt in der Haltung, mit der dieses Buch geschrieben ist, spürbar wird, in dem, was viele heute emotionale Intelligenz nennen.

Wer lehrt uns welche Instrumente? Ist es Kay, die uns den Flug der Seele zeigt, Martin, der uns den differenzierten Gebrauch des Geistes vermittelt oder Maria, die uns das Instrumentarium des Körpers entdecken läßt? Zeigt der Violinist im Orchester uns nur den Gebrauch der Geige? Keine Metapher sagt alles.

Die Instrumente des Lebens sind nicht voneinander getrennt. Der Geist spielt auf den Saiten des Körpers, und der Körper bewegt sich zum Flügelschlag der Seele. Alle Beteiligten, egal an welchem Platz, sind Botschafter und Repräsentant des Ganzen. In diesem Sinne verkörpert auch das Zusammenwirken der drei AutorInnen die Aussage des Buches: Body Mind Management. Ihnen, liebe Lernende, Entdecker, Anwender und Praktizierende, wünsche ich mit diesem Buch viele neue Wahlmöglichkeiten, die Saiten des Lebens zum Klingen zu bringen. Für sich selbst und für jene Menschen, mit denen Sie arbeiten oder leben.

Bernd Isert   April 1996

Einführung

Zugegeben, der Titel kam eher zufällig zustande. Aber er hat sich nach und nach mit Bedeutung gefüllt, so daß wir uns jetzt keinen anderen mehr vorstellen können.

November 1994 leitete ich zusammen mit Rudolf Kapellner ein MindManagement-Seminar, organisiert vom Gottlieb Duttweiler Institut, das in der Schweiz führend für neue Management-Stile ist. Während dieser Tage saßen wir, Rudolf Kapellner und ich sowie Karin Frick als Organisatorin der Abteilung MindManagement vom GDI, beim Essen und ließen die Worte zusammen mit den guten Speisen auf der Zunge zergehen. So entstehen die besten Titel. Ich sprach vom leiblichen Wohl und den sinnlichen Genüssen – das geht von der Musik, dem Rhythmus, den Gesängen über farbenprächtige Eindrücke bis zu den Wohlgerüchen berauschender Räucherwaren und weit darüber hinaus. Ich geriet ins Schwärmen, Erzählen und entwickelte ein Konzept dazu, das den anspruchsvollen Sinnen von Gehirnbenutzern gerecht werden sollte. Dies schloß natürlich das Multimind-Modell nach Robert Ornstein ein und war von vornherein komplex angelegt. Ich begeisterte mich für das Projekt und hatte die Vision, den systemischen Ansatz aus der Familientherapie in die Theorie von Body Language, Body Linguistics, Psychosomatik und innovativen, kreativen und nonverbalen Ansätzen des Selfmanagements zu übertragen.

Ich erzählte diese Vision meinem Freund und Kollegen Martin Haberzettl, der als Psychologe, Körpertherapeut und NLP-Trainer gerade an einer Doktorarbeit über Psychoneuroimmunologie schrieb und sich daher intensiv mit der Schnittstelle von Körper und Geist beschäftigte. In Verbindung mit seiner therapeutischen Arbeit erwuchs daraus allmählich ein Modell, dem er den vorläufigen Namen „magischer Realismus" gab. Innerhalb der nächsten fünf Minuten war entschieden, daß *BodyManagement* – so der Vorschlag von Karin Frick – zusammen mit magischem Realismus nicht nur eine Vision und ein Konzept, sondern auch ein Buch sei, das geschrieben werden müßte. Martin hatte seinerseits schon mit der Feldenkrais-Lehrerin und NLP-Trainerin Maria Schneider Kontakt aufgenommen und plante eine Synthese von NLP und Körpertherapie. Wir trafen uns und planten ein Buch, das die drei Ansätze – nonverbales Management, psychosomatische Therapie und Feldenkrais in Verbindung mit NLP – vereinen sollte. Wir gewannen den Junfermann Verlag für unsere Idee, und voilà.

Ich erinnerte mich später meiner Erfahrungen mit östlichen Bewegungstechniken, Meditationspraktiken und Kampfsportmethoden und plädierte dafür, das Konzept des *BodyMind* zu berücksichtigen. BodyMind heißt, wörtlich übersetzt, Körperbewußtsein. Es hat aber weniger mit dem uns bekannten Körperbewußtsein und mehr mit einer geistigen Erfahrung zu tun, die allerdings auf einer körperlich-sinnlich-energetischen Erfahrung aufbaut. Diese Erfahrung, die von grundlegender Bedeutung auch für noch so feingeistige, metaphysische Bereiche ist, vermittelt das am eigenen Leibe erlebte Wissen, daß sich Körper und Geist nicht trennen lassen und Energie das gemeinsame Band der Kontinuität einer allgegenwärtigen Verbindung ist. BodyMind ist ein eingeführter Begriff in der östlichen Philosophie. Der hier vorgestellte neue Management-Stil soll sich durch seine integrative Weite und durch die Eröffnung einer neuen, einer geistigen Perspektive, einer Meta-Ebene jenseits des Gewohnheitstrotts ausweisen. Mind soll hierbei nicht nur auf das persönliche Bewußtsein hinweisen, sondern darüber hinaus jenen Geist bezeichnen, der alles belebt. *BodyMindManagement* will auf konkrete Art zum Anfassen und Anfühlen ein neues Denken anregen, das wiederum zu einer neuen Lebenseinstellung und damit zu einer tiefgreifenden Umwandlung führen kann.

Soweit so gut. Bleibt nur noch zu erklären, warum wir es nicht lassen konnten, von Management zu sprechen. Dieses Wort ruft in vielen Menschen technizistische Assoziationen der Machbarkeit und Kontrolle hervor und erweckt den Anschein, hier handle es sich um Strategien der Verwaltung oder zumindest der Bewältigung. Da mag etwas Wahres daran sein, aber schließlich muß es uns ja nicht zum Nachteil gereichen, wenn wir

Methoden und Modelle ausarbeiten, die unsere Entscheidung, aus dem Gewohnheitstrott auszusteigen und unser Leben in die eigene Hand zu nehmen, unterstützen.

BodyMindManagement befaßt sich mit Lebensbereichen, die wir bislang vielleicht als unzugänglich eingeschätzt haben, was das Bewußtsein und den Willen, jene zwei Manager in unserem Seelenbetrieb, betrifft. Das Hoheitsgebiet des Unbewußten, des Unwillkürlichen war bislang tabu – und soll es in gewissem Maße auch bleiben, da die *Fähigkeit zur Selbstorganisation* als höchster Wert angesetzt wird. Es soll hier nicht um die Kunst gehen, auch da zu manipulieren, wo bislang nicht manipuliert wurde, weil einfach nicht die Möglichkeit dazu bestand. Der Wahn der Machbarkeit soll uns nicht dazu verführen, dort zu kontrollieren, zu produzieren und zu fixieren, wo die Natur das ungehinderte Fließen von Lebensenergie vorgesehen hat. Durch die Kunst der Einfühlung jedoch können wir lernen, in engerem Kontakt und Austausch, in Kooperation mit unseren autonomen Körperfunktionen und unbewußten Seelenanteilen unser Leben fließender zu gestalten und so zu einer der Zivilisation weitgehend verlorengegangenen *Natürlichkeit* zu gelangen. *Es geht hierbei mehr um das Lassen als um das Machen.*

Während der viel zitierte Ausspruch „Mens sana in corpore sano" aus den Satiren des Juvenal oft dazu mißbraucht wurde, den Körper unter die Fuchtel einer para-militärischen Vernunft zu stellen und ihn als inneren Schweinehund zu bekämpfen, möchten wir ein neues Körperbewußtsein vorstellen, das sich an den selbstregulierenden Kräften des ganzen Organismus orientiert. Nirgends zeigen sich solche Kräfte so sehr wie im Falle der Selbstheilung, der Intuition und Kreativität. Der Körper ist sich selbst sein bester Manager; er verfügt über ein eigenes Bewußtsein, das sensibel reagiert, präzise kommuniziert und einen stimmigen Ausdruck für seine Botschaften findet. Darin ist es ungeheuer kreativ. Während früher im Zuge der neuen Kommunikationswissenschaften die Körpersprache – body language – im Vordergrund stand, möchten wir mehr auf die *Signale des Körpers als Instrumente der Selbstorganisation und Aufrechterhaltung eines gesunden Gleichgewichts* hinweisen. Wir nennen dies *body talk* oder – in Anlehnung an die Neurolinguistik – *body linguistics*. Das heißt: Nicht nur wir befehlen dem Körper und hoffen darauf, daß er uns versteht und folgt. Es heißt auch: *Der Körper spricht zu uns.* Und wir können ihn verstehen, wenn wir uns darauf einlassen, seine Sprache ebenso wie das, was er uns sagen möchte, als wertvoll anzuerkennen.

Ein Anliegen dieses Buches ist es, die autonomen Begabungen unseres Organismus, die uns so selbstverständlich geworden sind, daß wir sie gar nicht mehr beachten oder achten, als mächtige Helfer und Verbündete, als eine der wichtigsten Ressourcen unseres Lebens überhaupt wieder zugänglich zu machen. Dieser neue Zugang könnte die alte Vorstellung von kontrollierender Disziplin im Sinne eines ständigen Herumdokterns, eines moralisierenden Maßregelns und eines konditionierenden Machens um der Machbarkeit willen ablösen. Gleichzeitig entsteht durch BodyMindManagement so etwas wie ein neues System der weißen Magie, die im Heilungsauftrag des Organismus die menschlichen Fähigkeiten der Vorstellung, der Imagination und Autosuggestion benutzt, um die grundsätzliche *Entscheidung für das Leben und die Gesundheit* jeden Tag neu zu beschwören. Dies beinhaltet sowohl Entzauberung – von negativen Konditionierungen – als auch Verzauberungen im Sinne der Kunst, sich wieder wundern zu können. – Und sich wundern zu dürfen.

Kay Hoffman

1

Was ist BodyMindManagement?

Das BodyMind Management geht von der Einheit von Körper, Seele und Geist aus, wobei diese klassische Unterteilung eines organisch verbundenen Ganzen mehr ein Zugeständnis an unsere westliche Tradition ist als ein verbindlicher Grundsatz. Körper, Seele und Geist sollen hier die drei Zentren markieren, aus denen heraus der Mensch sein Dasein erlebt, sein Sosein gestaltet. Wir könnten auch sagen, daß:

1.   der Körper sowohl Wahrnehmung wie auch das Handeln ermöglicht, wobei er durch autonom-vegetative Prozesse, durch autonome Reflexe oder durch Konditionierungen angelerntes Verhalten, durch Instinkte, durch Reaktionen und Impulse auf die Außenwelt einwirkt, ebenso wie er die Informationen aus der Innenwelt selbstregulierend verarbeitet. Die Informationsverarbeitung geschieht auf unbewußter Ebene.

2.   die Seele zwischen reinem Geist und unbewußtem Leben vermittelt und sich dazu vor allem der Emotionen und Gefühle bedient, um einerseits in Kontakt zu kommen mit den beiden so voneinander grundsätzlich verschiedenen Welten, andererseits sie in Beziehung zu bringen und miteinander zu verbinden. Die Seele sucht die Einheit und sucht zu vereinen, auch wenn es unvereinbar erscheint. Die große Bewegung, die hinter allen Gefühlsbewegungen steht, ist die Bewegung zur Einheit hin. Mit seinen eigenen Gefühlen in Kontakt zu kommen bedeutet, diese Sehnsucht nach Vereinigung am eigenen Leibe zu spüren. Die Seele bewahrt alle diese Erfahrungen auf und verarbeitet so Informationen zu größeren Wissenskomplexen, die in Gefühlen gespeichert sind.

3.   der Geist erst in Form des Denkens die bewußte Informationsverarbeitung im Menschen übernimmt. Das Denken ermöglicht es, aus gemachten Erfahrungen zu lernen, alte Erfahrungen von entsprechenden Konditionie-

rungen abzukoppeln und neue Erfahrungen einzugehen, Erfahrungen miteinander zu vergleichen, sie zu kombinieren und sich für die beste Möglichkeit, die gedacht werden kann, zu entscheiden. Damit aber die Entscheidung
verwirklicht werden kann, bedürfen wir wieder aller Mitspieler, des Körpers
wie der Seele, des Bauches, des Herzens und des Kopfes.

BodyMindManagement befaßt sich mit diesen ganzheitlichen Zusammenhängen ebenso wie mit den Prozessen eines gelungenen Zusammenspiels.

    Der Körper steht dabei im Vordergrund, weil die Arbeit am und mit dem
Körper den Vorteil hat, sofort sichtbar zu werden, ebenso wie der Körper
noch vor jeder Bemühung um Ausdruck immer schon hautnah und offensichtlich auf der Oberfläche der Wirklichkeit erscheint. Der Körper ist sein
eigener Ausdruck. Daß es sich mit Seele und Geist nicht so verhält, wird
jedermann einleuchten. Was ist überhaupt Seele? Schon da gehen die
Ansichten auseinander, eben weil die Seele nicht etwas Sichtbares ist. Und
was ist Geist? Die Übersetzung ins Englische sieht einerseits das Wort *mind*
vor. Mind ist Bewußtsein, persönliches Bewußtsein. Andererseits heißt Geist
auch „spirit", das ist überpersönliches, kosmisches Bewußtsein. Ist der Geist
sich selbst bewußt? Wer weiß. Wir können eine Einsicht in diese Verhältnisse nehmen. Oft ist es auch eine Sache der Definition, wie Worte verwendet werden. Es ist eine Sache der Konvention. Wir können stundenlang
diskutieren. Gerade das soll aber im BodyMindManagement vermieden werden. Wir werfen uns mitten ins Gewühl des Lebens. Wir beginnen sofort mit
dem Handeln, mit Übungen, Experimenten und eigens entworfenen
BodyMind-Spielen. Auch dazu müssen wir auf die Ebene des Körpers gehen,
denn vor allem da haben wir die Möglichkeit der Bewegung.

    Wir beginnen mit der Bewegung. Daraus ergibt sich alles andere:
Prozesse der Veränderung, des Übergangs, Durchgangs, Zugangs und
Ausgangs, der Lösung, der Bindung, der Umsetzung, der Neuorientierung,
der Steuerung und Ausgestaltung. Entscheidungen sind körperliche Prozesse, Entschlossenheit ein körperlicher Zustand. Deshalb ist es wichtig, auf
der körperlichen Ebene zu arbeiten: Sofortige Rückmeldungen über den

Fortschritt eines therapeutischen Prozesses werden vom Körper gegeben. Veränderungen können im Hier-und-Jetzt erlebt werden, auch wenn sie unter dem Vorbehalt des Als-Ob ausprobiert und als Experiment durchgespielt werden. Der Körper ist sehr viel mehr als nur seine eigene Physiologie. Der Körper ist, davon sind wir überzeugt, sich selbst sein eigener und sein bester Manager. Im BodyMindManagement wollen wir auf den Körper achten, seine Botschaften hören, die Informationen, die er uns liefert, ernst nehmen. Indem wir dies tun, entwickeln wir ein Körperbewußtsein, das als Bewußtwerdung sich auf unser körperliches Hier-, Da- und Sosein bezieht. Es ist ein Bewußtsein voller Respekt, Bewunderung und Dankbarkeit. Die Freude am Leben, die Lust am eigenen Körper und die grundlegende Entscheidung, sich selbst als Lebewesen wichtig zu nehmen, stehen im Vordergrund. Es soll uns wirklich ernst sein mit uns selbst. Und ernstzumachen mit dieser Entscheidung soll zu einem neuen Stil des Lebens und Handelns führen, zu einem neuen Selbstmanagement, das als Managementstil auch für Familien, Teams, Betriebe oder andere Kollektive zum Vorbild werden kann.

Natürlich ist BodyMindManagement so neu nicht. Bemühungen haben immer wieder in diese Richtung gezeigt. Auch in noch so körperfeindlichen Kulturen und Epochen wurde immer wieder versucht, sich auf das Grundlegende zu besinnen und mit Heilungsversuchen dort anzusetzen. Gerade in Kulturen, in denen der Umgang mit dem Körper ganz selbstverständlich ist, wie etwa bei nicht-westlichen Gesellschaften, die früher abschätzig oder romantisierend Naturvölker genannt wurden, ist der Körper zwar das Medium der Transformation, wird aber nicht weiter erwähnt oder bewußtgemacht. Wir verdanken es vielleicht der Körperfeindlichkeit unserer eigenen westlichen Zivilisation, die sich des ungeheuren Mangels an Lebensfreude und Körperbejahung bewußt wurde und über einen langen Prozeß schmerzlicher Bewußtwerdung am eigenen Leibe ein neues Körperbewußtsein formulieren konnte. Dieses neue Körperbewußtsein wirkt sich natürlich auch auf seelische und geistige Bereiche aus und kann sogar in den großen Weltzusammenhängen, wie sie die Ökologie zu beschreiben versucht, positiv wirksam werden.

Es soll nun versucht werden, anhand geschichtlicher Daten eine mögliche Entwicklung dessen, was wir heute BodyMindManagement nennen, aufzuzeigen. Diese Entwicklung, die natürlich keine Wertung sein soll, sondern veranschaulichen kann, wie sich bestimmte Vorstellungen zu Theorien mauserten und wiederum Einfluß hatten auf jene alltägliche Praxis, aus der sie stammten, führt von einer „platten", d.h. eindimensionalen Vermessung des Körper-Seele-Geist-Bereichs (siehe Galen) zu einem Versuch, immer komplexere Funktionszusammenhänge zu erkennen, sie zu begründen, um sie so in eine sinnvolle Kosmologie einzubetten (siehe Spinoza und Leibniz). Aus der östlichen Philosophie kommt schließlich der Anstoß zu einer Auflösung fixierter Kosmologien und der Übergang zu einem dynamischen Weltbild, in dem ständige und kontinuierliche Veränderung das zuverlässigste Anzeichen von Lebendigkeit ist (siehe Meditation über Mahamudra).

Das BodyMindManagement in der späten Antike

Der römische Arzt Galen (130-200 n. Chr.) war griechischer Herkunft, aufgewachsen in Kleinasien, wirkte in Rom und brachte es bis zum Leibarzt des Philosophen-Kaisers Marc Aurel. Im Stil des römischen Imperialismus vereinigte er die viefältigsten Einflüsse und Erkenntnisse seiner Zeit. Theorien und Philosophien aller Art wurden ohne Rücksicht auf ihre gegenseitige Widersprüchlichkeit zusammengetragen und im alltäglichen Gebrauch als angewandte Lebensphilosophie benutzt. Die verschiedenen Vorstellungen dienten dabei als Metaphern, Mythen und Modelle, ähnlich wie vielleicht heute in der Hypnotherapie die gängigen Themen des modernen Lebens verwendet werden, ohne sie weiter auf ihre Haltbarkeit oder Gültigkeit untersuchen zu müssen. Galen erweist sich da als Mann von Welt, der souverän alles einsetzt, was den Prozeß der Heilung unterstützen kann.

Dazu gehören die Lehren von den Elementen, die von den ionischen Naturphilosophen entwickelt worden waren. Thales (um 540 v. Chr.) aus Milet war überzeugt, daß alles aus dem Nassen entstanden war und dorthin zurückkehrte, Anaximander (um 500 v. Chr), ebenfalls aus Milet, vermutete

Entsprechungen zwischen der Seele des Menschen, die Luft ist, und dem Kosmos. Heraklit aus Ephesos (um 460 v. Chr.) sah im Feuer den Urstoff, aus dem sich erst nachträglich Wasser und Luft, aber auch die Erde entwickelt hatten. Auch die Seele hatte für ihn Feuercharakter und stellte einen Funken vom Urstoff der Gestirne für ihn dar. Empedokles aus Sizilien (um 430 v. Chr.) war vorrangig Arzt und erst dann jener Denker, auf den die Lehre von den vier Elementen zurückging. Diese Elemente sind elementare Grundstoffe, die als solche unzerlegbar und unzerstörbar, unwandelbar und ewig fortbestehend gesehen werden müssen. In unzähligen Kombinationen entsteht das Leben durch die Liebe, bevor der Haß wieder alles trennt. Warm und kalt bilden ein Gegensatzpaar, das mit dem von männlich und weiblich verglichen wurde. Es wurde gekreuzt mit dem Gegensatzpaar von feucht und trocken.

So entstand eine Zuordnung von acht Kategorien, die wiederum in Analogie zu Windrichtungen, Jahreszeiten und inneren Säften des menschlichen Organismus gesetzt wurde. Daraus entwickelte sich die Lehre von den Kardinalsäften, die die Humoralpathologie, besonders von Herophilos aus Alexandria (um 300 v. Chr.) vertreten, begründete. Eine Medizin der Entsprechungen legte sogar Charakterstrukturen aufgrund der vorherrschenden Säfte fest – bis heute gebrauchen wir die Begriffe Sanguiniker, Choleriker, Melancholiker, Phlegmatiker. Die Isonomie-Lehre, die schon sehr früh durch den Arzt Alkmaion aus Kroton (um 500 v. Chr.) im damaligen Großgriechenland ausgearbeitet wurde, betont die Notwendigkeit des Gleichgewichts zwischen den Gegensätzen. Auch Pythagoras ist zur selben Zeit Arzt und Philosoph zugleich und stammt aus Kroton. Seine Zahlenlehre, die sich mit einer ersten Akustik verbindet, drang in die damalige Heilkunde ein und kulminierte in seiner Überzeugung, daß Mikrokosmos und Makrokosmos von denselben Zahlengesetzen beherrscht werden. Pythagoras glaubte sogar, diese akustisch wahrnehmen zu können.

Der Philosoph Aristoteles aus Athen (323 v. Chr. gestorben), selbst der Sohn eines Arztes und jahrelang als Wanderarzt tätig, war ebenfalls in Galens Weltgebäude vertreten.

Die klassischen Ärzte wiesen sich immer schon durch einen optimistischen Realismus aus, der sich in ihrer Liebe zum Detail und zur Einzelerfahrung, in der Zuwendung zu allen Dingen, und der teleologischen Annahme, daß die Natur nichts ohne Zweck und ohne Absicht mache, zeigte. Bei Galen wurde diese Zuversicht in die sinnvolle Zielgerichtetheit natürlicher Vorgänge zur Auffassung, daß die Selbstheilungskraft, auf die sich schon Hippokrates beruft, im Menschen natürlicherweise angelegt sei und die größten Wunder vollbringe. Trotzdem war auch Platos Idealismus in Galens Heilsystem vertreten. Die Lehre von den drei Seelen – der vernünftigen Seele im Gehirn, der fühlenden Seele im Herz und der begierigen Seele im Bauch, wobei keine der drei Seelen unsterblich war – stieß bei der jungen Christengemeinde auf Ablehnung, und die realistischen Ärzte konnten mit der metaphysischen Spekulation Platos, daß der Mensch einen Körper als Träger der Seele bzw. der Seelen besaß, ebenso wie der Himmel den Leib des Kosmos als Träger der Weltseele besaß, wenig anfangen. Am Ende seines Lebens brachte es Galen jedoch fertig, die platonische Metaphysik noch zu übertrumpfen, indem er sich an die Heilkraft des dreieinigen Gottes ebenso wie die der Wunderkraft der Reliquien hielt, wodurch er auch bei den Christen angenommen, geachtet und geehrt wurde.

Trotz seiner Belesenheit und seiner Neigung, vom speziellen Fall auf eine allgemein geltende Theorie zu schließen, ebenso wie der Polemik zu verfallen und wortreich sich gegen Magie und Zauberei auszusprechen, gleichzeitig aber Ratschläge und Rezepturen schriftlich zu verteilen, ohne den Patienten vorher gesehen zu haben, da er den Symptomen mehr glaubte als dem Bericht der Patienten selber, war er ein Empiriker aus Überzeugung und sagte von sich selbst: „Ich kenne das Leiden, an dem ich mein ganzes Leben gelitten habe, nämlich keiner Behauptung zu trauen, ehe ich sie nicht selbst überprüft habe." Da es ihm verboten war, an lebenden oder toten menschlichen Körpern Sektionen vorzunehmen, sezierte er Tiere. Er kann als der Begründer der experimentellen Neurologie gelten. Er machte die ersten Rückenmarksschnitte, bestimmte die Empfindungs- und Bewegungsfunktionen jedes Segments, erkannte die Funktionen des sympathischen

Nervensystems, entdeckte sieben von zwölf Kopfnervenpaaren; er wies darauf hin, daß Verletzungen auf einer Seite des Hirnes Störungen auf der entgegengesetzten Körperseite hervorrufen.

Galen war ein leidenschaftlicher Vielschreiber. Seine Schriften gingen dem Westen in den Jahrhunderten der Barbareninvasionen verloren. Im Osten aber wurden sie durch arabische Gelehrte erhalten und im elften Jahrhundert vom Arabischen ins Lateinische rückübersetzt. Galen wurde im Mittelalter zur unangefochtenen Autorität, und seine Aussage: „Es gibt keine Wunder, und die beste Offenbarung ist die Natur selbst" mag Thomas von Aquin zum Satz veranlaßt haben: „Es gibt nichts, was gegen die Natur ist, nur das, was gegen unser Wissen von der Natur steht."

Seine Bedeutung für die Moderne besteht, abgesehen vom historischen Aspekt, in der Ähnlichkeit zu anderen traditionellen Systemen des Heilwesens, z.B. der traditionellen chinesischen Medizin. Auch hier haben wir es mit einer Landkarte der Windrichtungen und den ihnen zugeordneten Elementen, Jahreszeiten, Krankheiten, Emotionen zu tun.

Das BodyMindManagement kann sich solcher traditioneller Landkarten vor allem dort bedienen, wo diffuse Orientierungslosigkeit des Klienten keine Vorstellung von Zeit und Raum zuläßt. Zuordnungen und Analogien haben eine stark stabilisierende, strukturierende Wirkung, vor allem wenn sie sich nicht so verfestigen, daß der Rückgriff auf andere Heilmittel und Ressourcen verhindert wird.

Galen läßt sich z.B. nicht abhalten, die Natur selbst als größte Heilkraft zu benennen, aber gleichzeitig auch die Kraft der Reliquien nicht außer acht zu lassen – er nutzt alle Ressourcen, alle Metaphern und Mythen seiner Zeit.

Das ganze angesammelte Wissen der eigenen Epoche kann eingesetzt werden, um neue heilende Mythen zu schaffen, ohne sich das Recht auf Experiment, Eigenerfahrung und entmystifzierenden Empirismus nehmen zu lassen.

Das BodyMindManagement im Zuge der Aufklärung

Am Beginn der europäischen Aufklärung begegnen wir dem Denken zweier Philosophen, die den Übergang von Aberglauben zur Wissenschaft couragiert propagieren und erstaunlicherweise zur Ideengeschichte Theorien beitragen, die sich mit dem Verhältnis des vergänglichen Leibes zur unsterblichen Seele und ihrem Geist beschäftigen.

Spinoza haben wir eine Theorie des Pantheismus und des davon abgeleiteten psychophysischen Parallelismus zu verdanken, Leibniz jene seltsame Gedankenkonstruktion, die er Monadologie nannte und die mehr einer Vision als einer logischen Deduktion gleichkommt.

Spinoza begann seine Studien mit einer Kritik an der Heiligen Schrift: „... denn was gegen die Natur ist, ist auch gegen die Vernunft, und was gegen die Vernunft ist, ist widersinnig und darum auch zu verwerfen." Er bewirkte damit seinen Ausschluß aus der jüdischen Gemeinde und war von da an ein Heimatloser, Vertriebener, der unter Vereinsamung litt. Doch die Freiheit des Geistes schien ihm dieses Opfer wert. Und so entstand seine bedeutende Theorie der Allverbundenheit: „Das höchste Gut ist die Erkenntnis der Einheit, die den Geist mit der gesamten Natur verbindet ... Je besser der Geist die Ordnung der Natur erkennt ..., desto leichter kann er sich vor unnützen Dingen hüten." Die intellektuelle, die geistige Liebe zu Gott, das ist die amor intellectualis dei.

Spinoza erklärt sie als logischen Schritt: „Nachdem die Erfahrung mich gelehrt hat, daß alles, was im gewöhnlichen Leben sich häufig uns bietet, eitel und leer ist, da ich sah, daß alles, was und vor welchem ich mich fürchtete, nur insofern Gutes oder Schlimmes in sich enthielt, als die Seele davon bewegt wurde, so beschloß ich endlich nachzuforschen, ob es irgend etwas gäbe, das ein wahres Gut sei, dessen man teilhaftig werden könne und von dem allein, mit Ausschluß alles übrigen, die Seele ergriffen werde" (1622, De intellectus Emendatio, Über die Verbesserung des Verstandes).

Dieser zurückgezogene Mensch schrieb in seiner Affektenlehre eine Abhandlung über die Bewegungen, denen die Seele ausgesetzt ist, wenn sie sich davon ergreifen, davon affizieren läßt. Affekte sind wirre Wünsche, verdunkelnde Begierden und Leidenschaften, die das Gemüt erregen. Er definiert sie als „Modifikationen des Körpers, durch die die Wirkungskraft im Körper vermehrt oder vermindert, gefördert oder gehemmt wird, und zugleich als die Ideen dieser Modifikationen". Leidenschaftslos beschreibt er sie und ihre Macht über die Seele, wie ein Geometer Linien, Körper und Flächen beschreibt. Affekte wirken sich körperlich aus, indem sie, wenn sie die eigene Wirkkraft – modern ausgedrückt, das Energieniveau im Körper – erhöhen, als Lust oder Freude wahrgenommen werden. So kommt Spinoza zu einer wunderbaren Definition der Freude: „Freude ist der Übergang des Menschen von geringerer zu größerer Erfüllung." Andererseits „ist ein Affekt umso mehr in unserer Gewalt, und die Seele leidet umso weniger unter ihm, je bekannter er uns ist." Daher ist das Verständnis für die Affekte und die Affizierbarkeit des Menschen wichtig.

„Ein Affekt, der eine Leidenschaft ist, hört auf, eine Leidenschaft zu sein, sobald wir uns von ihm eine klare und deutliche Idee machen." Andererseits mißt Spinoza den Affekten eine gewisse energetische Ladung zu, so daß ein Affekt nur durch einen größeren Affekt bewältigt werden kann. Deshalb wird (nur) „die Liebe zu einem ewigen und unendlichen Ding, die Seele mit reiner Freude zu erfüllen" und bietet sich als das beste Gegenmittel zu den Verwirrungen des Lebens an.

Die Seele hat also zwei Seiten: eine der Ewigkeit zugewandte und eine, die von Affekten bestimmt ist. Gleichzeitig definiert Spinoza nämlich die Seele als die „Idee des Körpers" (Briefwechsel mit Bayle). Sie ist das psychologische, nicht unbedingt bewußte Korrelat oder die Begleiterscheinung eines physiologischen Vorgangs. Die Seele ist der von innen her empfundene Körper; der Körper ist die von außen her gesehene Seele. Ein Geisteszustand ist die Innenseite oder der innere Aspekt einer körperlichen Handlung. Daher „ist die Ordnung der Handlungen und Leidenschaften des Körpers der Natur nach identisch mit der Ordnung und den Handlungen der Seele".

Überall, wo eine Wechselwirkung zwischen Körper und Seele angenommen wird, geht es nicht um ein Widerspiegeln zweier verschiedener Substanzen oder Kräfte, sondern um die einzige Wirkung einer einzigen Substanz, die von außen gesehen Körper, von innen gesehen Seele genannt wird. „Es wird nichts im Körper geschehen können, was die Seele nicht zugleich wahrnähme."

Spinoza verwirft die idealistische Ansicht, die sich von Plato ableitet und der Seele die Eigenschaft eines unabhängigen Agens, einer autonomen Wesenheit zuspricht, die für sich Ideen besitzt. Seele ist für Spinoza eine Bezeichnung für die Reihenfolge von Wahrnehmungen, Erinnerungen, Vorstellungen, Gefühlen und anderen geistigen Zuständen, was dem späteren Begriff des Bewußtseins entspricht. „Die Idee der Seele ist – in jedem Augenblick – mit der Seele auf dieselbe Weise vereinigt, wie die Seele selbst mit dem Körper vereinigt ist."

Wie nun die zwei Seiten der Seele um des lieben Friedens willen wieder zusammenbringen?

Die Vereinigung geschieht eben durch jenen Pantheismus, der die Modi der Materie in ihrer Totalität als Körper Gottes und die Modi des Geistes in ihrer Totalität als den Geist Gottes definiert. Substanz oder Realität ist in allen ihren Modi und Attributen Gott. „Alles, was ist, ist in Gott."

Substanz und ihre Attribute sind eins: *Realität ist die Vereinigung von Materie und Geist*, und diese sind nur verschieden nach unserer Art, Substanz wahrzunehmen. Materie zeigt sich als äußerlich wahrgenommene, Geist als innerlich wahrgenommene Realität. Deshalb nimmt Spinoza auch an, daß „alle Dinge, wenn auch in verschiedenen Graden, beseelt sind – omnia quodammodo animata". Es beginnt in jedem Ding eine Form oder ein Grad von Leben. Gott ist bei Spinoza identisch mit Substanz. Er ist die der Materie und dem Geist zugrunde liegende und sie einigende Realität. Dieser pantheistische Ansatz, der Gott in allem sieht, läßt sich gut mit der Bedeutung von MahaMudra in Verbindung bringen, wenn wir statt von Gott, Substanz und Welt von den vielfältigen Formen der Energie und ihren verschiedenen Manifestationen sprechen (siehe MahaMudraMeditation).

Nun zu Leibniz. Leibniz, am Ende des dreißigjährigen Krieges in ein heillos zerstörtes Deutschland hinein geboren, war ein ausgesprochenes Wunderkind. Er war mit vielen Talenten begabt und einer schier unersättlichen Wissensbegier ausgestattet, was seinen späteren interdisziplinären Erforschungen entgegenkam. Mit Spinoza verband ihn eine lebenslange Bewunderung, derer er sich fast zu schämen schien, da er nicht selbst Urheber der weltumgreifenden Ideen war, diese jedoch propagierte und weiterdachte.

So ist die Seele auch bei Leibniz nicht das passive Gefäß der Erfahrung, sondern ein komplexes Organ, das vermittels seiner Struktur und seiner Funktion die Sinneseindrücke verarbeitet, „genau wie der Verdauungskanal nicht ein leerer Sack, sondern ein System von Organen für die Verdauung von Nahrung und ihre Umwandlung für die Bedürfnisse des Körpers und dessen weitere Organe ist". Damit wendet sich Leibniz kritisch gegen Locke, der die Seele mit einem weißen unbeschriebenen Papier verglich, das erst durch das Leben beschrieben würde. Leibniz meinte jedoch, daß die Seele bestimmte Prinzipien oder Kategorien mitbrächte, sozusagen als Dispositionen, die wiederum notwendig seien, um die Erfahrungen verarbeiten zu können. Diese Werkzeuge der Erkenntnis vergleicht er eben mit den Verdauungsorganen des Geistes und meint, sie seien als solche angeboren. Ohne solche Grundsätze, die, wie wir es heute ausdrücken würden, selbstorganisierende Funktion und Fähigkeit besitzen, könnte es im Bewußtsein zu keinen noch so einfachen Vorstellungen kommen und die Erfahrung selbst beliefe sich auf eine ungeordnete Folge von Empfindungen, genau wie ohne Magensäfte und Magenbewegung unsere Speisen uns nicht ernähren könnten, da sie vom Organismus nicht assimiliert werden würden.

Während Spinoza sich in seiner Affektenlehre der psychischen Dynamik annahm, konzentrierte sich Leibniz mehr auf die mentalen Vorgänge der Informationsverarbeitung. Beiden Denkern ist gemeinsam, daß sie Materie und Geist als die beiden Seiten ein- und derselben Substanz oder Energie ansahen. Sie erschufen entsprechende Weltbilder, die das Universum von einem durchgängigen und kontinuierlichen Prinzip der Energie oder Kraft durchzogen erscheinen ließen. Beiden Denkern war die Vision gemeinsam, die die scheinbar getrennten gleichzeitigen Vorgänge der Mechanik und des Lebens, der Bewegung und des Denkens als ein- und denselben Prozeß ansah. Leibniz scheute sich allerdings vor dem Schicksal, das Spinoza als von seiner eigenen jüdischen Gemeinde Ausgestoßener ereilte, und, schlimmer noch, Giordano Bruno zum Tod auf dem Scheiterhaufen verdammte. Er konstruierte seine Monadologie, die der prästabilisierten Harmonie Gottes unterworfen war. Trotzdem zeigt die Vision, die seiner Theorie zugrunde liegt, ein Universum, das voll pulsierenden und vielfältigen Lebens nicht mehr eine tote Maschine, sondern Schauplatz vibrierender Individualitäts- und Kraftzentren, eben jener Monaden, ist.

In seiner Lehre von den Monaden zeigt Leibniz auf, wie Bewußtsein als Ergebnis eines selbstregulierenden Prozesses entsteht: Mit unserer unklaren Wahrnehmung setzen wir zunächst naiv die äußeren Dinge mit Materie gleich, weil wir nur ihren äußeren Mechanismus sehen; wir erkennen erst durch Introspektion das innere, gestaltende Lebensprinzip, das als Entelechie, als inneres Streben sich erweist.

In dieser Philosophie werden die passiven und unselbständigen Atome der Materialisten von den Monaden oder Einheiten abgelöst. Das innere Streben, das für sie charakteristisch ist, zeigt sich in einem Hang zur autonomen Selbststeuerung, wie wir sie etwa von den autonom vegetativen Vorgängen im Körper kennen. Frühe Anklänge an moderne neurobiologische Erkenntnisse entwicklungsgeschichtlicher Zusammenhänge werden hier vorweggenommen, ohne daß die damalige Sprache die passenden Begriffe liefern konnte. Zudem war der Glaube an einen persönlichen Gott, der in irgendeiner Weise doch die Oberhand über alle noch so autonomen Vorgänge behielt, unvereinbar mit einer Lehre der neutralen, unpersönlichen Energie und ihrer Manifestationen.

Erst dem Romantiker Novalis gelang das Kunststück, inbrünstige Religiosität mit präziser und visionärer Naturwissenschaft zu verbinden. Novalis bezeichnet Spinoza als gotttrunkenen Atheisten und bezieht sich in seinen Aphorismen indirekt auf ihn ebenso wie auf Leibniz, wenn er sagt:

„Der Sitz der Seele ist da, wo sich Innenwelt und Außenwelt berühren. Wo sie sich durchdringen, ist er in jedem Punkte der Durchdringung." „Schlaf ist ein vermischter Zustand des Körpers und der Seele. Im Schlafe sind Körper und Seele chemisch verbunden. Im Schlafe ist die Seele durch den Körper gleichmäßig verteilt – der Mensch neutralisiert. Wachen ist ein geteilter – polarischer Zustand. Im Wachen ist die Seele punktiert – lokalisiert."

„Schlaf ist Seelenverdauung; der Körper verdaut die Seele – Entziehung des Seelenreizes – Wachen ist Einwirkungszustand des Seelenreizes – der Körper genießt die Seele. Im Schlafe sind die Bande des Systems locker – im Wachen angezogen."

„Der Traum belehrt uns auf eine merkwürdige Weise von der Leichtigkeit unserer Seele, in jedes Objekt einzudringen – sich in jedes sogleich zu verwandeln."

„Unser Leben ist kein Traum – aber es soll und wird vielleicht einer werden."

Die selbstorganisierenden Kräfte des BodyMindManagement vollziehen sich bei den Romantikern auf der Ebene des Träumens und Schlafwandelns, des Ahnens, Sehnens und Suchens, kurz, auf der unbewußten Ebene, die hier erforscht wird. Dem Rationalismus der Aufklärung wird die Faszination des Irrealen, Irrationalen entgegengesetzt.

Pantheistische Weltanschauungen und Kosmologien wie die des Leibniz hingegen sind Modelle von BodyMindManagement, die sich noch in festgelegten Grenzen bewegen müssen, um Halt und Kontur zu geben, jedoch schon mehr Komplexität zulassen können.

Bei Spinoza ist die Ausrichtung auf das höchste Ziel der Erfüllung richtungweisend, bei Leibniz ist der Umgang mit der Vielfalt der individiuellen Monaden in einem größeren, komplexeren Zusammenhang entscheidend. Die Monaden können z.B. als verschieden schwingende Rhythmen dargestellt werden, wobei der kleinste ebenso wie der größte gemeinsame Nenner am eigenen Leibe erfahren werden kann. Der Leib erlebt sich als etwas, was der Vielfalt gewachsen ist. Spinozas Affekte hingegen können ebenfalls aufgestellt und dargestellt werden, wobei ihre energetischen

*Ladungen als jeweils verschieden erlebt werden können, ebenso wie ihre Aus-
wirkungen, ihre Konsequenzen zu verschiedenen Wirklichkeiten führen. Diese emo-
tionsbedingten Affektwelten können durchgespielt und gegeneinander ausgespielt
werden. Für welche Welt werden wir uns entscheiden? Fragen des richtigen
Verhaltens und Handelns können hier untersucht werden, Anworten gefunden werden. Ver-Antwortung kann sich als organischer Prozeß ergeben, ohne moralisierenden Druck.*

BodyMindManagement und MahaMudraMeditation

Mudras sind Gesten im indischen Tanz. Sie erzählen Geschichten auf nonverbale Weise, die gleichzeitig sich der logisch analytischen Erklärungsweise
entzieht. Mudras wirken auf der Ebene der Mythen und Symbole und sprechen die Intuition an. Eine Gesamtgestalt entsteht aus dem Eindruck der
vielfältigen Manifestationen, die alle Ausdruck einer schöpferischen kosmi-
schen Urkraft sind. Mahamudra heißt: große Geste. Und bedeutet: alles ist
Geste, ist Erscheinung, ist Manifestation.

Am meisten kommt der Satz Goethes dieser Erkenntnis nahe: „Alles
Vergängliche ist nur ein Gleichnis." Nun geht es aber darum, diese
Gleichnishaftigkeit nicht eng und im Sinne einer simplen Gleichung (z.B.
psychosomatische Platitüden der Symbolhaftigkeit: Schnupfen bedeutet
Verschnupftsein) zu verstehen, sondern den Geist zu dehnen und ihn gleichzeitig von seinen verengenden Fixierungen zu befreien, eigentlich: den Geist
zu entspannen, so daß das „Pulsieren der Energiemuster in einem kosmi-
schen Tanz" zugelassen und als Basis angenommen werden kann. Es ist, wie
wenn wir das Laufen auf bewegtem Boden lernen würden.

*Die MahaMudraMeditation stellt eine Art BodyMindManagement auf gehobe-
ner Ebene dar: das Ergebnis befähigt idealerweise zu einem Eintauchen in den Fluß
ständiger und kontinuierlicher Veränderungen, für die wir jedoch Verantwortung
übernehmen können, so daß wir in gewissem Maße bestimmen, was geschieht und
wie es geschieht, indem wir Einfluß nehmen auf die Zukunft. Damit übernehmen
wir Verantwortung für die Gestaltung dessen, was sich manifestieren wird.*

Ich biete die MahaMudraMeditation gerne als Einstiegsübung an. Sie beginnt mit einer Bewegung, die allen vertraut ist und doch etwas in Bewegung bringt – äußerlich und innerlich. Die Gruppe geht durch den Raum. Zunächst sind die Menschen vielleicht noch verloren in ihren eigenen Gedanken. Es braucht einige Zeit, bis sie wirklich voll und ganz hier ankommen. Und in dieser Zeit gehen wir herum – ziellos, gedankenlos, orientierungslos, planlos. Wir gehen einfach drauf los und durcheinander. Manche Menschen haben einen zögernden Schritt, andere übertragen die Hetze ihres Alltags in ihren beschleunigten, unruhigen Gang. Manche schleichen, andere tigern. Alles ist da. Und alles ist Ausdruck, Ausdruck einer Lebensenergie, die hinter den vielfältigen Erscheinungsformen sich verbirgt, sie aber bedingt und der Ursprung alles dessen ist, was existiert. Während des Umhergehens kann es gut sein, daß die Augen zunächst am Boden haften oder bezugslos in die Luft starren. Auch das ist Ausdruck. Es geht jetzt nicht um Bewertung. Es geht nur darum, in Fluß zu kommen. Wenn wir uns genau beobachten, stellen wir vielleicht erstaunt fest, daß wir immer dasselbe, die gleiche Leier denken, wie eine Platte mit Sprung immer wieder das gleiche Lied spielt. Wir sind also durchaus nicht gedankenlos, sondern vollgestopft mit Gedanken. Wir haben eine Orientierung, aber diese führt uns an der Nase herum. Wir haben Ziele, aber wir gehen im Kreis. Wir haben Pläne, oh ja. Aber es sind immer dieselben. Und wir denken nicht nur das gleiche, sondern wir fühlen immer wieder das Alte, als würden wir es aufwärmen, um es immer wieder erneut uns zu Gemüte zu führen. Vielleicht nehmen wir jetzt wahr, wie sehr wir im Alten befangen sind. Das Alte ist das Bekannte. Es ist sicher. Aber es ist auch in sich erstarrt und abgeschlossen. Es hat keine Dynamik. Es mag sein, daß wir fast zum Stehen kommen, so sehr beherrscht die Festigkeit unserer fixen Ideen den Körper, der eigentlich lieber dem Lebendigen Ausdruck geben würde, sich bewegen würde. Wir richten deshalb jetzt nach einer Weile unsere Aufmerksamkeit ganz auf das körperliche Geschehen des Herumgehens. Wir verändern es jetzt. Wir beschleunigen. Entgegen unseren Gewohnheiten fangen wir fast zu laufen an, hasten durch den Raum, getrieben von einer inneren Motorik, die sich so Ausdruck schafft. Der Atem wird

länger, wird ausgerollt wie ein roter Teppich, auf dem wir laufen wie auf
einem Laufsteg. Sofort erhalten wir mehr Energie für unser Gehen, unsere
Motorik ist angekurbelt, läuft auf vollen Touren. Unsere Augen blicken nun
in Augenhöhe, denn wir können es uns einfach nicht mehr erlauben, in die
Luft zu starren oder mit dem Blick am Boden zu kleben. Es geht alles viel zu
schnell. Es ist zuviel los hier. Blicke treffen sich, kurz, unverbindlich, und
entzünden doch jedesmal ein kleines Feuerwerk im Körper. Es ist ein
Aufblitzen, Erkennen – von was? In den Augen der anderen können wir
sehen, wie lebendig wir sind. Wie sehr wir im Hier und Jetzt uns befinden.
Kein Ausweichen ist mehr möglich. Wir sind ganz im Körper und voll mit
körperlichen Vorgängen beschäftigt. In der Gruppendynamik ist oft eine Art
Höhepunkt zu beobachten, bei dem das Feuerwerk des Erkennens, der Lust
und Freude daran seine größte Ausdehnung erhält. Diese Intensität des
Erlebens läßt sich nicht unbegrenzt halten, auch der Körper möchte nun
wieder zur Ruhe kommen. Das Tempo wird also gedrosselt. Manche
Menschen kommen zum Sitzen oder Liegen, andere bewegen sich im
Zeitlupentempo, andere wiederum stehen. Die nun folgende Phase wird
dazu dienen, mit geschlossenen Augen nach innen zu gehen und zu schau-
en, was sich dort getan hat, während und nachdem der Körper in Bewegung
geraten ist. In einer Gruppe, die für Therapie oder Management-Training
zusammengekommen ist, können nun erste Beobachtungen über den Status
quo notiert werden. Der Schreibblock liegt bei dieser Übung griffbereit am
Rand, um das Material einer ersten Stoffsammlung aufzunehmen. Fragen
wie: „Worum geht es mir im Leben? Was will ich, und was soll ich hier? Was
wäre das Beste, was mir jetzt geschehen könnte? Und welche Auswirkungen
hätte es auf mein Leben, wenn meine Wünsche sich erfüllen würden?" können nun anregen, das erstarrte Gedankenrepertoire in Fluß zu bringen und
im Fluß der Gedanken immer weniger nachzudenken im üblichen Sinne,
sondern immer mehr mit den Gedanken selbst mitzugehen, ihnen auf die
Spur zu kommen, ihre Muster zu erkennen, aber auch die Energie, die sie
ernährt, wahrzunehmen. Denken braucht sehr viel Energie. Sobald überflüs-
siges Denken aufhört, indem wir in den Fluß der Zeit einsteigen und ganz

dabei sind, also nicht mehr von uns selbst getrennt uns selbst hinterherlaufen im Nachdenken, ganz in der Gegenwart bleiben, wird ein ungeheures und oft ungewohntes Maß an Energie frei. Wir fühlen es vielleicht als aufgeregtes Kribbeln, als Neugier, als Lust auf Mehr, als Lust nach Neuem.

Das Umhergehen kann nun wiederholt werden, jedoch mit dem zusätzlichen Element des Kontaktaufnehmens. Die Gruppe hat nun einen ersten energetischen Durchgang schon erlebt und die anfängliche Steifheit überwunden. Das fröstelnde Fremdeln ist einer angeregten Wärme gewichen. Sicher mußten viele über sich lachen, als sie sich selbst beim Denken beobachteten. Und auch die unfreiwilligen Zusammenstöße beim Umherhasten mögen das Ihrige dazu beigetragen haben, Hemmschwellen abzutragen und eine informelle, heitere Atmosphäre zu erzeugen. Die Spontaneität nimmt nun zu. Mehr Zufälliges kann sich ereignen, mehr Kontakt ist möglich. Während wir im Raum erneut herumgehen, suchen wir sogar den Kontakt zu den anderen. Der Blick sucht den anderen Blick, der Schritt verlangsamt sich kurz, vielleicht kommt es zu einem Anhalten und Innehalten. Es ist nicht mehr als das momentane Wahrnehmen einer anderen Person. Und gleich geht es weiter. Diesmal wird der Bewegungsfluß nun im Tempo nicht beschleunigt, sondern verlangsamt. Der Kontakt kann also ganz bewußt aufgebaut und auch wieder abgebaut werden. Vielleicht geschieht ein erstes Erkennen des Wesens, das hinter der Person steht. Es ist ein Erkennen des Wesentlichen, und dieses Erkennen erstreckt sich nicht nur auf den anderen, dem ich begegne, sondern auch auf mich. Ich sehe mich in den Augen des anderen. Ich spiegele mich im Kontakt mit der Lebendigkeit eines anderen Menschen. Auch diese Phase löst sehr intensive Erfahrungen aus und hat einen Höhepunkt, der in seiner Dichte nicht mehr überschritten werden kann. Und wiederum kommen wir dann zu einer Phase, in der wir mit geschlossenen Augen diese Erfahrungen in uns nachwirken lassen. Was hat das mit uns gemacht? Was hat es verändert? Wie fühlt sich das im Körper an? Vielleicht hat es uns weich und aufgeschlossen gemacht und läßt uns uns selbst ganz anders erleben als am Anfang, als wir mit der Meditation begannen.

Nun, nachdem wir auf solche Weise Kontakt haben mit dem Wesentlichen und dem Lebendigen, können wir uns mehr dem Ausdruck widmen.
Der Ausdruck kann rein körperlicher Art sein, indem wir bei erneutem
Herumgehen unseren Körper mit verschiedenen Stimmen sich ausdrücken
lassen. Da gibt es das bedrückte, das trotzige, das wütende und das über-
mütige Gehen, und vieles andere mehr, was vielleicht erst im Laufe des
Geschehens uns einfallen mag. Wir lassen uns einfach gehen. Und gehen
mit. Erleben das emotionale Bewegtwerden, das Nachgeben und Sich-
gehenlassen bewußt. Wir lassen uns bewegen anstatt selbst uns anzustrengen. Wir überlassen uns den Emotionen, den Motiven, die uns bewegen,
und die nach Ausdruck verlangen. So kommen wir an unsere wirklichen
Motivationen. Wir können die ungeheure Schubkraft am eigenen Körper
erleben. Wenn der körperliche Ausdruck sich nicht einstellen mag, weil die
Ausdruckskraft und -fähigkeit in den vielen Jahren intellektueller Sitztätigkeit
nachgelassen hat, gestalte ich die Übung auf einer anderen Ebene, die mir
vielleicht vertrauter ist. Ich spreche aus, was mich bewegt. Ich gehe im Raum
herum und beginne einen Satz mit ICH BIN. Dieser Satz ist unvollständig,
aber sehr bald können die passenden Ergänzungen kommen. Sie kommen
von selbst, wenn ich mich dem Fluß überlasse. Wenn ich nachdenke, bleibe
ich unwillkürlich stehen. Wenn ich also im Fluß bleibe und mir selbst dieses
Fließen verordne, so kann sich sehr bald eine völlig neue Ordnung einstellen. Ich denke, ich spreche – und doch bin ich in Bewegung! Bald haben wir
es mit einer Gruppe zu tun, die die vielfältigen Erscheinungsweisen nicht nur
verkörpert, sondern sogar in Sprache ausdrückt. Die Tatsache, nicht allein im
Raum zu sein, kann erheiternd und beruhigend, aber auch beunruhigend
und ablenkend sein. Wie soll ich selbst im Fluß bleiben, wenn alles andere
um mich herum fließt? Es geht! Ich werde Teil eines größeren Ganzen, das
jedoch nicht von außen als Ganzheit angesehen werden kann, sondern erst
durch Teilnahme an dem Prozeß der Ganzwerdung sich herstellt.

Und wieder kann ich das Herumgehen beschleunigen und so die Atmosphäre anheizen. Und wieder kann ich nach einer Phase des Zusichkommens
und Notierens im Zeitlupentempo die Sätze des ICH BIN ... singen, flüstern,

hauchen, ganz bewußt gestalten. Dabei nehme ich wieder Kontakt zu den anderen Menschen auf. Ich sage ihnen meinen Satz. Ich höre ihren Satz. Ich nehme wahr, wie viele verschiedene Daseinsformen, Erscheinungsformen es gibt. Ich nehme auch wahr, wie verschieden ich von einem Moment zum anderen sein kann, wie sehr ich mich verändere. Was oder wer bin ich wirklich? Nun, da ich die Vielfalt der Ausdrucksweisen erfahren habe, interessiert es mich mehr, hinter den Ausdruck, hinter die Erscheinungen zu schauen und zu erfahren, was mich hält, was mich trägt, was mich bewegt, was mich leben läßt, noch vor allen Erwartungshaltungen, Ansprüchen, Vorstellungen, Plänen, Zielen, Ausrichtungen und Bezügen. Hier schließt die eigentliche Meditation ein: Ich sitze, liege oder stehe still und tue nichts anderes als zu beobachten. Ich nehme wahr. Meine Wahrnehmungen werden leicht zu Gedanken, die gerne bewerten, einordnen, urteilen. Doch dann bin ich wieder abgelenkt von meiner Wahrnehmung. Ich kehre zu ihr zurück, indem ich nur meinen Atem beobachte, das Fließen meiner Atemzüge. Ich fühle im Atem das Leben, das durch mich hindurch fließt. Jeder Atemzug hat eine neue Gestalt. Ständig gestalte ich das Leben neu. Ständig werden alte Gestalten abgebaut und umgebaut. Dem Einatem folgt der Ausatem. Ich bin nun in Kontakt mit einer größeren Ganzheit, einer größeren Ordnung, als mein Ich es umfassen kann. Es atmet mich. Es lebt mich. Ich bin in Kontakt mit dem Es in mir, dessen selbstorganisierende Weisheit mein Leben gestaltet. Ich bin in Kontakt mit den Gewohnheiten, den Verhaltensmustern, den Programmen, die mein Leben ausrichten und steuern.

Ich kann nun mein Bewußtsein einschalten und mich fragen, welche Programme sich bewährt haben und somit aus der Vergangenheit in die Zukunft übernommen werden können und welche Programme ausgemustert werden sollten. Ich bin nun auf der Meta-Ebene des unparteiischen Beobachters angelangt. Die Trance, die im Neurolinguistischen Programmieren (NLP) ein wichtiges Instrument des Kontaktes mit dem Unbewußten, mit der Es-Ebene des Körpers darstellt, wird durch die MahaMudra-Meditation erweitert.

Es geht um eine überpersönliche, übergreifende Energie, die die persönlichen Programme als vielfältige Ausdrucksformen des Lebens erleben läßt. Dadurch erfahren die Verhaltensmuster – und mögen sie noch so alt, überkommen und unangemessen sein – eine neue Dimension. Sie können geachtet, geehrt und damit leichter aufgelöst werden. Alle Energie, die in den Programmen gebunden war, kehrt wieder zurück in die große Pulsation des Lebens. Befreiung von alten Programmen ist also kein Verlust, sondern eine Bereicherung. In der MahaMudraMeditation kann ich diesen Reichtum freigewordener Energie sofort und am eigenen Leibe erleben. Indem ich das NLP um die kosmische Dimension erweitere, eröffne ich ganz neue Möglichkeiten therapeutischen Umgangs mit der Vielfalt des Vordergründigen. Im Hintergrund weiß ich mich eingebettet in das Flußbett reiner Lebensenergie.

2

Einleitung

Ich philosophiere gern über das Verhältnis von Körper und Psyche, am liebsten abends mit Freunden in einer gemütlichen Kneipe. Im Eifer des Gesprächs scheinen die verschiedenen Begriffe wie „Geist" und „Körper", „NLP" und „BodyManagement" immer leichter und schwebender zu werden. Sie lassen sich dann ohne Mühe aus ihren ursprünglichen Zusammenhängen herauslösen und in neue Begriffsnetze verweben. Es ist wie ein Spiel, bei dem die Begriffe und Worte die Bausteine abgeben.

Spätestens am nächsten Morgen jedoch, wenn die ersten Klienten mein Beratungszimmer betreten, wird mir wieder deutlich, daß Geist und Körper in Form „real existierender Menschen" immer gemeinsam auftreten und – zumindest während unseres Lebens – eine untrennbare Einheit bilden. Seit Beginn meiner therapeutischen Tätigkeit suchte ich daher nach Wegen, dieser Einheit gerecht zu werden. Ich beschäftigte mich mit einer Vielzahl körperorientierter und kognitiv ausgerichteter Verfahren: Atemtherapie, Neurolinguistisches Programmieren, Eutonie, Hypnotherapie, Bioenergetik usw. Die Folge war jedoch, daß nach einiger Zeit nicht nur zwei Seelen, ach, in meiner Brust lebten, sondern eine ganze Vielzahl: die „multiple therapeutische Persönlichkeit". Wie konnten diese, sich zum Teil widersprechenden Ansätze kombiniert werden? Wende ich da zunächst zwanzig Minuten eine NLP-Technik an und gehe dann zu einer Feldenkrais-Sitzung über? Oder „motze" ich Atemtherapie mit einigen NLP-Prozessen auf, so wie manche Autofreaks ihre Fahrzeuge tunen? Um die Antwort vorweg zu nehmen: es geht um mehr als ein bloßes Summieren und Zusammen-Addieren.

Der folgende Teil beschäftigt sich mit der Integration von NLP, nonverbalen Therapieformen, systemischen und konstruktivistischen Ansätzen. Daraus wird ein umfassendes und zusammenhängendes Gebäude errichtet, das die heterogenen Herangehensweisen zu einer neuen Form verschmilzt. Ich werde darlegen, wie sehr unser Wirklichkeitsverständnis nicht nur von

mentalen Programmen und kognitiven Strukturen geprägt ist, sondern mindestens im selben Maße von der jeweiligen Verkörperung derselben. Ich gehe
sogar so weit, zu behaupten, daß Wirklichkeit und Verkörperung untrennbar
miteinander verknüpft sind. Ohne Verkörperung gibt es keine Wirklichkeit.
Dies mündet in den zentralen Konzepten „Persönliches Universum" und
„Magischer Realismus". „Persönliches Universum" meint die erlebte Wirklichkeit mit all ihren psychischen und physischen Aspekten, während
„Magischer Realismus" von der Formbarkeit unserer Wirklichkeit handelt:
von „verhexten Problemwelten" über die Magie des Alltäglichen bis hin zu
„zauberhaften" Lösungen.

Blättern wir im etymologischen Wörterbuch, so lesen wir, daß das altper-
sische Wort *magosh* für den heutigen Begriff „Magie" Pate stand. *Magosh*
bedeutet „Betrüger". Und in der Tat: Bei allem Realismus haftet unserer
Lebenswelt immer ein Moment des Konstruierten und Trügerischen an.
Wenn wir an einem Problem festhalten, betreiben wir „schwarze Magie",
indem wir uns um unsere Möglichkeiten betrügen. Auf der anderen Seite
sind Therapie und Beratung, die „weiße Magie", nicht sehr weit vom
Handwerk der Zauberer und Illusionskünstler entfernt. Jede Wirklichkeit ist
auch Illusion, und es gibt keine Wirklichkeit jenseits der Illusion.

In gewisser Weise handelt der folgende theoretische Teil von illusionären
Wirklichkeiten und der anschließende praktische von wirksamen Illusionen.
Dennoch ist dieses Buch keine „Einweihung" in eine neue Therapieform.
Falls Sie therapeutisch oder beratend tätig sind, können Sie weiterhin arbeiten wie bisher. Rechnen Sie sich eher dem NLP und kognitiven Verfahren zu,
so werden Sie wahrscheinlich Ihre Arbeit etwas körperlicher, ja „dreidimen-
sionaler" wahrnehmen. Kommen Sie mehr von der „Körperseite", so wird
Ihnen wahrscheinlich noch deutlicher bewußt, daß Sie nicht einfach mit
dem Körper, sondern mit Wirklichkeiten arbeiten. Egal, wie Ihre eigene theoretische oder praktische Position ist, Sie können sich durch dieses Buch zu
allerlei Gedanken und Spekulationen anregen lassen. Oder Sie erarbeiten
sich einige der neuen Prozesse, die wir Ihnen vorstellen und die Sie bei sich
selbst und/oder anderen anwenden lernen können.

Zuletzt noch eine Anmerkung zu den Fallbeispielen: Alle Hintergrund-
daten wurden so weit verändert und verfremdet, daß die Anonymität der
Klienten gewährleistet bleibt.

Teil I: Ein bißchen Theorie ...

1. Das Verhältnis von NLP und Körper

1.1 NLP, Körper und Computer

NLP hat sich seit seinem Entstehen als eher kognitive Kommunikations- und Therapiemethode einen Namen gemacht. Auch innerhalb des NLP wird dieser kognitive Aspekt immer wieder betont, was in Aussagen wie „Benutzen Sie Ihr Gehirn richtig" u.ä. widergespiegelt wird. Ja, schon der Name selbst – „Programmieren" – richtet den Fokus auf die kognitiven und mentalen Ebenen.

Wir untersuchen in diesem Kapitel, welche Konsequenzen und Auswirkungen es hat, wenn wir NLP nicht nur von der kognitiven Warte aus betrachten, sondern auf den ganzen Organismus beziehen.

Nun hat das NLP für die nonverbalen, körperlichen Aspekte der Kommunikation bereits einen spezifischen Terminus geprägt: die sogenannte „Physiologie". Physiologie meint im NLP all die nonverbalen und von außen beobachtbaren Begleiterscheinungen jeglicher kognitiven und kommunikativen Aktivität. Wenn Sie sich beispielsweise an ein freudiges Ereignis zurückerinnern, wird sich dies in einer leichten Änderung Ihrer Körperhaltung, in einer Entspannung Ihrer Muskulatur und in einer veränderten Atemfrequenz und -tiefe äußern. Ein geschulter Beobachter könnte zusätzlich sehr subtile Änderungen der Farbe Ihrer Gesichtshaut, der Fülle Ihrer Lippen usw. wahrnehmen. Denken Sie anschließend an ein eher beunruhigendes Thema, so werden diese Gedanken wiederum von einer entsprechenden Änderung Ihrer Physiologie begleitet sein.

Es ist eine Grundannahme des NLP, daß sich jedes interne Verhalten in einem externen Verhalten – der Physiologie – niederschlägt. Dadurch wird die Physiologie zu einem Bildschirm oder Monitor, der Auskunft gibt über innerlich ablaufende kognitive Prozesse. Somit wird das Wahrnehmen der Physiologie, der nonverbalen Signale, gerade für den Begleiter und Therapeuten zu einer äußerst wichtigen Richtgröße, die anzeigt, ob die Kommunikation noch in die beabsichtigte Richtung läuft.

Der Körper spielt also im NLP eine sehr wichtige Rolle. Die Beobachtung der Physiologie und der nonverbalen Signale sind wichtige Testgrößen, die die Richtung der Kommunikation entscheidend mitbestimmen. Sind dann Inhalt und Thema des Buches überhaupt noch etwas Neues?

Um diese Frage zu beantworten, müssen wir noch etwas genauer unter die Lupe nehmen, wie im NLP Körper und Geist und deren Beziehung gesehen werden. Sehr häufig wird da der Körper als eine Art Anhängsel bewertet. Er gilt als pure Externalisierung dessen, was innerlich in Form von Gedanken und Gefühlen vor sich geht. In Analogie zum Computer ist der Körper in dieser Sicht einfach eine periphere Systemerweiterung wie Printer, Monitor oder Modem, der die in der internen Zentraleinheit verarbeiteten Informationen nach außen bringt.

Die Analogie zum Computer ist übrigens nicht zufällig. Die Entstehung und Weiterentwicklung des NLP hängt sehr eng mit der Computermetapher zusammen, wie schon der Begriff des „Programmierens" andeutet. Jede Metapher besitzt sowohl ein innewohnendes kreatives Potential als auch Grenzen. So bediente sich beispielsweise die Psychoanalyse mechanischer und geologischer Metaphern aus den Wissenschaftsgebieten, die damals an der Spitze des Fortschrittes standen. Um diese Metapher herum wurde nun ein Modell entwickelt, in dem Gefühle aufgestaut werden und Druck und Antrieb erzeugen können; in dem es wichtig ist, die verschiedenen Schichten allmählich abzutragen, um auf das ursprüngliche Trauma zu stoßen, usw. Kein Wunder, daß die Psychoanalyse, die auf einem mechanistischen Energiemodell aufgebaut ist, einige Schwierigkeiten mit systemischen und konstruktivistischen Ansätzen bekommt, da diese weit mehr auf einem Informationsmodell beruhen, in denen Kommunikation – der zirkuläre Austausch von Informationen – der zentrale Begriff ist.

Im Zeitalter der Information und der Kommunikation ist es naheliegend und sinnvoll, eine passende Metapher zu wählen, und Computer sind die Verkörperung des Informationszeitalters schlechthin. Gerade für das NLP hat sich diese Metapher folglich auch als sehr wertvoll und anregend erwiesen.

Der körperliche Teil des Gehirns (und das Gehirn ist ja gut eineinhalb Kilo Körper) entspricht in dieser Analogie der Hardware und der „restliche Körper", wie schon angesprochen, der Peripherie. Das eigentliche Gebiet des NLP ist aber unsere innere Software mit ihren mentalen und kognitiven Ebenen, die „menschliche Software".

Nun zeigt sich aber in den letzten Jahren mehr und mehr, daß die Computermetapher an ihre Grenzen stößt. Sie erscheint als immer weniger tauglich, Geist und Körper und deren Beziehung zu beschreiben.

Neurobiologie und Psycho-Neuro-Immunologie trugen und tragen weiterhin eine immense Vielzahl an Erkenntnissen zusammen, die ein ganz anderes Bild unseres Geistes und Körpers zeichnen. Gleichzeitig wird uns damit eine neue Metapher (was gleichbedeutend ist mit einem neuen Paradigma) zur Verfügung gestellt*. Danach funktionieren wir auch und gerade bei geistigen Prozessen grundsätzlich anders als Computer.

Ins Zentrum des Blickfeldes rücken bei Neurobiologie und Psycho-Neuro-Immunologie die Kommunikation und Interaktion der verschiedenen Aspekte, Elemente und Ebenen des gesamten Organismus und das dynamische Netzwerk, das dabei entsteht. Dadurch werden auch die Grenzen zwischen Geist und Körper unschärfer und verschwimmen immer mehr.

Angiotensin beispielsweise, ein Molekül, das als Informationsmolekül und Botenstoff fungiert, bewirkt in den Nieren, also auf körperlicher Ebene, eine Veränderung des Wasserhaushaltes: Wasser wird zurückgehalten.

---

* Dabei tritt hier ein interessantes Phänomen auf: Im Gegensatz zur Computermetapher, wobei eine Beschreibung aus dem Bereich der Technik auf Lebewesen übertragen wird, beziehen sich hier Beschreibung und Metapher auf ein- und denselben Gegenstandsbereich, nämlich auf unseren Geist und Körper. Und gerade durch diese „ambivalente Gleichzeitigkeit" erlaubt diese Metapher eine noch nähere Beschreibung des Verhältnisses von Geist und Körper, wie wir später sehen werden.

Dasselbe Molekül nimmt aber auch Einfluß auf bestimmte Zentren im Gehirn (im Bereich des limbischen Systems). Dort löst es unser Durst-empfinden aus, wirkt also auf psychischer, geistiger Ebene. Körperliche und geistige Vorgänge beruhen auf sehr ähnlichen bis identischen Prozessen. So benutzen Körper und Gehirn in der Regel dieselben Moleküle und Reaktionsketten. Diese Parallelität geht aber häufig, wie im obigen Beispiel, noch weiter. Auch im Gehirn reguliert Angiotensin in gewisser Weise unseren Wasserhaushalt: Durst regt uns an, Flüssigkeit aufzunehmen. Körper und Geist bilden also einen gemeinsamen Funktionszusammenhang, vom mole-kularen Verhalten der Nierenzellen bis hin zum vom Gehirn gesteuerten bewußten Verhalten.

Wo hört da Körper auf, wo fängt Geist an, und umgekehrt? Oder, um in der alten Metapher zu bleiben, wo hört Hardware auf, wo fängt Software an?

Im Lichte der neuen Metapher ist diese Frage eher sinnlos. Körperliche Prozesse gestalten geistige Prozesse, sowie auch geistige Prozesse körperliche gestalten. Geist-Körper ist eben keine Einbahn-Kommunikation, sondern wechselseitiger Austausch und Verflechtung: BodyMind.

Bei einer allergischen Reaktion beispielsweise reagiert zunächst die kör-perliche Seite des BodyMinds auf die Allergene. Einige der an der allergi-schen Reaktion beteiligten Zellen benachrichtigen nun mittels Botenstoffen und Nervenbahn unser Gehirn über das allergische Ereignis und lösen dadurch eine Aktivierung bestimmter Bereiche des limbischen Systems, unseres emotionalen Zentrums, aus. Angst, Unruhe bis hin zu Panikgefühlen können die Folge sein.

Auf der anderen Seite spiegeln sich in körperlichen Prozessen und den daraus gewachsenen Strukturen wie Körperhaltung geistige Prozesse wider: der Körper dient hier als externales Symbol, als Ausdruck unseres Innern. Der Körper ist hier Teil des geistigen Prozesses und kann, ähnlich wie Papier und andere Medien, Informationen extern speichern und repräsentieren.

Im Gegensatz zu den visuellen und auditiven Repräsentationssystemen kommt dem kinästhetischen Repräsentationssystem eine Sonderstellung zu.

Es verfügt, wie die anderen Repräsentationssysteme auch, über die Möglichkeit, gehirnintern* zu repräsentieren, ganz im klassischen NLP-Sinn als ein
Bestandteil einer Erfahrung. Zusätzlich können kinästhetische Daten jedoch
auch extern repräsentiert werden: über die Körperhaltung, die Art der
Bewegung, den Muskeltonus, Herzschlag, Atmung usw. Der Körper ist also
integraler Bestandteil des informationsverarbeitenden Systems.

Info: Was sind „Repräsentationssysteme"?
Wir nehmen die Welt mit unseren Sinnen wahr: visuell, auditiv, kinästhe-
tisch, gustatorisch und olfaktorisch. Aus diesen Sinnesdaten bilden wir nach
Ansicht des NLP unser Modell, unser Bild der Wirklichkeit. Mit anderen
Worten: Die Sinnesdaten repräsentieren unsere Erfahrungen.
Weitere kritische Anmerkungen dazu finden Sie in Abschnitt 4.2.

Eine der wichtigsten Komponenten dieses informationsverarbeitenden
Systems sind unsere Emotionen. Sie dienen quasi als Filter, die die von
außen über die Sinneskanäle oder von innen aus anderen Gehirnarealen
kommenden Informationen gewichten, bewerten und sortieren. Anders wäre
es uns unmöglich, mit der gigantischen Flut an Daten umzugehen. Erst
durch diese gefühlsmäßigen Einfärbungen und Betonungen werden wir
reaktions- und handlungsfähig. Die emotionalen Filter selektieren und
unterscheiden einzelne Informationen aus dem Datenbrei, indem sie ihnen
Kategorien wie wesentlich-unwesentlich, gefährlich-harmlos u.a. zuweisen.
Dies bildet die Voraussetzung dafür, um uns für bestimmte Reaktionen
und Handlungen, wie zum Beispiel Flucht oder Angriff, entscheiden zu können.

---

* Wir verwenden die Begriffe intern und extern hier nicht mehr als Abgrenzung von Geist und
Körper, sondern als Ortsbeschreibung geistig-körperlicher BodyMind-Vorgänge: intern bezeichnet
„im Gehirn", extern „im restlichen Körper".

1.2 Körper-Geist-Module

Welche Rolle spielen nun Emotionen im System BodyMind? Um diese Frage einer Antwort zuzuführen, möchten wir Sie bitten, sich ein, zwei Minuten Zeit für ein kleines Gedanken- und Fühlexperiment zu nehmen.

Machen Sie es sich bequem auf Ihrem Stuhl oder Sessel oder wo auch immer Sie diese Zeilen jetzt lesen. Nehmen Sie einige etwas tiefere und dennoch gelöste Atemzüge, um es sich dabei mit jedem Atemzug noch etwas bequemer zu machen oder sich einfach zu entspannen, während Sie wahrnehmen, wie und wo Sie mit Ihrem Körper etwas berühren, vielleicht mit dem Rücken die Stuhllehne oder mit Ihren Füßen den Boden, und dabei fällt es Ihnen immer leichter, Ihren Atemrhythmus zu verl a n g s a m en ... und auch die Gedanken werden l a n g s a m e r ... während Sie sich vielleicht an den einen oder anderen Zustand tiefer Entspannung erinnern oder es einfach spontan zulassen, daß Entspannung und Gelöstheit sich mehr und mehr in Ihrem Körper ausbreiten dürfen ... und während Sie körperlich weiterhin entspannt und ruhig bleiben, bitte ich Sie, sich geistig in das Gefühl von Zorn und Wut hineinzuversetzen* ... versuchen Sie, dieses Gefühl so intensiv wie möglich zu empfinden, während Ihr Körper ruhig und entspannt bleibt ... der Körper bleibt ruhig und entspannt ... ganz ruhig und entspannt, versuchen Sie, intensive Wut zu empfinden ...

Na? Konnten Sie gleichzeitig intensiv Wut verspüren *und* dabei körperlich tief entspannt bleiben? Falls ja, bitte setzen Sie sich umgehend mit uns in Verbindung, denn dann besitzen Sie eine sehr ungewöhnliche Fähigkeit, die wir gerne studieren würden (natürlich müßten wir dann große Teile dieses Buches in der nächsten Auflage umschreiben, aber das soll nicht Ihr Problem sein).

Für die meisten Menschen ist es schwierig bzw. unmöglich, die Emotion der Wut körperlos zu empfinden. Das emotionale Erleben ist

---

* Sie können dieses Experiment natürlich auch mit jedem anderen Gefühl durchführen!

untrennbar mit bestimmten körperlichen Zuständen verbunden. Oder noch unmißverständlicher: der körperliche Zustand (die Physiologie) einer Emotion ist nicht nur Ausdruck der Emotion, sondern er *ist* die Emotion bzw. ein Teil von ihr. Emotionen sind also Geist *und* Körper. Erst die Kombination kognitiver Elemente mit entsprechender Körperphysiologie machen Emotionen zu Emotionen! Der Körper ist also nicht nur Ausdrucksorgan, sondern auch gestaltendes Element.

Emotionen zeigen mit am deutlichsten die dynamische Vernetzung von Geist und Körper und nehmen deshalb auch im BodyMind-Konzept eine zentrale Stellung ein.

Stellen Sie sich einen Computer vor, der nach diesem Vorbild funktioniert! Sie arbeiten gerade an einem Textdokument. Je nachdem, ob an Ihrem Computer ein Schwarzweiß- oder ein Farbmonitor angeschlossen ist, werden unterschiedliche Sätze und Worte auf dem Bildschirm erscheinen. Je nachdem, ob der Toner Ihres Druckers halb oder ganz voll ist, wird sich der Inhalt Ihres bearbeiteten Dokumentes ändern, usw.!

Verstehen Sie jetzt, warum die zunächst so einleuchtend wirkende Computermetapher nicht wirklich tauglich ist für ein weitgehendes Verständnis von BodyMind?

BodyMindManagement beschäftigt sich daher nicht nur mit „gehirngerechtem" Lernen und Wachstum, sondern mit Lernen, Wachstum und Veränderung, welches die Eigenschaften und Funktionsweisen aller an Lernen und Wachstum beteiligten Komponenten berücksichtigt, also auch die Eigenschaften und Funktionsweisen des Körpers. Dies wäre dann eine Art „organismusgerechtes" Lernen und Wachsen.

Was bedeutet dies nun in der Praxis?

Nehmen wir als Beispiel die Aussage Richard Bandlers „Das Gehirn lernt schnell." Dabei können wir für den Augenblick von der Tatsache einmal absehen, daß schon im Gehirn selbst unterschiedliche Lernsysteme, Lernmodule existieren, von denen sich einige auch durch länger andauernde

Lernprozesse auszeichnen*. Im Kontext von NLP-Modellen wie der Swish-Technik oder der Anker-Integration bleibt die Aussage „Unser Gehirn lernt schnell" sinnvoll, da diese Modelle auf Module des Konditionierungs-Lernens einwirken. Und bei Konditionierungs-Lernen lernt das Gehirn in der Tat schnell. Aber nicht immer und nicht unbedingt auch das Körper-Geist-System!

Nun, werden die erfahrenen NLP-AnwenderInnen unter Ihnen einwenden, ich habe doch schon oft erfahren, daß Veränderungen bei Klienten oder auch bei mir selbst recht schnell vonstatten gingen, und zwar auch mit entsprechenden körperlichen Veränderungen in der Physiologie.

Völlig richtig! Veränderungen *können* schnell geschehen, und zwar dann, wenn entsprechende Körper-Geist-Einheiten schon ausgebildet oder vorgeformt sind. Ein Beispiel dafür stellen wieder die Emotionen dar. Ein kognitives Element und ein entsprechender körperlicher Zustand verbinden sich zu einer Funktionseinheit und gestalten dadurch eine bestimmte Emotion, ein „Emotions-Modul". Diese brauchen dann nur noch durch entsprechende Auslöser aktiviert zu werden. NLP-Techniken funktionieren dann und nur dann schnell und effektiv, wenn die benötigten „Körper-Geist-Module" bereits etabliert sind. Diese sind wie Schnellstraßen des Körper-Geist-Systems, auf denen Prozesse und Veränderungen sehr geschwind „ablaufen" können. In diesen neurobiologischen Einheiten sind die funktionalen Systeme Körper und Geist so eng miteinander verwoben, daß sich der Unterschied zwischen Hard- und Software vollends auflöst.

Die NLP-Modelle (Swish, Anker-Integration usw.), die auf Konditionierungslernen beruhen, bedienen sich dieser Körper-Geist-Module oder -Funktionseinheiten. Diese Module sind die Bausteine unseres Erlebens und unserer Erfahrung von Wirklichkeit. Mit Hilfe der NLP-Veränderungstechniken können wir diese Bausteine umgruppieren und zu neuen Strukturen zusammensetzen. Stellen Sie sich vor, wie Sie in einem Zimmer –

---

* Diese Module lassen sich räumlich (unterschiedliche zerebrale Lokalisation) und funktionell (unterschiedliche Neurotransmitter-Rezeptoren-Enzym-Systeme) voneinander abgrenzen.

vielleicht eines, in dem Sie sich nicht sonderlich wohl fühlen – die Möbel umstellen. Häufig führt allein dies schon zu neuen Sichtweisen und veränderten Gefühlen. Und dies kann in der Tat schnell gehen.

Was aber, wenn diese Funktions-Einheiten, diese Modul-Bausteine nicht in ausreichender Anzahl vorhanden sind? Oder wenn sie nicht die passenden sind? Manchmal kann man die vorhandenen Möbel in einem Raum umstellen, wie man will, nichts führt zu einer befriedigenden Lösung. Ein neues Möbelstück müßte gebaut oder ein neuer Raum gefunden werden.

A., eine 32jährige Frau, kommt in die Beratung mit dem Wunsch, ihre Unsicherheit im Kontakt mit anderen Menschen, speziell mit Männern, abzubauen. In gewohnter NLP-Manier suche ich gemeinsam mit A. in ihrer Lebensgeschichte nach Ressourcen, nach Erfahrungen, in denen sie sich selbstsicher und souverän gefühlt hat. Und wir finden auch nicht wenige, genug jedenfalls, um die Unsicherheit abbauen zu können. Im nächsten Schritt bitte ich A., sich in eine dieser Erfahrungen hineinzuversetzen und sie sich wieder ganz zugänglich zu machen, um anschließend mit dieser aktivierten Ressource den Problemzustand neu zu erleben. Alles scheint wie am Schnürchen zu laufen. A. berichtet, daß sie das Ressource-Erlebnis voll erlebt und sich wie mittendrin fühlt; auch das vorherige Problem erlebe sie als „geschrumpft", und zumindest auf der Ebene des inneren Erlebens hat eine Integration stattgefunden. Nur konnte ich sowohl beim Ressource- als auch beim Problemzustand keinerlei nonverbale Unterschiede bemerken. Die Körpersprache, die Physiologie, war beidemal gleich, was mich etwas irritierte. „Naja, vielleicht habe ich nur nicht genau genug beobachtet", dachte ich und beließ es vorerst dabei.

In der darauffolgenden Sitzung betonte A. noch einmal, wie sehr ihr die erste Sitzung gefallen habe. „Und, wie steht's mit der Unsicherheit", frage ich sie. „Nun, irgendwie eigentlich so wie vorher", lautet die Antwort. Wir arbeiten weiter am Thema. Nach meinem Empfinden ist es gute Arbeit: gründlich, behutsam, ökologisch, und auch der Rapport scheint gut und tragfähig zu sein. Und dennoch kann ich wieder keine oder nur minimalste Unterschiede in ihrer Ressourcen- und Problemphysiologie wahrnehmen. In welchen Zustand ich A. auch immer hineinführe, stets nehme ich nur eine Art „Einheitsphysiologie" wahr, die ich eher als

Problemphysiologie interpretiere. Daraufhin beginne ich, auf der gesamten Klaviatur des NLP zu spielen, und ziehe alle Register, die mir im Rahmen meiner Möglichkeiten zur Verfügung stehen. Es nützt nichts! Und da dämmert mir, daß das Problem woanders liegt. Die Interaktion Geist-Körper scheint bei A. nicht so gut zu funktionieren, so daß sich einige Gefühlsmodule nur unzureichend entwickeln konnten. Bevor wir mit dem ursprünglichen Thema weiterarbeiten können, muß A. auf dieser Ebene erst einige neue Lernerfahrungen machen.

Es ist nun nicht so, daß A. nichts empfindet oder völlig unemotional wäre. Sie spricht auch davon, daß sie immer wieder intensive Gefühle hat, und es gibt für mich keinen Grund, ihr dies nicht zu glauben. Allerdings sind ihre intensiven Gefühle fast ausschließlich auf den Problemsektor beschränkt (in diese Richtung hin habe ich ja auch ihre „Einheitsphysiologie" gedeutet). Das Modul Problemgedanke-Problem-Körperausdruck ist also schon gut entwickelt, und die Unsicherheits- und Blockadegedanken passen mit dem starren, unbewegten Körperausdruck zusammen. Es ist wie bei einem Maler, der ein Bild des Frühlings malen will, dem aber in seiner Farbpalette nur Grautöne und einige wenige Pastellfarben zur Verfügung stehen.

Wir identifizieren auch einen Glaubenssatz: „Nur wenn ich meine Gefühle nicht zeige, werde ich geliebt", der zu dieser Lerneinschränkung geführt hat. Wir arbeiten von da an zweigleisig: zum einen daran, den Glaubenssatz aufzulösen, damit sich A. die Erlaubnis und Chance gibt, ihr emotionales Spektrum zu erweitern, zum anderen am Erlernen weiterer Möglichkeiten des emotionalen Erlebens.

Und diese Art des Lernens benötigt Zeit. Sie ist vergleichbar mit dem Erlernen des Laufens und des Sprechens, beides Lernvorgänge, um mit dem Körper eins zu werden und ihn gleichzeitig bedienen zu können; ihn begreifen und gleichzeitig in ihm sein zu können.

Um bei A. diese Lernebene zu aktivieren, schule ich sie in „Verhaltensgymnastik". Ähnlich wie der Bewegungsspielraum kann auch der Verhaltensspielraum eingeschränkt sein; ähnlich wie Muskeln und Sehnen verkürzt sein können, können auch Handlungsräume und -möglichkeiten verkürzt sein. Und ähnlich, wie wir durch

Training die Dehnbarkeit und Beweglichkeit unserer Muskeln und Sehnen wieder erhöhen können, können wir unsere Verhaltensspielräume wieder ausdehnen. So sollte A. zwischen zwei Sitzungen zunächst einfach mit der Lautstärke experimentieren. Sie nahm unterschiedlich laute Sprechweisen auf Kassette auf und hörte sie als Feedback wieder ab. In Gesprächen begann sie mehr und mehr, ihre Lautstärke zu modulieren. Dann erlernte sie, Körpergeschwindigkeiten und -rhythmen zu verändern und mal schnell, mal langsam zu laufen, zu sprechen, gestische Bewegungen zu machen usw. Eine weitere Aufgabe bestand darin, die Größe von Bewegungen zu variieren und Gesten mal klein, mal groß als „raumgreifende" Armbewegungen auszuführen, mit kleinen und großen Schritten zu laufen usw.* Im Laufe von mehreren Monaten entwickelte A. dadurch zusätzliche Möglichkeiten des emotionalen Erlebens. Die abschließenden NLP-Techniken, die anfangs nicht fruchteten, waren schließlich nur noch das „Tüpfelchen aufs i" und verliefen schnell und leicht.

2. Der schillernde Körper: Landkarte oder Gebiet?

2.1 Über Landkarten und Gebiete

Im vorhergehenden Abschnitt haben wir uns mit dem Verhältnis von NLP, Körper und Geist beschäftigt. Dabei mußten wir von der Computer-Metapher Abschied nehmen, die Körper und Geist als zwei eigenständige Bereiche definiert und trennt. Wir erkannten, daß Körper und Geist miteinander verflochten sind und sich nicht scharf voneinander abgrenzen lassen.

Und dennoch: In unserem alltäglichen subjektiven Verständnis unterscheiden wir in der Regel sehr klar zwischen Körper und Geist. Wir glauben zu wissen, was Gedanke und was körperliches Empfinden ist. Wir kämen nie im Traum auf die Idee, daß diese scheinbar so klare Unterscheidung trügerisch ist. Stimmt sie vielleicht doch, die Computer-Metapher mit ihrem Dualismus von Hardware und Software, von Körper und Geist?

---

* Im Grunde ist die „Verhaltensgymnastik" eine Ausdifferenzierung der (kinästhetisch-motorischen und auditiven) Submodalitäten.

Ganz in dieselbe Richtung weist ein wichtiger Grundsatz des NLP, nämlich: „Die Landkarte ist nicht das Gebiet." Damit ist gemeint, daß wir nie die Realität als solche erfahren können, sondern daß wir eine innere Repräsentation der Wirklichkeit entwickeln, ein inneres Modell, das dann unser Denken, Empfinden und Handeln bestimmt. Unser Gehirn zeichnet und entwirft sozusagen eine Landkarte der Wirklichkeit, anhand derer wir uns dann orientieren. Dabei kommt es vor, daß manche Landkarten hilfreicher sind als andere, die vielleicht veraltet sein mögen. Neue Wege sind in ihnen noch nicht verzeichnet, während uns alte, die nicht mehr existieren, in die Irre führen können. Manche Karten sind sehr detailliert, während andere nur einen groben Überblick gewähren, nicht viel Sicherheit bieten und unseren Wagemut herausfordern. Da jeder Mensch im Laufe seines Lebens seine eigene Landkarte formt, gleicht nie eine der anderen. Menschen erleben die jeweils gleiche äußere Situation subjektiv häufig sehr unterschiedlich.

Stellen Sie sich vor, Sie unterhalten sich zunächst nur mit einem Partner eines sich streitenden Ehepaars. Aus den Aussagen und Klagen über rücksichtsloses, nicht einfühlendes, rechthaberisches Verhalten können Sie sehr bald ein Bild des anderen Partners (wirklich ein Unmensch!) formen und auch darüber, wie die Dinge nun mal stehen und „wirklich" sind. Doch wehe, Sie sprechen mit der anderen Seite (für Paar- und Familientherapeuten gehören solche und ähnliche Erfahrungen zum täglichen Brot). Ihr gerade eben erst errichtetes Weltbild wird im Nu zu Staub zerfallen. Wie Phönix aus der Asche schält sich aus der vor wenigen Momenten noch als Monster angesehenen Person ein heldenhaftes Opfer heraus, das stoisch die Ungerechtigkeiten der Welt (und diese Welt besteht ausschließlich aus dieser einen anderen Person) über sich ergehen läßt usw. Während das Paar munter weiterstreitet, werden Sie sich mehr oder weniger verwirrt zurückziehen und sich fragen, ob die beiden tatsächlich denselben Streit beschrieben haben und was denn „wirklich" geschehen ist. Interessanterweise ist die Diskussion, was „wirklich" geschehen ist und wer was wann und wie gesagt hat, oft ein zentraler Punkt eines Ehestreits. Wenn beiden Partnern bewußt wäre, daß sie einfach über verschiedene Sichtweisen der Realität streiten, würde dieser Aspekt ihrer Auseinandersetzung wahrscheinlich weniger Spaß machen.

Und während Sie noch grübeln, was nun „wirklich" ist, fällt Ihnen vielleicht die Fabel vom indischen Elefanten und den blinden Gelehrten ein. Der eine umfaßt den Rüssel und meint, ein Elefant sei auf elastische Weise kräftig, der andere berührt die Stoßzähne und gelangt zur Erkenntnis, daß Elefanten sehr hart und glatt seien, während ein Dritter den Schwanz erfaßt und deshalb zum Schluß kommt, daß Elefanten scheue, zarte und kleine Geschöpfe seien.

... „Was hat das mit uns zu tun?" wird sich vielleicht Ihr zerstrittenes Ehepaar fragen, „Elefanten gibt es hier bei uns doch gar nicht!" ...

Die Landkarte ist also nicht das Gebiet – eine, wie wir eben gesehen haben, einleuchtende und hilfreiche Annahme. Was bedeutet dies auf Körper und Geist übertragen? Der Geist entwirft unsere Landkarte von der Wirklichkeit, die ja eine mentale innere Repräsentation der äußeren Realität darstellt. Der Körper wiederum gehört zum Bereich der Wirklichkeit, wir können ihn erfassen, begreifen. Und tatsächlich besitzen wir im Gehirn verschiedene Landkarten des Körpers: einfache und komplexere sensorische und motorische Körperschemata, ja sogar eine zeitliche Kartierung von Bewegungsabfolgen (der „Körpermelodie") usw. In den ersten Jahren als Baby und Kleinkind entwickeln und zeichnen wir diese Körperkarte und versetzen uns dadurch in die Lage, unseren Körper immer besser und leichter bewegen und bedienen zu können.

Andererseits kann der Körper selbst Abbildungsfunktionen übernehmen, also gewissermaßen Landkarte sein, und dies tut er auch die ganze Zeit. Wie schon erwähnt, nennt man dies im NLP „Physiologie", den sinnlich wahrnehmbaren „Ausdruck" innerer Vorgänge. Schon in den 30er Jahren stellte Jacobson fest, daß beispielsweise die Vorstellung, ein Gewicht zu heben, Muskelinnervationen in den betreffenden Gebieten zur Folge hatte. Und in den Buchläden gibt es ganze Regale voll von Sachbüchern darüber, wie der

Körper zu lesen sei und was alles in der Körpersprache verschlüsselt und symbolisiert ist.

Somit ist der Körper einmal Landkarte, ein andermal Gebiet. Aber es wird noch komplexer und verwirrender. Denn aus einer weiteren Perspektive ist der Körper nicht nur Abbild, Träger und Ausdruck unseres Geistes und unseres Selbstes, sondern er ist untrennbar mit unserer Identität verflochten: wir sind unser Körper.

Wir haben also einen Körper, und wir sind der Körper. Dies hat nun merkwürdige Konsequenzen zur Folge, denn gleichzeitig gilt damit: „Die Landkarte *ist nicht* das Gebiet“, und „Die Landkarte *ist* das Gebiet, ist Teil des Gebiets.“ Zwar ißt normalerweise, wie Bateson anmerkt, nur der Schizophrene die Speisekarte. In Extremsituationen aber, wie bei den wochenlang unter den Trümmern des eingestürzten Kaufhauses in Seoul begrabenen Überlebenden konnten Materialien, aus denen für gewöhnlich Speisekarten bestehen, wie Pappe und Papier, zu lebensrettenden Nahrungsmitteln werden.

Die von „Wir haben einen Körper“ und „Wir sind der Körper“ abgeleiteten Aussagen „Die Landkarte ist nicht das Gebiet“ und „Die Landkarte ist das Gebiet“ sind sehr widersprüchlich, für jeden etwas logisch denkenden Menschen ein zunächst unhaltbarer Zustand (und solange wir beim „Zustand“ „stehenbleiben“, wird sich für diesen Widerspruch auch keine Lösung finden). Bevor wir aber diese logische Verstrickung auflösen, werden wir uns noch etwas eingehender mit ihr beschäftigen. Dabei werden wir erkennen, daß jede für sich stimmig ist und richtig erscheint (was die Logiker unter uns zunächst noch mehr beunruhigen wird).

2.2 Die Landkarte ist nicht das Gebiet

Die Landkarte ist nicht das Gebiet: wir haben einen Körper. Schon das Kleinkind beginnt, seinen Körper in Besitz zu „nehmen“, indem es beispielsweise mit den Fingern die Zehen berührt und in den Mund führt. Auf diese Weise „begreift“ das Kind seinen Körper genauso, wie es andere Objekte der

Außenwelt begreift. Der Körper ist einfach ein weiteres Objekt, mit dem sich das Ich beschäftigt, den es erkundet und „erfaßt".

Der Körper ist in dieser Perspektive die erste Schicht der Außenwelt und gehört mehr zu unserer Umwelt als zum eigentlichen Inneren. Dementsprechend empfängt unser Gehirn auch unterschiedlichste sensorische Rückmeldungen über Sinnesrezeptoren in Muskeln und anderen Geweben aus allen Körperregionen. Dies betrifft Informationen über den Spannungszustand und Bewegungen der Skelettmuskulatur, aber auch viele Botschaften über autonome Vorgänge, wie zum Beispiel die Aktivität des Immunsystems.

Ob solche Botschaften aus der „eigentlichen Außenwelt" (die wir hier Umwelt 2 nennen) oder der „Körperaußenwelt" (Umwelt 1 genannt) kommen, ist dem Gehirn egal. Noch mehr: Alle sensorischen (und auch anderen) Impulse bestehen aus der „Einheitswährung des Gehirns". Ob es sich um visuelle, auditive oder taktile Rezeptoren handelt, die weitergeleiteten nervalen Impulse sind immer elektro-chemisch. Das hat zur Folge, daß das Gehirn über keine direkte Möglichkeit verfügt, Umweltreize von Körperreizen zu unterscheiden.

Der einzige Unterschied zwischen Umwelt 1 und Umwelt 2 für das Gehirn ist, daß aus Umwelt 1, dem Körper, relativ konstante und gleichbleibende Informationen gesendet werden, während die Informationen und Daten aus Umwelt 2 in weit größerem Maße variieren. Wohl nur durch diese Konstanz und Kontingenz der Rückmeldungen aus Umwelt 1 vermag sich der Körper als relativ gleichbleibendes Reizmuster aus dem Wust einströmender Daten herauszuschälen.

Wir halten hier kurz fest, daß aus dieser Perspektive der Körper als Teil der Umwelt klar getrennt vom Geist existiert. Wir können ihn bewohnen, besitzen, benutzen, behandeln usw.

2.3 Die Landkarte ist das Gebiet

Die Landkarte ist das Gebiet – wir sind der Körper. Als Metapher bietet sich hierfür die Psycho-Neuro-Immunologie (eigentlich Psycho-Neuro-Endo-

krino-Immunologie) an, die sich mit den verschiedenen Kommunikations-
netzwerken des Körpers und des Geistes beschäftigt. Nahezu sämtliche körperlichen Vorgänge beruhen auf Information und Datenverarbeitung und
sind somit auch geistige Prozesse. Moleküle wie Hormone, Neuropeptide
und Neurotransmitter sind einerseits Materie und dienen andererseits als
informationstragende Symbole, die mit genau definierter Semantik den Stoffwechsel in und die Kommunikation zwischen den Zellen regeln. Systeme wie
das Immunsystem besitzen wie das Gehirn die Fähigkeit, Außenreize wahrzunehmen (die Antigen-Erkennung über T-Zellen und Antikörper), Informationen zu speichern (über die T- und B-Gedächtniszellen) und zu verarbeiten (vielfältigste bidirektionale Kommunikation zwischen den einzelnen
Immunzellen sowie mit anderen körperlichen Funktionssystemen und dem
Gehirn). Manche Forscher bezeichnen daher das Immunsystem auch als
mobile brain, als mobiles Gehirn, dessen Abermilliarden von Zellen im gesamten Organismus zirkulieren. Die strikte Unterscheidung zwischen Geist und
Körper verschwimmt mehr und mehr: *Der Körper denkt mit!*

Aber auch die „eigentlichen Gehirnfunktionen" sind nicht klar von kör-
perlichen zu unterscheiden. So beruhen grundlegende Eigenschaften des
„MOS" (des „mental operation system", unser geistiges Betriebssystem, in
Anspielung auf das MS-DOS der PC's), das Robert Ornstein in seinem
Multimind-Konzept vorstellt, auf der Filterfunktion der Emotionen. Um die
Informationsflut der Myriaden sensorischer und intrazerebraler Informationen zu bändigen, müssen die einströmenden Daten kategorisiert und
bewertet werden. Fast bei allen dieser elementaren Bewertungsschemata wie
„harmlos – gefährlich", „wichtig – unwichtig", „bekannt – unbekannt" usw.
schwingen emotionale Bedeutungen mit. Sie sind gefühlsmäßige Einfärbungen der einströmenden Daten. Und wie wir schon wissen, existieren
Gefühle wiederum nicht ohne einen entsprechenden körperlichen Zustand.
Somit ist der Körper elementarer Bestandteil des MOS, des menschlichen
mentalen Betriebssystems.

Würden Computer genauso funktionieren, so wäre die genaue Art und
der genaue Inhalt des jeweiligen Betriebssystems abhängig davon, ob es sich

um einen Laptop, eine stationäre Anlage oder ein Rechnernetzwerk usw. handelt. Ebenso würden unterschiedliche Prozessoren unterschiedliche Varianten eines Betriebssystems kreieren.

Wir sind also auch unser Körper. In dieser Sichtweise sind Körper, Geist und Identität grundsätzlich eins.

2.4 „Die Zeit heilt alle Wunden" – Logik und Dynamik*

Wir haben nun genügend „Beweise" herbeigeschafft, die die Richtigkeit der jeweiligen Anschauung belegen oder zumindest plausibel machen. Wie können aber beide richtig sein, wenn sie sich widersprechen, ja eigentlich sogar gegenseitig ausschließen?

Ein hilfreiches Mittel, Paradoxa und Widersprüche aufzulösen, bietet die „logische Typenlehre". Ursprünglich von Bertrand Russell zu mathematischen Aspekten von Paradoxa im Rahmen der Mengenlehre entwickelt, wurde sie von Gregory Bateson und später Paul Watzlawick in den Bereich der Psychotherapie übertragen. Dieses Konzept wurde unter dem Namen „double-bind"-Theorie bekannt.

In der logischen Typenlehre existiert ein zentrales Gebot: Eine Menge darf sich nicht selbst zum Element haben. Vielleicht kennen Sie das klassische Paradoxon des Kreters, der behauptet: „Alle Kreter lügen." Lügt er oder spricht er die Wahrheit? Weder noch, denn wenn er lügt, spricht er die Wahrheit, und wenn er die Wahrheit äußert, lügt er! Zum einen ist der Kreter Element der Menge aller Kreter, zum anderen ist seine Aussage eine Aussage

---

* Der folgende Abschnitt erscheint möglicherweise als recht kompliziert und theoretisch. Sie können ihn überspringen. Es wäre aber besser, Sie ließen sich einfach darauf ein, selbst wenn es Sie zunächst verwirrt. Es geht nicht darum, daß Sie die folgenden Gedanken ver-„stehen", sondern vielmehr, daß Sie sie bewegen (und während Sie jetzt bewegen, was wir damit meinen, werden Sie es nachher verstehen). Diese Art zu denken ist für die meisten von uns recht ungewohnt. Neuland lernt man aber nicht dadurch kennen, indem man in ihm voller Verständnis stehenbleibt, sondern indem man sich darin bewegt! (Und Verständnis ist sowieso nur das, was wir in der Vergangenheit er-„fahren" haben.)

über die Menge aller Kreter und befindet sich daher auf einer Meta-Ebene. Das Paradoxon löst sich auf, wenn wir die Aussage über eine Menge (der Kreter) von den einzelnen Elementen trennen.

Auch die Aussagen „Ich habe einen Körper" und „Ich bin mein Körper" befinden sich auf unterschiedlichen Ebenen. Das „Ich" in „Ich habe" ist die allen Eigenschaften des Ichs übergeordnete Klammer und damit eine Bezeichnung für die Menge dieser Eigenschaften. In der Aussage „Ich bin mein Körper" befindet sich das Ich auf der Ebene der Eigenschaften. „Ich" und die Eigenschaft „körperlich" werden gleichgesetzt. Und damit liegt eine Verletzung der logischen Typenlehre vor. Gleichzeitig sind aber beide Aussagen stimmig! Wie kommt es, daß die logische Typenlehre uns da nicht weiterhilft?

Untersuchen wir sie genauer, können wir erkennen, daß die logische Typenlehre statisch-hierarchisch aufgebaut ist, ähnlich wie das indische Kastensystem. Wehe, ein aufmüpfiges Element verirrt sich in eine falsche Klasse. Es hat dort nichts zu suchen und bringt nur die Ordnung durcheinander. Zu dumm aber auch, daß lebendige geistig-körperliche Prozesse nicht so ordentlich sind. Sie passen sich nicht genügend an und springen ständig von einer Ebene zur nächsten. Jedesmal wird dabei die logische Typenlehre verletzt.

Unser Problem läßt sich nur dann auflösen, wenn wir den Faktor Zeit einführen, wenn wir das statisch-hierarchische System in ein dynamisch-dialogisches System überführen. Darin ist es nicht nur einer „Elite an Elementen" gestattet, eine höhere Meta-Position einzunehmen. Jedes Element kann zu jedem anderen in eine Meta-Position gehen, natürlich auch zu sich selbst. Damit ist die Bewegung der Elemente in und durch verschiedene Klassen erlaubt, was die Klassenschranken, Zollgrenzen und Tabus zu Fall bringt.

Die Zauberworte hierbei sind Bewegung, Kommunikation und Dialog. Kommunikation verläuft in der Zeit und bedeutet die Bewegung von Information. Auch Widersprüche lösen sich in und mit der Zeit auf wie Eiswürfel im kühlen Drink am Pool. Lange Zeit verharrten wir ehrfürchtig vor der klassischen Logik, die verkündet, daß A nicht gleichzeitig nicht-A sein kann. Gleichzeitig! Das ist der Schlüssel! Mit ihm können wir uns aus der Nominalisierung der klassischen Logik – die Eliminierung der Zeit – lösen und in das bewegte Reich der Zeit eintreten. Und es ist so einfach! Im dynamischen Spiel verschiedener Zeitpunkte und Ebenen lösen sich scheinbare Widersprüche aus ihrer starren Umklammerung und beginnen den oszillierenden Tanz des Lebens.

Der Körper ist das Gebiet, und er ist es nicht? – Klar!

3. Das „persönliche Universum"

Geist und Körper sind einmal identisch, ein andermal grundverschieden. Sie befinden sich in einer sich ständig verändernden Beziehung. Wenn wir versuchen, diese Beziehung eindeutig zu definieren und festzuhalten, konstruieren wir wieder den Widerspruch der klassischen Logik – in diesem Fall auch ein klassischer „stuck state". Diese Beziehung entzieht sich dem festlegenden Zugriff, und uns bleibt nichts anderes übrig, als uns auf ihre Dynamik einzulassen.

Haben wir uns im letzten Abschnitt damit beschäftigt, wie schwer es ist, Körper (Umwelt 1) und Geist voneinander abzugrenzen, so widmet sich dieser Abschnitt der Beziehung vom verwobenen Körper-Geist-System zur Außenwelt (Umwelt 2).

Und auch hier zeichnet sich ab, daß die Grenzen zwischen Umwelt 1 und Umwelt 2 verschwommen und diffus sind und zuweilen ineinander übergehen. In Anlehnung an den radikalen Konstruktivismus vertreten wir die Meinung, daß das, was wir als Realität wahrnehmen, unsere eigene Konstruktion ist. Unser Gehirn hat keine Möglichkeit, „objektiv" zwischen innen und außen zu unterscheiden. Dies betrifft die Unterscheidung zwischen Körper und Umwelt, aber auch zwischen Körperperipherie und gehirninternen Prozessen.

Sinnesinformationen sind nicht wirklich Informationen von außen, denn wir erinnern uns: Alle nervalen Impulse und damit auch die der Sinnes-

rezeptoren bedienen sich derselben elektrochemischen Abläufe. Die Sinnesinformationen unterscheiden sich im Gehirn durch nichts von anderen
Gehirnaktivitäten. Da die Sinnesinformationen ebenfalls einfach elektrochemische Impulse sind, können sie nicht von außen kommen! Sie sind lediglich interne Nachrichten von Begegnungen mit einem irgendwie gearteten
Außen. Über dieses Außen selbst können wir keinerlei Aussage treffen, sondern nur und ausschließlich über unsere interne Reaktion darauf. Und wie
wir reagieren, wird zum größten Teil durch unsere interne Organisations-
struktur bedingt und eben nicht vom Außen. Die Bewegung des Organismus
in seinem „Medium", wie es Maturana ausdrückt, bewirkt nur Änderungen
der internen Zustände.

Aber ist dies nicht ein alter Hut? Gehen nicht viele Therapiemethoden
davon aus, daß innere Muster unsere Wahrnehmung der Wirklichkeit beeinflussen? In der Transaktionsanalyse sind es die Scripts, die bewirken, daß wir
drehbuchgemäß denken, handeln und fühlen. Viele humanistische Therapieformen sprechen von inneren Filmen oder Programmen, die uns steuern
und nach denen wir unser Leben ausrichten und aufbauen. Auch das NLP
geht davon aus, daß Glaubenssätze eine zentrale Rolle in unserem Modell
der Wirklichkeit spielen. Die meisten dieser Konzepte sind in der Praxis
bewährt und erklären viele unserer Verhaltensweisen und Probleme. Wieso
also das Ganze noch einmal aufwärmen?

All diesen Ansätzen ist gemeinsam, daß sie sich im wesentlichen auf
mentale und geistige Prozesse beschränken. Der Körper ist dann bestenfalls
Ausdruck bestimmter Glaubenssätze oder Programmierungen.

Wir hingegen glauben, daß der Körper eine, nein *die* wesentliche Rolle
bei der Erschaffung und Konstruktion unserer subjektiven Wirklichkeit
spielt. Wir nehmen an, daß Glaubenssätze und mentale Programme erst in
Kombination mit entsprechenden Verkörperungen eine „glaubhafte
Wirklichkeit" erschaffen, eine Wirklichkeit, die in ihrer Schlüssigkeit und
Vollständigkeit rein mentale Überzeugungen weit hinter sich läßt. Ein
Glaubenssystem ist ja nur deshalb ein Glaubenssystem, weil man es glaubt!
Und unserer Meinung nach werden Glaubenssysteme erst dann „so richtig

geglaubt", wenn das Glaubenssystem mit einer spürbar, greifbar und erfahr-
bar verkörperten Wirklichkeit korrespondiert.

Um diese verkörperte Wirklichkeit von mentalen Wirklichkeiten abzugrenzen, nennen wir sie auch persönliche Welt oder unser „persönliches
Universum". Darin soll auch zum Ausdruck kommen, daß ein persönliches
Universum weit umfassender und vollständiger als eine rein mentale Überzeugung ist. Ein Universum ist angefüllt mit den verschiedensten Objekten
und Dingen, bevölkert durch unterschiedliche Wesen und durchdrungen
von einem Netz an Beziehungen.*

*Körper und Geist konstituieren gemeinsam eine vollständige Realität. Sie
sind „fleischgewordene" oder „dreidimensionale" Glaubenssätze. Und da
der Körper einerseits – als Umwelt 1 – auch der Außenwelt angehört, können wir pointiert sogar sagen: <u>Die Umwelt, in der wir leben, sind zum
größten Teil wir selbst!</u>*

3.1 Ausflüge in verschiedene Welten

Wir wollen nun hier nicht nur von Welten und persönlichen Universen
reden, sondern Sie auf eine Reise in eine dieser Welten einladen: in die „Welt
des Vertrauens".

*Vertrauen beruht auf dem Selbstverständlichen, auf dem, was wir, ohne es zu hinter-
fragen, für wirklich und selbstverständlich halten. Darauf baut ein Großteil unseres
Denkens, Handelns und Fühlens auf. Nehmen Sie sich nun etwas Zeit, sich einiger
dieser Selbstverständlichkeiten bewußt zu werden. Auch in genau diesem Moment,*

---

* Das Konzept des persönlichen Universums ist auch weit umfassender als das Konzept der
Charakterstrukturen nach Reich, Lowen u.a., zu dem es als Kontrapunkt ursprünglich von mir entwickelt wurde. Versuchen Charakterbeschreibungen das „Wesen" einer Person durch Reduktion auf
einige wenige Eigenschaften zu erfassen (und unterliegen dadurch der Gefahr extremer Tilgung), so
geht das Konzept des persönlichen Universums eher den umgekehrten Weg. Es beschreibt die Welt,
in der jemand lebt, mit allen notwendigen Elementen und macht dadurch Tilgungen rückgängig.

während Sie diese Zeilen und Worte lesen, ist es für Sie ganz selbstverständlich, daß Ihr Stuhl oder Ihre Sitzgelegenheit Ihr Gewicht trägt ... Sie kämen gar nicht auf die Idee, dies in Frage zu stellen, sondern ganz selbstverständlich überlassen Sie Ihr Gewicht Ihrem Stuhl ... und genauso sicher ist für Sie, daß der Stuhl vom Boden getragen wird, genauso, wie er Sie auch trägt, wenn Sie stehen oder laufen ... und da spielt es keine Rolle, ob Sie sich dabei entspannt oder angespannt fühlen ... in welchem Zustand auch immer Sie sich befinden, Ihr Gewicht wird zuverlässig vom Stuhl und vom Boden getragen ... und die ganze Zeit über, während Sie dem Boden und seiner Tragfähigkeit Aufmerksamkeit widmeten, haben Sie geatmet, ohne daß Sie sich darum zu kümmern brauchten ... Sie können Ihren Atem willentlich beeinflussen und seine Tiefe und seinen Rhythmus verändern, Sie können ihn aber auch sich selbst überlassen ... denn selbst, wenn Sie mit anderen Dingen beschäftigt sind oder einfach nichts tun oder sogar schlafen, sorgt etwas in Ihrem Organismus dafür, daß Sie atmen ... seit Ihrem ersten Atemzug hier auf der Welt ist Ihr Atem ein zuverlässiger und treuer Begleiter durch alle Stationen Ihres Lebenswegs hindurch, wie ein Freund, auf den Sie sich absolut verlassen können und dem Sie ohne jede Frage vertrauen ... wie Sie auch Ihrem Körper vertrauen, daß er ohne weiteres in der Lage ist, allmählich zu beginnen, sich zu rekeln und zu strecken, denn Sie wissen einfach, daß er dies kann ... Sie hoffen nicht, daß Ihre Muskeln dazu befähigt sind, nein, es ist Gewißheit und absolutes Vertrauen ... Fühlen Sie für einen Moment, wie sich Ihr Körper jetzt anfühlt und welche Gedanken und Gefühle Sie wahrnehmen, bevor Sie sich etwas räkeln und strecken und ein oder zwei tiefere und dennoch gelöste Atemzüge nehmen ...

Wenn Sie Lust auf Abenteuer haben und gleichzeitig die Sicherheit besitzen, jederzeit wieder in die Welt des Vertrauens einsteigen zu können, würden wir Sie gerne für einige Momente in die „AngstWelt" entführen. Falls Sie sich bei der Vorstellung daran unwohl fühlen, lassen Sie es lieber sein. Sie könnten sonst glauben, daß Ihre AngstWelt „wirklich" ist (und gerade dadurch könnte sie wirklich werden!).

Seien Sie vorsichtig, und bleiben Sie auf der Hut, wenn Sie sich nun mehr und mehr in die AngstWelt hineinwagen ... atmen Sie nicht zu tief und, vor allem, atmen Sie

nicht zu entspannt aus ... denn wenn Sie zu entspannt sind, könnten Sie auf eine
Bedrohung, von der Sie nicht einmal wissen, ob und wann Sie kommt, nicht schnell
genug reagieren ... bleiben Sie lieber wachsam und mißtrauisch, denn wer weiß ...
und ganz wichtig: Lehnen Sie sich nicht zurück, denn Sie wissen nicht, was Ihren
Rücken erwartet, wenn er die Lehne berührt ... und verhalten Sie sich ruhig und
spitzen die Ohren ... nur so können Sie wahrnehmen, wenn sich Ihnen etwas von
hinten nähert, dort, wo Sie keine Augen haben ... machen Sie keine großen
Bewegungen, die nur unnötige Aufmerksamkeit erregen könnten ... denn Sie wissen
nicht, was Sie damit alles auslösen können, genauso wenig, wie Sie wissen, aus wel-
cher Richtung sich Gefahren nähern ... Sie wissen nur, daß Bedrohungen und
Gefahren <u>überall</u> lauern können ... selbst wenn auf den ersten Blick alles ganz harm-
los scheint, so als wäre alles in Ordnung ... aber das ist nur die Oberfläche, unter der
untergründige gefährliche Dinge vor sich gehen ... und wenn Sie sich jetzt kräftig
dehnen und strecken und tief durchatmen, könnte sogar die Gefahr bestehen, daß
die AngstWelt in sich zusammenbricht ... jetzt!

Nun mögen Sie unterschiedlich tief in diese Welten eingestiegen sein. Jedoch
selbst wenn Sie sich nur einen flüchtigen Ausflug gestattet haben, werden Sie
bemerkt haben, wie sehr die Körperlichkeit mit dem Wirklichkeitsempfinden
verknüpft ist. In der Angstwelt wird erst durch die hochgezogenen Schultern
und den angehaltenen Atem eine furchtsam erwartete Bedrohung zum Leben
erweckt, genauso wie erst ein gelöstes Körperbefinden „Vertrauen" spürbar
macht. Das Gehirn kann nicht direkt zwischen Informationen aus Umwelt 1,
dem Körper, und Umwelt 2, der „eigentlichen" Außenwelt unterscheiden.
Wird aus der Schulterregion der ängstliche Spannungszustand gemeldet, so
ist es für das Gehirn gleich, ob nun eine tatsächliche oder eine imaginierte
Person drohend hinter einem steht. *Die verkörperte Überzeugung erschafft die*
Bedrohung, und die Spannung in den Schultern definiert die Beziehung zur
Bedrohung.

Ein persönliches Universum verfügt über eine Reihe von selbststabilisie-
renden und selbstorganisierenden Mechanismen. Den wichtigsten davon
haben wir schon angesprochen. Mentale Überzeugung und Verkörperung

ergänzen sich gegenseitig und bilden dadurch einen Verstärkungszirkel. Zusätzlich verändert der jeweilige körperliche Zustand die Wahrnehmungsschwellen der verschiedenen Sinneskanäle. Dadurch werden Wahrnehmungen und Erfahrungen anders interpretiert, meist im Sinne einer Bestätigung des persönlichen Universums. Eine ängstliche Welt bewirkt beispielsweise in der Regel ein Herabsetzen der Hörschwelle. Geräusche, Klänge und Stimmen werden lauter wahrgenommen. Dadurch wirken sie kraftvoller, bedrohlicher und erschreckender, was wiederum die Angstwelt weiter festigt. Auf diese Weise gestaltet das persönliche Universum mehr und mehr auch die Beziehungen in Umwelt 2. Selektionsmechanismen sorgen dafür, daß wir andere Menschen zu unserer Welt passend auswählen, sie passend wahrnehmen und passende Beziehungen zu ihnen eingehen. Als Elemente von Umwelt 2 (Menschen, Tiere, Gegenstände usw.) werden sie zu konstanten Bestandteilen des persönlichen Universums.

Ein Beispiel mag dies verdeutlichen. Einige Therapiemethoden kreieren eine regelrechte „Widerstandswelt". Sie dienen vor allem dazu, „schwierige Klienten" zu erzeugen.

Kurzanleitung zur Erzeugung schwieriger Klienten:
Filtern Sie zunächst bestimmte Verhaltensweisen heraus, und bewerten Sie sie als widerständlerisch. Wendet der Klient beispielsweise den Blick ab, können Sie dies als Verweigerung der Kommunikation deuten. Blickt er Sie hingegen direkt an, so spricht dies für latente Aggressivität usw. Je phantasievoller Sie hier vorgehen, um so mehr Widerstände werden Sie bei Ihrem Klienten entdecken können.

Erhöhen Sie nun Ihre Körperspannung, um den Widerstand des Klienten auch wirklich gut spüren zu können.

Strengen Sie sich dann so richtig an, um den Widerstand des Klienten zu bearbeiten, und berichten Sie anschließend mit einem erschöpften Seufzer Ihren Kollegen von diesem schwierigen Klienten.

In einer „heilen NLP-Welt" hätten wir es zunächst zwar mit derselben Person zu tun, aber seltsam, wo ist der Widerstand? Der Klient kooperiert in einem

Maße, daß wir uns fragen, ist er denn wirklich noch derselbe? Dies ist allerdings eine idealisierte und meist nur erwünschte, selten verkörperte Realität. Widerstandswelten besitzen eine große Widerstandskraft und überleben selbst im NLP. Manchmal kann ich nur staunen, mit welcher Selbstverständlichkeit manch eingefleischter NLPler von schwierigen Klienten spricht. Verbirgt sich dahinter vielleicht die Angst vor den Konstruktionen einer fundamentalistischen NLP-Welt: die Erschaffung inkompetenter und schwieriger Therapeuten?

Wie „ist" der Klient nun aber „wirklich"? Keine Ahnung! Wir können darüber keine Aussagen machen. Was wir aber können, ist, verschiedene Welten erfahren und vergleichen. Dadurch können wir erkennen, daß der Klient nicht „so sein" muß, er könnte auch anders sein – in einer anderen Welt. Wir werden zwar nie wissen, welche Welt die „wirkliche" ist, was wir jedoch erfahren können, ist, daß verschiedene Welten existieren und daß wir über Wahlmöglichkeiten verfügen, Welten verlassen und neu konstruieren zu können.

Für B. war diese Erkenntnis eines der wichtigsten Bestandteile der Heilung. B. wurde als Mädchen über Jahre hinweg von ihrem Vater sexuell mißbraucht. Sie wußte darüber und hatte entsprechende Erinnerungsbilder, jedoch keine oder kaum Gefühle. Sie befand sich dadurch in einem ständigen dissoziierten Zustand. Sie beschrieb es als ein Neben-Sich-Stehen, was ihr ein halbwegs funktionierendes Leben oder Überleben, wie sie es nannte, ermöglichte. Dieser Zustand hatte jedoch auch einige unangenehme Nebenwirkungen. So konnte sie sich selten richtig freuen und intensiv empfinden. Als sie im Rahmen der Therapie das erste Mal auch die Gefühle, die mit dem sexuellen Mißbrauch in Beziehung stehen, empfand, kam es zu einer dramatischen Situation. Kurz vorher noch mit mir in einer gemeinsamen Wirklichkeit, war B. nun fast schlagartig „weg". Ich konnte sie zwar noch sehen und hören, wir teilten aber nicht mehr dieselbe Wirklichkeit. Sie hörte mich nicht mehr, als ich sie ansprach. Sie erkannte mich auch nicht mehr, als ich ihr in die Augen sah. Sie lebte in diesem Moment in einer alptraumhaften Welt, in der der Mißbrauch gegenwärtig war. Erst die Verkörperung ihrer visuellen Erinnerungen über die ent-

sprechenden Gefühle erschuf ihre damalige Wirklichkeit aufs neue. Geschüttelt und gebeutelt vor Angst, kauerte sie in einer Ecke des Raums, und in ihren Augen spiegelte sich die Bedrohung wider, die sie sah. Ich benötigte eine gute Viertelstunde, um B. wieder zu erreichen, um eine Tür in ihrer Welt zu öffnen, durch die sie mich wieder wahrnehmen konnte und durch die sie dann wieder in die Hier-und-Jetzt-Welt treten konnte. Und genau diese Tür war es, die im Laufe der Zeit diese Alptraumrealität schwächte und gleichsam verdünnte. Zu Beginn war für B. diese Welt die einzige, es gab keine andere. Dadurch war sie dieser Welt total ausgeliefert.

Ich war erschrocken und fasziniert zugleich über die Intensität von B.'s Erfahrung. Dies einfach nur als innerpsychische Erinnerung zu etikettieren, empfand ich damals schon als zu enge und unpassende Schublade. Nur der Begriff der „persönlichen Welt" schien mir ihre Erfahrung einigermaßen zu erfassen.

Während Sie B.'s Geschichte lasen, erinnerten Sie sich womöglich an eine Reihe vergleichbarer Erfahrungen, die Sie mit sich oder anderen erlebten. Und mit vergleichbar meine ich die Intensität der Erfahrung und nicht deren Inhalt. Waren Sie schon einmal in der „Welt der Verliebtheit" oder sind jemandem begegnet, der oder die sich in dieser Welt befand?

In der Welt der Verliebtheit werden Sie Farben anders wahrnehmen, Sie fühlen ein prickelndes Gefühl im Brustkorb und ums Herz und Schmetterlinge im Bauch. Ihr Gang ist leicht, federnd und beschwingt, ja, Sie empfinden ihn als nahezu schwebend. Und Tätigkeiten, die Sie sonst langweilen und die andere als grauen Alltag erfahren, haben sich für Sie verwandelt. Das Leben ist einfach schön ...

... und vielleicht wollen Sie für einen Moment einfach diese Gefühle, diese Welt genießen, das Buch schließen und mit Ihrem Geist ein wenig abschweifen, und wir treffen uns später wieder ...

Einmal, ich war „schwer verliebt" und regelrecht eingehüllt von einer rosa Wolke, saß ich in der U-Bahn. Und obwohl dies hier in Deutschland war, hätten mir die anderen Fahrgäste fremder kaum erscheinen können, wie aus einer ganz anderen Welt – und die meisten lebten, zumindest in der U-Bahn, auch tatsächlich in einer total anderen Welt. Sie schienen mir in einer eher grauen Welt zu leben, voller Verpflichtungen und Arbeit .

Ist die Welt nun „in Wirklichkeit" grau in grau oder rosarot? Wahrscheinlich stimmen Sie mir zu, wenn ich behaupte, daß es sich in der U-Bahn damals einfach um zwei (oder noch viel mehr) verschiedene Wirklichkeiten handelte und daß es eben rosarote und graue Welten gibt. Aber wie steht es mit B.? Würden Sie nicht vermuten, daß B., zumindest im Vergleich zu mir, in den Momenten des Schreckens und der auch körperlichen Erinnerung in einer Art „Scheinwelt" lebte. Daß die Hier-und-Jetzt-Welt irgendwie „wirklicher" ist als B.'s Alptraumwelt?

Ob sie tatsächlich „wirklicher" ist, läßt sich wohl nicht entscheiden. Allerdings erscheint die Hier-und-Jetzt-Welt in einem gewissen Maß objektiver, aber nur dadurch, daß persönliche Universen zu kollektiven oder sozialen erweitert werden. Und diese werden ebenfalls konstruiert. Um beispielsweise „Psychotiker" zu sein, reicht es nicht aus, einfach nur über eine bestimmte genetische Ausstattung zu verfügen und sich etwas bizarre persönliche Welten zu konstruieren, nein, es braucht auch noch ein dazu passendes soziales Universum. Andernfalls würde es unserem Psychotiker mißlingen, seine Psychose zu erschaffen, und er würde anstelle dessen möglicherweise eine Karriere als Schamane starten.

Soziale Universen wirken auch deswegen so objektiv und wirklich, weil noch weitergehendere und umfassendere Feedback- und Bestätigungszirkel aktiviert sind. Mein persönliches Universum wird dann nicht mehr nur durch mich allein, sondern auch noch durch andere bestätigt.

3.2 Körper, Rhythmen und kollektive Universen

Und auch beim Aufbau sozialer Universen spielt der Körper bzw. spielen die Körper eine entscheidende Rolle. Im NLP nennt man dieses Phänomen (zumindest auf der Verhaltensebene) „Pacing", eine der Grundvoraussetzungen für guten Kontakt, für „Rapport". Von Pacing sprechen wir, wenn Sie mit jemand anderem im gleichen Rhythmus atmen oder wenn zwei

Menschen im gleichen Takt gehen, also gleichzeitig mit dem rechten, dann mit dem linken Bein. Pacing ist ebenso der Gleichklang im Reden und Schweigen, in der Tonhöhe, der Sprechmelodie usw.

Diese Angleichung unseres Verhaltens ist wohl die elementarste Kontaktform und findet sich auch im Tierreich. Denken Sie nur an den Zug von Wildenten oder die Vogelschwärme im Frühjahr oder Herbst. Die einzelnen Vögel gleichen sich in ihrem Flugtempo, im Flügelschlag und in der Bewegungsrichtung an, bis die verschiedenen Einzelaktivitäten zu einer gemeinsamen bewegten Gestalt verschmelzen.

Den gleichen Effekt erzielen auch Rituale, die in sämtlichen Kulturen eine große Rolle spielen. Rituale sorgen dafür, daß das Entstehen von Gemeinsamkeit, die Erschaffung eines sozialen Universums, nicht zufällig geschieht. Alle, die an einem Ritual teilnehmen, durchlaufen ähnliche Prozesse, erleben ähnliche Erfahrungen, bewegen sich ähnlich, kleiden und verhalten sich ähnlich. Denken Sie nur an religiöse Rituale. Gleichzeitig erheben sich die Menschen, knien nieder oder werfen sich gar auf den Boden. Sie stimmen gemeinsam Sprechgesänge und Choräle an usw. Im Verlaufe des Rituals wird mehr und mehr ein gemeinsames Muster gewoben. Es wird mehr und mehr ein soziales Universum errichtet und damit eine Wirklichkeit erschaffen, die für diejenigen gütig ist, die in ihr leben.

Ich sitze in Siena in einem kleinen Cafe am Campo, dem muschelförmig angelegten wunderschönen Platz in der Altstadt. Ich genieße meinen Kaffee, lasse mich von den Klängen und Worten der italienischen Sprache berieseln, die rings um mich herum erklingen, und schaue den vielen Menschen zu, die den Campo auf und ab bummeln oder die einfach wie ich gemütlich dasitzen. Während ich in einer fast meditativen Haltung das Geschehen betrachte, heben sich immer wieder bestimmte Muster von der Vielzahl zufällig erscheinender Bewegungen der einzelnen Menschen besonders hervor. So fällt mein Blick auf ein Liebespaar, deren Bewegungen so aufeinander abgestimmt sind, daß der Anschein erweckt wird, als hätten beide lange an der Choreographie gearbeitet. Sie scheinen in ihrer eigenen Welt zu leben (und wahrscheinlich leben sie tatsächlich in dieser), zu der niemand anderer Zugang hat. Die

Vertrautheit, die viele in einer Partnerschaft erleben, rührt wohl daher, daß sie im Laufe von Monaten und Jahren durch ständiges Sich-Abstimmen und Einander-Angleichen eine gemeinsame Wirklichkeit errichtet haben.

Pacing und Rapport scheinen bei der Konstruktion von Realität eines der wichtigsten Prinzipien zu sein. Dies gilt in faszinierender Weise auch für die Entwicklung des Körperschemas und -bewußtseins, dem Fundament des persönlichen Universums. Zum einen festigen Rückmeldungen aus der Außenwelt die Wahrnehmung des Körpers und das sich entwickelnde Körperschema. So werden in vielen Völkern die Kleinkinder sehr lange getragen. Dieser direkte ständige Kontakt bewirkt eine Synchronisation des Atem- und Herzrhythmus. Das „Echo" durch die Außenwelt ist wie ein Spiegel, in dem wir uns erkennen können.

Zusätzlich existiert daneben aber noch eine Art „internes Pacing". Dies ist ein neurales (die Nervenzellen und -bahnen betreffendes) Organisations-prinzip, das für die Koordination und Entwicklung von Bewegungsmustern von immenser Bedeutung ist: das sogenannte Doppel-Efferenz-Prinzip.*

Wenn ich beispielsweise meinen Arm bewegen will, so werden vom Ort des Impulses aus nicht nur der Befehl über Nervenbahnen an meinen Arm weitergeleitet (die erste Efferenz), sondern parallel dazu eine Kopie des Impulses zu einem anderen Ort im Gehirn gesendet (die zweite Efferenz). Sinnesrezeptoren im Arm senden dann eine Nachricht über die ausgeführte Bewegung zurück ans Gehirn (eine Afferenz), wo sie mit der Kopie, mit der vorgestellten Bewegung, verglichen wird. Erst wenn diese Rückmeldung mit der Vorstellung übereinstimmt und sie eine Art gemeinsamen Tanz erlernt haben, ist die Bewegung des Armhebens vollständig in das Körperschema integriert. Durch viele derartige Erfahrungen entsteht im Laufe der Zeit ein kontingentes und dauerhaftes Reizmuster, das die Wirklichkeit „Arm" kon-stituiert.

---

* Efferenz ist, wenn ein Impuls von innen, vom Gehirn, nach außen übermittelt wird, während umgekehrt Afferenz bedeutet, daß Nachrichten von außen nach innen gemeldet werden.

Wir können festhalten, daß über verschiedene Mechanismen wie zum Beispiel durch Angleichen sowohl auf individueller als auch auf kollektiver Ebene Realität erschaffen wird. Welche der unterschiedlichen Wirklichkeiten „wirklicher" ist als andere, läßt sich nicht absolut objektiv feststellen, sondern nur, indem wir sie mit einer sozialen Bezugsgröße vergleichen, die selbst wiederum eine Konstruktion darstellt. Das hat zur Auswirkung, daß „Landkarte" und „Gebiet" nicht grundsätzlich unterscheidbar sind, denn es gibt kein absolut objektives „Gebiet". Jedes Gebiet ist immer auch Landkarte und umgekehrt.

4. Raum*

4.1 Raum und Identität

„Wo bin ich?" – So lautet meist die allererste Frage, wenn jemand aus einer Bewußtlosigkeit oder einem sehr tiefen Schlaf erwacht. Es ist, als ob die räumliche Orientierung viel elementarer für unsere Identität ist als jeglicher Inhalt. Wir fragen in diesen Momenten nicht „Wie heiße ich?" oder „Wer bin ich?", Fragen, die unsere Identität inhaltlich bestimmen. Das heißt nicht, daß diese Fragen sinnlos oder unwichtig wären, nur muß unsere Identität wohl zuerst räumlich verankert werden. Dieser „Identitätsraum" wird dann nach und nach mit Inhalten gefüllt.

> „Bringen wir die Angelegenheit hinter uns!"
> „Es geht aufwärts."
> „Dies hat mich tief berührt."

---

* Immer wieder spielen wir in den folgenden Abschnitten mit Worten (und Welten). Wenn Sie daran interessiert sind, Ihr persönliches Universum noch ein wenig mehr für Veränderungsimpulse zu öffnen, empfiehlt es sich, einiges mehrfach zu lesen.

Jedem, der sein Ohr für die wortwörtliche Rede geschärft hat, wird auffallen, wie häufig sich Sprache auf Räumliches bezieht. Manchmal ganz konkret („Die Sache befindet sich hinter mir"), oft aber auch im übertragenen Sinn („Bringen wir die Angelegenheit hinter uns"). Besonders die übertragenen Begriffe weisen darauf hin, wie sehr auch unser Denken räumlich geprägt ist. (Von wo nach wo eigentlich übertragen? Von links nach rechts? Oder eher von hinten nach vorne? Selbst das Wort „übertragen" ist ein übertragener Begriff!)

Philosophen haben sich lange mit Fragen beschäftigt, ob es Raum ohne Körper gibt und ob Objekte ohne Raum existieren können. Wir können und wollen hier keine abschließende Antwort geben. In unserem Wirklichkeitsempfinden jedoch ist Körper ohne Raum unvorstellbar. Das, was wir als Wirklichkeit erleben, besitzt räumliche Ausdehnung, besitzt Breite, Höhe und Tiefe. Das, was wir nicht „erfassen" können, ist für uns nicht wirklich, selbst wenn wir darüber spekulieren können. So sind die Erkenntnisse der Quantenphysik für die allermeisten von uns „unbegreiflich" und liegen jenseits unseres ‚Vorstellungsraums'. Erst über Metaphern wie „Wahrscheinlichkeitswolken" (ein Wort zum Auf-der-Zunge-Zergehen!) fühlen sich diese Erkenntnisse zumindest andeutungsweise real an.

Und so stellt sich nicht nur die Frage, ob es einen Körper ohne Raum geben kann, sondern auch, ob es Denken ohne Raum bzw. ohne eine räumliche Repräsentation geben kann. Letzteres ist sehr vielschichtig, denn je nachdem, welche Aspekte von Denken wir betrachten, wird die Antwort unterschiedlich ausfallen. Elementare Ebenen neuronaler Datenverarbeitung kommen mit Sicherheit ohne räumliche Repräsentation aus. Wir wissen ja, daß alle neuronalen Aktivitäten letztlich elektrochemische Impulse sind: nicht sinnesspezifisch und eher abstrakt. Diese Ebene der Datenverarbeitung ist vergleichbar mit den mathematischen Interpretationen und Ableitungen einer physikalischen Theorie wie der Quantenphysik. Das mathematische Formelgeflecht bedarf keiner räumlichen Repräsentation (außer natürlich der Tatsache, daß die Zeichen selbst – genauso wie die Neuronen – einen gewissen Platz beanspruchen). Damit diese Formeln aber *Sinn machen*, müssen sie in räumliche Repräsentationen übersetzt werden. Oder anders: Das Ergebnis der Datenverarbeitung, die Integration und Verrechnung der unterschiedlichen sensorischen und zerebralen Informationen, wird in aller Regel räumlich repräsentiert. Und auf dieser Ebene, der Ebene des bewußten Denkens bzw. der Denkvorgänge, die ich meinem Bewußtsein zugänglich machen kann, ist Denken ohne Raum nur sehr schwer vorstellbar. Allein der letzte Satz enthält mit den Worten „Ebene", „Vorgang", „zugänglich", „vorstellbar" viele direkte Hinweise auf eine räumliche Repräsentation des bewußten Denkens.

Lehnen Sie sich für einige Momente entspannt zurück, und versuchen Sie, sich einen Gedanken oder ein Empfinden ohne Raum vorzustellen (eigentlich dürfen Sie sich dies nicht vorstellen, denn wenn Sie sich etwas vor-„stellen", denken Sie schon räumlich).

... nehmen Sie sich jetzt die Zeit, sich einen Gedanken und ein Empfinden ohne Raum vorzustellen ...

Wenn Sie sich intensiv in diese Vorstellung hineinbegeben haben, haben Sie wahrscheinlich einen mehr oder weniger merkwürdigen Trancezustand erlebt. Im normalen Bewußtseinszustand ist es schier unmöglich, ohne Raum zu denken. Und die Vorstellung der Raumlosigkeit läßt das Bewußtsein schwindelig denken. Milton Erickson verwendete gern die Formulierung „in the middle of nowhere", wenn er Leute in Trance schickte, ... und wenn Sie sich fragen, wo genau die Mitte von Nirgendwo liegt ...

... und Stunden später jetzt wieder diese Worte lesen, fallen Ihnen vielleicht Ähnlichkeiten zu Zen-Koans auf, die unseren Geist dadurch transzendieren wollen, indem sie ihm die Grundlagen des Denkens entziehen.

Wie klingt ein Klang ohne Ausdehnung?
Wie sieht die Farbe aus, die keinen Ort hat?
Wie fühlt sich die Berührung im Nirgendwo an?

Wird Ihnen wieder leicht schwindelig? Falls Sie dies erleben, befinden Sie sich gerade am Rande unseres Wirklichkeitsempfindens und bekommen eine fühlbare Ahnung davon, daß wir unsere Wirklichkeit konstruieren. Und bei der Erschaffung des persönlichen Universums ist Räumlichkeit, sowohl als Körperraum als auch als mentale Repräsentation, elementarer Grundbaustein, die Basis unserer Welt. Nähern Sie sich den Grenzen dieser Welt, so können Sie wahrscheinlich die Furcht der antiken Völker nachvollziehen, die dachten, daß die Erde eine Scheibe wäre. Je näher man sich den Rändern der Scheibe annähert, um so größer die Gefahr, vom Abgrund verschlungen zu werden – aber vielleicht lauert da ja gar nicht der Abgrund, sondern es öffnen sich Tore zu neuen Welten. Dies können aber nur diejenigen erfahren, die genug Wagemut besitzen, sich bis zu den Grenzen der (eigenen) Realität aufzumachen, dort, wo das persönliche Universum sich gleichsam zu verdünnen beginnt und wo es sich in gewisser Weise als Schwindel entlarvt. Darauf beruhen die verändernden Wirkungen von Tranceerfahrungen und auch der Zen-Koans.

Doch zurück auf den „Boden der Tatsachen"! Aber was passiert? Schon wieder bietet der Untergrund nur trügerischen Halt, und wir betreten den Treibsand des Geistes und der Sprache. Denn selbst das Wort „Tatsache" verrät, daß wir erst etwas „tun" müssen, damit die „Sachen" für uns wirklich werden!

Glücklicherweise (manchmal unglücklicherweise) jedoch können wir das Empfinden der Raumlosigkeit nur für blitzartige Momente erfahren. In allen anderen Momenten nehmen wir Raum mit allen Sinnen wahr und können beruhigt aufatmen – es gibt ja doch etwas, woran wir uns festhalten können, etwas, das wir als wirklich empfinden und das uns dadurch Halt gibt. Der Gedanke, daß Realität konstruiert ist, bekommt etwas angenehm Abstraktes. Und so können wir uns wieder darauf be-„sinnen", was „wirklich" ist. Wir können uns darauf einigen, daß das, was Sie gerade in den Händen halten oder was einfach vor Ihnen liegt, ein Buch ist und daß die schwarzen Linien und Punkte auf den weißen Flächen Zeichen darstellen, deren Bedeutung für Sie und mich zumindest ähnlich ist. Und deswegen und nur deswegen können wir jetzt fortfahren und kommunizieren.

(Übrigens wird dadurch nebenbei deutlich, wie wichtig soziale und persönliche Universen sind. Konstruktion von Realitäten ist keineswegs ein launiger Zeitvertreib, sondern schlicht und einfach essentielle Notwendigkeit.)

4.2 Was repräsentieren Repräsentationen?

Genauso wie räumliche Vorstellung für die Koordination körperlicher Bewegung notwendig ist, scheint räumliche Repräsentation auch für die Integration und Koordination geistiger Vorgänge von Bedeutung zu sein.

Wir müssen an dieser Stelle noch den Begriff Repräsentation abklären. Sehr häufig wird er im Sinne von Abbilden verwendet. Im Geist entsteht ein Modell der äußeren Wirklichkeit, das diese abbildet bzw. repräsentiert. Auch ins NLP ist diese Vorstellung des naiven Empirismus eingegangen, und zwar im Begriff der „Repräsentationssysteme". Damit ist gemeint, daß sämtliche Erfahrungen, die wir machen, über den jeweiligen Sinneskanal empfangen, gespeichert und repräsentiert werden. Dies wird im NLP „primäre Repräsentation" genannt, von der – als sogenannte „sekundäre Repräsentation" – die verbale Repräsentation abgehoben wird.

Die Gehirnforschung der letzten Jahrzehnte zeigt, daß dem wohl nicht so ist. So besitzen wir im Auge Rezeptoren für nur drei Farbtöne, nämlich grün, rot und blau. Die Farben, die wir schließlich wahrnehmen, sind also keineswegs sinnliche Erfahrungen im primären Sinn. Erst durch die Aktivität in verschiedenen Gehirnzentren wird aus den drei Rohfarben die komplette Farbpalette gemischt.

Schon diese scheinbar primäre Sinneswahrnehmung ist also Konstruktion. Die Repräsentationssysteme des NLP repräsentieren also nicht unsere Erfahrungen, sondern nur die Konstruktionen, die das Gehirn erschaffen hat. Insofern besteht kein prinzipieller Unterschied zur sprachlichen Repräsentation. Beide – sprachliche sowohl als auch sinnliche Repräsentation – sind sekundäre (oder tertiäre usw.) Abbildungen der geistigen Aktivität.

Forschungen zur Repräsentation von Objekten im visuellen Raum bestätigen das oben Gesagte. So wird ein Objekt in jeweils anderen

Gehirnarealen identifiziert und lokalisiert. Im posterioren Parietallappen (hinterer Scheitellappen) werden Objekte lokalisiert, das heißt, in welchen räumlichen Relationen sie sich zu anderen Objekten befinden. In Bereichen des inferioren Temporallappens (unterer Schläfenlappen) hingegen werden die einzelnen Objekte identifiziert und erkannt. Betrachten Sie beispielsweise ein Beet mit Tulpen und Rosen, so identifiziert der letztere Bereich die einzelnen Blumen jeweils als Rosen oder als Tulpen. Er ist aber nicht in der Lage zu erkennen, ob die Tulpen sich links und die Rosen sich rechts befinden usw. Die räumliche Anordnung der einzelnen Blumen zueinander zu erkennen, ist Aufgabe des erstgenannten Bereichs, der aber wiederum nicht in der Lage ist, die Rosen von den Tulpen zu unterscheiden. Beobachtungen an Patienten mit Läsionen (= Schädigungen) in den entsprechenden Bereichen, etwa nach einem Schlaganfall, konnten bestätigen, daß diese beiden Funktionen getrennt sind.

Die Integration zur kompletten räumlichen Repräsentation findet erst im Hippocampus (eine spezifische Hirnregion des limbischen Systems) statt, zu dem beide Areale über Nervenfasern ihre Informationen senden. Die Erstellung eines räumlichen Konzepts ist also nicht primär, sondern steht erst am Ende eines Integrationsprozesses.

Dies impliziert aber auch, daß sehr wohl nicht-räumliche geistige Prozesse im Gehirn ablaufen. Einige Forscher nehmen an, daß Denkvorgänge zunächst auf einer „propositionalen" Ebene stattfinden und dann erst in sprachliche oder sinnesspezifische Repräsentationen übersetzt werden. Propositionen sind so etwas wie „nicht-sinnliche Begriffe" und ähneln formalen abstrakten Begriffen.

Widerspricht dies nicht der Behauptung, daß unser Bewußtsein nicht nicht-räumlich denken kann? Wir können mit nicht-räumlichen Begriffen operieren und Berechnungen über Vorgänge ausführen, die wir uns nicht vorstellen können, beispielsweise darüber, was in einem schwarzen Loch vor sich geht. In einem schwarzen Loch verläuft die Zeit immer langsamer, bis sie stehenbleibt und schließlich möglicherweise sogar rückwärts fließt. Aber: Können Sie sich das wirklich vorstellen? Ich nicht – und dennoch kann ich über diese Phänomene so gelassen reden und schreiben. Die Möglichkeit des propositionalen Denkens erlaubt uns, Erkenntnisse jenseits unseres Vorstellungshorizontes zu erlangen. Dadurch gestattet propositionales Denken Ausflüge in die „luftleeren Räume" potentieller Realitäten, die Alternativen zu den jetzigen Realitäten darstellen können. Um Realitäten als „wirklich" *empfinden* zu können, benötigen wir jedoch wieder eine räumliche Repräsentation, die die vorher nur potentiellen Realitäten zu etwas Greifbarem „verdichtet". Selbst wenn wir über abstrakte Konzepte und über potentielle Realitäten diskutieren – wie eben bei den schwarzen Löchern – , verwenden wir zahlreiche räumliche Repräsentationen, die den abstrakten Konzepten und Begriffen irgendeine Bedeutung und einen Sinn verleihen. Zwar liegen wir damit meist daneben, aber wir fühlen uns wieder wohl und vertraut im Hafen der Begrifflichkeit.

... Haben Sie schon einmal darüber nachgedacht, wie der Urknall in Wirklichkeit geklungen haben mag, damals, als eine Singularität sich entfaltete? ...

Für die Konstruktion persönlicher und sozialer Universen benötigt es also einer räumlichen Repräsentation sowie entsprechender Verkörperungen, die diesen Raum dann ausfüllen.

4.3 Raumerleben und Verhalten im Raum

Die räumliche Repräsentation ist ein weiteres Bindeglied zwischen Körper und Geist: ein Prinzip entfaltet sich auf beiden Ebenen.

Wir wollen nun das Raumerleben und das Verhalten im Raum weiter differenzieren. So unterscheidet die Neuropsychologie folgende räumliche Aktivitäten:

❏ selbstbezogene Positionsreaktionen,
❏ reizbezogene Reaktionen und
❏ ortsbezogene Reaktionen.

Mit *selbstbezogenen* Reaktionen sind diejenigen räumlichen Verhaltensweisen gemeint, die den eigenen Körper als Bezugspunkt verwenden. Dazu zählen die Bewegungen der Beine und Arme, Drehungen nach links oder rechts usw. Bis zum Alter von etwa drei Jahren sind die meisten räumlichen Aktivitäten bei Kindern selbstbezogen oder, mit einem Begriff von Piaget, egozentrisch. Dies verwundert kaum, wenn wir berücksichtigen, daß in den ersten Jahren vor allem erst einmal das Körperschema und Körperbewußtsein entwickelt wird. Das erste persönliche Universum ist die Wirklichkeit des eigenen Körpers.

Reaktionen und Bewegungen werden dann *reizbezogen* genannt, wenn sie von einem äußeren Reiz geleitet werden. Diese Klasse von Reaktionen tritt ebenfalls recht früh in der Entwicklung auf und deckt sich bis zu einem gewissen Grad mit Piagets Phase der konkreten Operationen. Die Fähigkeit zu reizbezogenen Reaktionen ist wichtig für die Generierung sozialer Universen.

Erst etwa ab dem siebten Lebensjahr treten zunehmend *ortsbezogene* Reaktionen in den Vordergrund (analog zur Phase der formalen Operationen). Hierbei orientiert sich das räumliche Verhalten an Orientierungspunkten, die unabhängig von den eigentlichen Reizen oder dem eigenen Körper sind. So dient mein zunächst noch recht leerer Schreibtisch meist als Ablage für wichtige Briefe. In erstaunlich kurzer Zeit verschwinden sie in der Regel unter mehreren Schichten anderer Anzeichen meiner Aktivität und Produktivität. Wenn ich diese Briefe benötige, bereitet es mir dennoch nur selten Mühe, an der jeweils richtigen Stelle mit meinen Ausgrabungen zu beginnen und fündig zu werden, denn ich besitze eine Vorstellung des Ortes.

Die beiden ersten Klassen beziehen sich nahezu ausschließlich auf konkrete Objekte in konkreten Räumen und damit auch auf physisch Faßbares. Besitzen wir aber die Fähigkeit zu ortsbezogenen Reaktionen, so ist es nur ein kleiner Schritt, das Raumkonzept auch auf abstraktere geistige Prozesse zu übertragen. Diese Gedanken- und Vorstellungsräume bezeichnet die Neuropsychologie auch als ferne bzw. distale Räume. Ein Beispiel dafür ist die Zeit, die wohl immer in einem räumlichen Koordinatensystem abgebildet und repräsentiert wird. Tatsächlich brauchen Kinder auch eine geraume Weile, bis sie sich gut in den „Zeiträumen" zurechtfinden können.

Ursprünglichere Zeiterfahrungen sind direkter an den eigentlichen Körper gebunden. Verschiedene Körperrhythmen wie die Atmung, der Herzschlag und alle Arten rhythmischer Körperbewegung ermöglichen uns das Erleben von Zeit, ohne ihr jedoch schon eine Ausdehnung zu verleihen. Diese Körperrhythmen unterteilen die Zeit in kleine, als Ganzes wahrgenommene Abschnitte. Dadurch empfinden wir ein unmittelbares Erleben von Zeit ohne die Zeiträume der Vergangenheit und Zukunft.

Wie verhält es sich nun mit „Körperlichkeit" und „Räumlichkeit"? Eben habe ich ja mittels dieser Kategorien ursprüngliches und formales Zeiterleben unterschieden. Auch das ursprüngliche Raumerleben, das Erleben des Körperraums, ist irgendwie „körperlicher" als spätere abstraktere Konzepte. Auf der anderen Seite ist Körper ohne Raum und wohl auch Raum ohne Körper nicht vorstellbar. Körperlichkeit und Räumlichkeit erscheinen als ebenso verschlungen und aufeinander bezogen wie Körper und Geist. In gewisser Weise kann man Räumlichkeit als „Verdünnung" der Körperlichkeit wahrnehmen, und vielleicht bietet sich gerade deshalb Räumlichkeit auch als Medium für geistige Prozesse an, als Medium auch für die Verschränkung des Geistigen und des Körperlichen. Einerseits ist Räumlichkeit physisch und damit körperlich, andererseits aber auch leer und „verdünnt" und damit geistig.

4.4 Körperwelten und Sprachräume

Wären wir in einem anderen Kulturkreis aufgewachsen, würden wir uns viele der Fragen, die uns hier beschäftigen, wahrscheinlich gar nicht stellen. Nicht weil wir weniger interessiert wären an den Fragen des Lebens, sondern weil dort manche dieser Fragen gar nicht existieren würden!

Die Art und Weise, wie wir uns auch in diesem Buch mit der Thematik von Geist und Körper beschäftigen, wird maßgeblich durch unsere soziale Wirklichkeit bestimmt. Einige unserer Aussagen mögen zuweilen auch deshalb schwer verständlich wirken. So besitzen die europäischen Sprachen für unsere Kernbehauptungen keine unmittelbaren Begriffe, aus denen direkte

Verkörperungen dessen, was wir meinen, entstehen könnten. Und erst über die Verkörperung gelangen wir zu Verständnis und zum Begreifen, zum „Jetzt habe ich es"!

Mit dem Einfluß von Sprache auf unser Wirklichkeitsverständnis haben sich bereits zahlreiche Autoren befaßt.*

So schreibt beispielsweise Benjamin Lee Whorf:

„Die Aufgliederung der Natur ist ein Aspekt der Grammatik ... Sprachen unterscheiden sich nicht nur darin, wie sie ihre Sätze aufbauen, sondern auch darin, wie sie die Natur zerschneiden, um jene Elemente zu bekommen, aus denen sie die Sätze aufbauen."

Die meisten europäischen Sprachen weisen eine strikte Trennung zwischen Subjekt und Objekt auf, was sich auch in der Trennung von Geist und Körper widerspiegelt. Können Sie sich ein Denken und Erleben ohne Subjekt und Objekt vorstellen? Einige Indianersprachen kennen diese Unterscheidung nicht, und es existiert in ihnen daher auch kein Begriff für Besitz. Statt „Ich habe eine Schwester" lautet dies in deren Sprache „Ich bin geschwestert". Wie würden Sie die Welt erleben, wenn Sie einen Tag lang oder auch nur eine Stunde lang in diese Erlebenswelt einsteigen würden? Sie kochen sich dann nicht morgens Kaffee und trinken ihn in Ihrer Tasse, sondern Sie sind dann gekaffet und getasst! Ihr Geist wäre dann auch gekörpert und der Körper gegeistet. Wenn Sie sich auf dieses Experiment einlassen, betreten Sie eine komplett andere Realität, fast wie eine Reise zu anderen Sternen und fremden Planeten.

Auch im klassischen chinesischen Denken ist die strikte Trennung von Subjekt und Objekt, wie wir sie im Westen kennen, nahezu unbekannt. Deutlich wird dies in der Annahme, daß Mikrokosmos und Makrokosmos im Grunde identisch sind. Dadurch verliert auch eine klare Trennung von innen

---

* In Kapitel 7 werden wir uns noch ausführlich mit den quasi-linguistischen Aspekten des Körpers und wie er dadurch konkret Wirklichkeit gestaltet, beschäftigen.

und außen zum größten Teil ihren Sinn. Und tatsächlich beginnt im traditionellen chinesischen Denken die Außenwelt bereits ab den Knien und ab den Ellbogen. Wir bewegen uns dann nicht mit unseren Füßen in der Außenwelt, und unsere „Hand"-lungen sind nicht Kommunikation mit der Außenwelt. Unsere Bewegung ist gleichzeitig eine Bewegung der Welt, und unser Handeln *ist* schon die Außenwelt und stellt nicht erst die Beziehung zu ihr her. Im europäischen Denken werden Subjekt und Objekt klar unterschieden: Ich agiere mit dem Objekt, während im klassischen chinesischen Denken Subjekt und Objekt zu einer „Ich-Aktion-Welt-Einheit" verschmelzen.

Daher weisen viele Begriffe der chinesischen Sprache für uns etwas Oszillierendes und Vielschichtiges auf. Im Gegensatz zu unserem Ideal des streng Definierten im Sinne von Abgrenzung beziehen sich die meisten Begriffe des chinesischen Denkens auf ihren Kontext, bzw. der Kontext ist bereits Bestandteil des Begriffs. Der Sinologe Marcel Granet beschreibt dies so:

„Das chinesische Wort ist etwas ganz anderes als ein bloßes Zeichen, mit dessen Hilfe ein Begriff aufgezeichnet wird. Es entspricht nicht einer Vorstellung, deren relative Abstraktion oder Allgemeingültigkeit man so präzise wie möglich festzulegen sucht. ... Zweck der Sprache ist es in erster Linie, eine Handlung auszulösen. Es kommt weniger auf eine klare Auskunft an als auf eine Beeinflussung des Tuns."

Geist und Körper bilden somit eine Einheit. Innere Erfahrungen, die in Worte gefaßt werden, sind dadurch gleichzeitig schon Verhalten, da sie körperliche Reaktionen auslösen und umgekehrt.

„Begnadete Körper" – Diese Ankündigung auf einem Plakat hat mich in den Zirkus geführt. Und so sitze ich nun mit vielen anderen Zuschauern unter der Zirkuskuppel und bin völlig hingerissen von den atemberaubenden Darbietungen chinesischer Artisten und Artistinnen. Ich bin fasziniert von der perfekten Körperbeherrschung. „Körperbeherrschung" – irgendwas hakt bei dem Wort ein, und ich beginne unbewußt zu ahnen, daß dieses Wort mich ganz gewaltig in die Irre führen kann. Als ich nach der Vorstellung, noch völlig im Banne des Erlebten und Gesehenen ste-

hend, langsam nach Hause gehe, bewege ich beiläufig in meinem Geist die Gedanken an Körper, an Beherrschung, an die chinesische Philosophie, an Yin und Yang. Allmählich wird mir dabei klar, daß diese „Körperbeherrschung" nicht aus der Disziplinierung des Körpers durch den Geist erwachsen ist, sondern in weit größerem Maße auf dem Erleben der Identität beider Aspekte beruht. Und um dies so zu erleben, bedarf es dieser Art, Sprache zu erleben, die wohl wiederum dieser Art, Körper zu erleben, bedarf. So verschmelzen Körpererfahrung und Spracherfahrung zu einem einheitlichen sozialen Universum, das sich ganz erheblich von unserem westlichen unterscheidet. Die Sprache wirkt auf den Körper, und der Körper verkörpert Sprache.

Nun spreche und lebe ich aber in der Sprachwelt (und Körperwelt), in der ich eben bin! Ich bin kein Chinese, sondern muß mich mit den Beschränkungen und den Möglichkeiten meiner Sprache und meines Körpererlebens herumschlagen. „Herumschlagen" – wieder eines dieser im übertragenen Sinn verwendeten Worte. In dem Moment jedoch, als ich dieses Wort formulierte, wurde mir eine Aktivierung, eine leichte Unruhe in meinem Oberarm bewußt. Das Wort „Herumschlagen" hat also neben seiner übertragenen Bedeutung eine direkte und konkrete Auswirkung, eine Auswirkung auf meinen Körper und mein tatsächliches Erleben. Dieses Wort ruft, ähnlich wie die chinesischen Begriffe, gleichzeitig zu seinem Inhalt, ein Verhalten in Form von Muskelaktivierung hervor. Und wir finden auch in unserer Sprache eine Vielzahl dieser Worte. Nehmen wir diese Worte wörtlich, so wird dies etwas abfällig konkretistisches Denken genannt. Einige Arten des schizophrenen Denkens sind gekennzeichnet durch überwiegend konkretistisches Denken. Konkretistisches Denken ist also pathologisch, ist krank. Aber heißt das nicht, daß ich dann ebenfalls „krank" bin, wenn mein Oberarm auf das Wort „Herumschlagen" reagiert? Wenn dem so wäre, dann wäre ich wenigstens nicht alleine, dann befände ich mich in bester Gesellschaft mit Ihnen, denn dann wären wir alle „krank". Die konkretistischen Begriffe spiegeln einfach wider, daß unser psychisches Erleben in großem Ausmaße mit körperlichem und damit sinnlichem Erleben korrespondiert. Und dieses körper-psychische Erleben, unser Denken, Empfinden und Handeln, orientiert sich am Raumerleben, an der Repräsentation eines räumlichen Koordinatensystems.

Jeder konkretistische Begriff wirkt dadurch zurück auf unser räumliches, körperliches und psychisches Erleben. Und Wirken schafft Wirklichkeit! Für die Konstruktion der persönlichen und der sozialen Universen ist das, was wir zwischen den Zeilen sagen, meist maßgeblicher als der eigentliche Inhalt.

5. „Magischer Realismus"

5.1 Symbolische Realitäten

Im vorangegangenen Kapitel haben wir festgestellt, daß Realität immer auch eine Konstruktion darstellt. Diese Konstruktionen erleben wir erst dann als Wirklichkeit, als ein persönliches oder soziales Universum, wenn sie mit einer entsprechenden Verkörperung und Räumlichkeit verbunden sind. Wirklichkeit ist also zum großen Teil unsere Schöpfung, und dadurch erlangt sie etwas Magisches.

Lange Zeit war ich der Ansicht, daß man die Wirklichkeit der persönlichen Universen auch symbolische Realitäten nennen könnte. Doch „symbolische Realität" impliziert eine „reale Realität", die ihrerseits durch die symbolische Realität abgebildet wird. Schon im Abschnitt 3 diskutierten wir den Begriff der „objektiven Realität". Dabei kamen wir zu dem Schluß, daß bestenfalls intersubjektive Schöpfungen – soziale Universen – eine Art „Objektivität" vermitteln, jedoch nie in dem Sinne, daß dadurch irgend etwas über eine wie auch immer geartete „wahre Wirklichkeit" ausgesagt werden kann. Allenfalls kann eine Schöpfung eine andere abbilden und symbolisieren und umgekehrt, so wie auch der Körper innerpsychische Prozesse ausdrücken und symbolisieren kann, während der Geist beispielsweise in seiner räumlichen Repräsentation körperlich-physische Phänomene symbolisiert. Es existiert jedoch kein dem Symbol zugrundeliegendes „Eigentliches". Was als Symbol und was als Bezeichnetes fungiert, ist nicht zwingend festgelegt und kann prinzipiell beliebig variieren.

Um den Punkt, daß alle unsere Wirklichkeiten Schöpfungen darstellen, noch mehr zu betonen und auch die darin liegenden Veränderungsmöglichkeiten anzudeuten, wandte ich mich mehr und mehr dem Begriff „magischer Realismus" zu.

5.2 Magisches Denken und „Viabilität"

Auf den ersten Blick scheinen Magie und Realismus nicht sonderlich gut zusammenzupassen. Und doch sind es gerade diese beiden Aspekte, die Wirklichkeit im Sinne persönlicher und sozialer Schöpfungen am besten zu charakterisieren vermögen.

Im Begriff „Magischer Realismus" verschmelzen zwei Stränge: Zum einen das „magische Denken", zum anderen das Konzept der „Viabilität", einer Art Bewährung in der Praxis.

Als magisches Denken wird für gewöhnlich eine Phase der kindlichen Entwicklung bezeichnet, in der die Kinder alle Arten von Verknüpfungen zwischen ihrem inneren Erleben und den Vorgängen in ihrer Umwelt herstellen. Dies ist verbunden mit der Entwicklung des Konzepts der Kausalität, der Untergliederung des Zeitflusses der Geschehnisse in „Ursachen" und „Wirkungen". Das Kind erlebt sich immer deutlicher als Hauptursache fast aller Geschehnisse.

New York 1969, im Jahr des großen Stromausfalls. Ein kleiner Junge schlendert in den Abendstunden nach Hause, in der Hand einen dünnen Stock, mit dem er spielerisch die schon eingeschalteten Straßenlaternen bekämpft und ihnen leichte Hiebe versetzt. In dem Augenblick, als er wieder einmal eine Laterne geschlagen hatte, gehen in der ganzen Straße und im ganzen Viertel, ja sogar in der ganzen Stadt, „mit einem Schlag" sämtliche Lichter aus. Entsetzt und voller Schuldgefühle über das, was er angerichtet hat, eilt der Junge so schnell wie möglich nach Hause. Nur mühsam und nach einiger Zeit können ihn seine Eltern beruhigen und ihm versichern, daß ihm kein Gefängnis oder vielleicht noch Schlimmeres blüht. (Wenn mir dasselbe als Erwachsener passiert wäre, hätte ich mir allerdings auch so meine Gedanken gemacht!)

Was nun dieses kindliche magische Denken von den Konzepten der Erwachsenen unterscheidet, ist, daß ziemlich unterschieds- und wahllos die verschiedensten Konstruktionen erstellt werden. Darunter sind dann eine ganze Reihe von Konzepten, die nicht funktionieren.

Als Kind wünschte ich mir eine Zeitlang nichts sehnlicher als ein Fahrrad. Um die Zeit bis Weihnachten abzukürzen, begann ich, mein Fahrrad zu erträumen. Ich erlangte ziemlich schnell, wohl angespornt von meinem Wunsch, eine gewisse Fertigkeit im Träumen. Bald war ich in der Lage, im Traum mein Fahrrad neben mir ins Bett zu legen und auf das Aufwachen zu warten. Doch obgleich ich tatsächlich im Traum selbst wußte, wann ich aufwachen werde, war jedesmal, wenn ich die Augen öffnete, nichts mehr von meinem so geliebten Fahrrad zu sehen.

Seit der Zeit habe ich Abschied genommen von der (größenwahnsinnigen) Vorstellung, daß meine Gedanken und Wünsche alles zu tun vermögen. Wir erschaffen zwar unsere Wirklichkeit, wir können aber keine beliebigen Wirklichkeiten konstruieren! Manche Konzepte und Realitätsentwürfe scheinen irgendwie tauglicher zu sein als andere.

Und damit kommen wir zur *Viabilität*, einem Begriff, den Ernst von Glasersfeld, ein Hauptvertreter des radikalen Konstruktivismus, eingeführt hat. Für von Glasersfeld sind die Erkenntnismöglichkeiten der Menschen analog zu denen eines blinden Wanderers im Wald. Manchmal wird dieser an einen Baum stoßen (ein „Gegenstand" im wahrsten Sinne des Wortes), manchmal freie Bahn vorfinden. Auf diese Art und Weise kann er sich schließlich einen Weg durch den Wald bahnen. Im Laufe der Zeit hat er sich Wissen angeeignet, wie er durch den Wald gelangen kann, nicht aber, was der Wald ist. Gehen viele Wanderer durch den Wald, so werden eine Vielzahl

von Wegen erprobt. Auf einigen von ihnen begegnet man häufiger Hindernissen in Form von Bäumen als auf anderen. Letztere sind daher eher „viabel" bzw. gangbar. Es gibt aber keinen einzigen „wahren Weg", sondern es
existieren in der Regel viele gangbare Wege, die allesamt keine Aussage über
den Wald als solches zulassen.

„Erwachsene" Formen des Denkens und Erlebens stellen keinen Übergang von Magie zur „Vernunft" oder ähnliches dar. Vielmehr sind sie ganz im
Sinne der Darwinschen Evolutionstheorie aus Selektion und Bewährung in
der Praxis hervorgegangen. Erwachsene Konzepte und Wirklichkeits-
entwürfe sind daher einfach diejenigen magischen Konstruktionen, die einen
gangbaren Weg durch das Leben ermöglichen. Damit entfällt auch die
Abgrenzung von „objektiven" zu „magischen" Realitäten.

Vor einigen Jahren besuchte ich einen Vortrag über die Psychosomatik der Multiplen
Sklerose. Darin bezichtigte der Referent die MS-Kranken des magischen Denkens,
was zum Beispiel dadurch zum Ausdruck käme, daß sie glaubten, daß sie die
Krankheit im Sinne einer Selbstbestrafung selbst verursacht haben. Gleichzeitig
kamen ihm Begriffe wie „Überich", „Übertragung" und viele andere so selbstver-
ständlich und geläufig über die Lippen, als ob wirklich wesentliche Unterschiede zu
den Konstrukten der MS-Patienten bestünden. Sind Sie etwa schon einmal während
eines Strandspaziergangs einer Gegenübertragung begegnet?

Jede Wirklichkeitskonstruktion, jedes persönliche und soziale Universum, ist
eine magische Realität, das heißt eine Welt voll Tiefe und Ausdehnung, voll
Körper und Raum. Magische Welten sind daher (mindestens) dreidimen-
sional.

Was ist aber der Unterschied zur „Psychogeografie", der Arbeit mit
Raumankern im NLP? Wozu brauchen wir Konzepte wie „Magischer
Realismus" oder „Persönliches Universum"? Vom Ansatz her versteht sich die
Psychogeografie im Diltsschen Sinne eher als symbolische Realität und erfüllt
daher lediglich die Funktion einer bestenfalls zweidimensionalen Landkarte.
Auch in der Arbeit mit magischen Realitäten können wir eine Art Psycho-

geografie aufbauen. Nur verstehe ich sie da als eine Entfaltung der persönlichen Wirklichkeit, des persönlichen Universums des Klienten. Wenn der Beratungsraum sich im Laufe der Sitzung mit allen möglichen Teilpersönlichkeiten und Elementen anfüllt, handelt es sich nicht nur um ein Abbild innerpsychischer Vorgänge. Für den Klienten ist dies eine verkörperte Wirklichkeit. Die im Beratungsraum gestellte Szene *ist* die Wirklichkeit, in der der Klient lebt!

Das heißt nun nicht, daß andere Ansätze unwirksam oder schlechter sein müssen. So kann ich beispielsweise in herkömmlicher Weise mit Glaubenssätzen arbeiten, ohne daß ich mich explizit mit der verkörperten Wirklichkeit, dem persönlichen Universum des Klienten, beschäftigen muß. Findet jedoch tatsächlich eine Veränderung statt, beruht diese immer auf einer Veränderung im persönlichen Universum. Und da ist es mitunter manchmal einfach leichter, effektiver und direkter, bewußt und explizit mit der persönlichen Welt und Wirklichkeit zu arbeiten.

In erfolgreicher Therapie und Beratung erschaffen Klient und Begleiter eine gemeinsame magische Realität, die es erlaubt, Problemwirklichkeiten allmählich aufzulösen und zu erweitern. Wenn ich mich mit einem Klienten in einer eher oberflächlichen „zweidimensionalen" Beziehung befinde, empfinde ich unseren Kontakt als blaß und farblos. Sätze, die ich sage, und Interventionen, die ich vorschlage, können inhaltlich und technisch noch so stimmig und treffend sein, sie greifen einfach nicht. Auch fällt es mir dann schwer, den Klienten wirklich zu verstehen und ihm in seine Wirklichkeit zu folgen. Es ist eine Beziehung ohne Saft und Kraft. Erst, wenn der „schöpferische Funke" überspringt, wenn unsere Welten mit all ihren Verkörperungen in Kontakt treten, bekommt unsere Kommunikation „Hand und Fuß". Dann verwandelt sich der Therapieraum und bekommt ganz andere Ausmaße und Perspektiven. Es entsteht ein „therapeutisches Universum", in dem Zauberei als das Natürlichste und Einfachste auf der Welt erscheint.

Obwohl für C. schon seit Jahren klar ist, daß sie sich aus ihrer Beziehung lösen will, schafft sie den Schritt einfach nicht. In jahrelanger Arbeit bei verschiedenen

Therapeuten hat sie die meisten Aspekte ihrer Beziehung durchleuchtet. Dadurch ist für sie klar, daß die Beziehung eigentlich beendet ist. Nur der letzte Schritt will ihr nicht gelingen. Als sie das erstemal zu mir kommt, erlebe ich sie sehr angespannt und verzweifelt. Sie hat das Gefühl, daß sie auf der Stelle steht. Erst zwei Sitzungen später komme ich auf die Idee, das „Auf-der-Stelle-Stehen" weiter zu präzisieren. Sie steigt in dieses Erleben – heute würde ich sagen: in diese Welt – ein. Sie fühlt sich, als müßte sie ständig einen zentnerschweren Stein über ihrem Kopf tragen, fast wie Atlas, der die Last der Welt trug. Während sie davon erzählte, ging es ihr sichtbar schlecht, und sie wirkte sehr angestrengt, was mich auch nicht weiter verwunderte. Mehr aus Zufall denn aus therapeutischer Absicht heraus schlug ich ihr vor, einfach einen Schritt beiseite zu treten. Ich war, genauso wie C., völlig überrascht von ihrer Reaktion. Sie fing mit einem Mal zu lachen an und konnte sich eine knappe Viertelstunde lang kaum mehr beruhigen. Sie fühlte sich sehr erleichtert, was sie als Gefühl bezeichnete, als wäre ihr ein Stein vom Herzen gefallen, ach was, ganze Felsbrocken. In ihrem persönlichen Universum fiel ihr ja tatsächlich ein Stein vom Herzen! Kurze Zeit später konnte sie sich völlig unproblematisch aus ihrer damaligen Beziehung lösen.

D., die einige Jahre später bei mir Sitzungen nimmt, erinnert mich in vieler Hinsicht an C. Auch D. hat eine Beziehung innerlich bereits abgeschlossen, ohne sich jedoch tatsächlich trennen zu können. Ebenso ist ihr Erleben ähnlich, nur daß sie anstelle des Steins auf ihrem Rücken einen massiven Quader mit sich herumschleppt. Ich lade sie ein, diesen Quader einfach abzuladen – und es passiert rein gar nichts.

Äußerlich unterscheiden sich beide Geschichten kaum. Es lag jeweils eine ähnliche Problematik vor. In beiden Fällen empfand ich unseren Kontakt als recht gut, und auch meine Interventionen waren nahezu identisch. Worin bestand dann aber der „Faktor X", der bei C. die so leichte und schnelle Veränderung bewirkte? Im Wirklichkeitsgrad!

Während für D. die Quader einfach nur ein Symbol darstellten, war der Stein für C. Realität. Ließ C. den Stein herunterpurzeln, so änderte sich dadurch etwas in ihrer Realität, während D. nur ein Symbol verschob, was ihre Realität ziemlich unberührt ließ.

„Was heißt das: Realität?" werden Sie sich vielleicht fragen. „Soll ich vielleicht annehmen, daß dieser Stein tatsächlich existierte?" Natürlich sah ich mit den Augen C.'s Stein nicht. Sie wäre mit ihm wohl auch kaum durch die Tür ins Behandlungszimmer gekommen. Aber Sie werden sich wieder erinnern: das Gehirn kann nicht direkt unterscheiden, ob eine sensorische Meldung aus Umwelt 1, dem Körper, oder aus Umwelt 2, der „eigentlichen Außenwelt", kommt. Und ihr Körper verhielt sich so, als ob er diesen Stein tatsächlich getragen habe. Dadurch bekommt er Wirklichkeit in dem Sinne, daß er Wirkung besitzt. Während dieser Sitzung habe ich den Stein ebenfalls erfühlt. Ich hatte eine spürbare Ahnung von seiner Größe und Schwere. Mein Körper hatte also auch schon begonnen, ihn zu verkörpern und zu erschaffen. Wohl dadurch hatte ich einen direkten Zugang zu ihrem persönlichen Universum, was meinem Vorschlag erst richtig „Gewicht" gab.

In Afrika lebt ein Stamm Buschmenschen – so habe ich es wenigstens gelesen –, die eine interessante medizinische Theorie besitzen. Ihrer Meinung nach entstehen Krankheiten dadurch, daß unsichtbare Dämonen unsichtbare, aber vergiftete Pfeile auf ihre menschlichen Opfer abschießen. Die Behandlung besteht folglich aus komplizierten Ritualen, an denen meist der ganze Stamm beteiligt ist und in deren Verlauf die unsichtbaren Pfeile aus den Körpern der Kranken gezogen werden. Zusätzlich werden die unsichtbaren Wunden versorgt, und die Patienten erhalten Nahrung und Getränke, die das Ausschwemmen der Gifte erleichtern sollen.

Das eigentlich Interessante für mich liegt darin, daß die Heilungsraten beispielsweise für Tumore ziemlich denen der westlichen Schulmedizin entsprechen. Nach Kriterien der Empirie (also letztlich wissenschaftlich) müßte man zugeben, daß die Theorie der unsichtbaren Pfeile ziemlich gut belegt ist. In der Terminologie des Konstruktivismus würden wir sie als viabel bezeichnen, da sie sich in der Praxis bewährt.

Ich gebe zu, ich halte, vielleicht ähnlich wie Sie, die Theorie der unsichtbaren Pfeile für „weniger wirklich" als unsere westliche Wirklichkeit, obgleich mich eigentlich recht wenig dazu berechtigt. Und es bleibt eine Irritation zurück. Was „macht" uns eigentlich krank oder gesund?

Wenn wir uns auf das Konzept der magischen Realitäten einlassen, erscheint einem die Welt wie verzaubert. Das rührt daher, daß wir uns in dem Moment der Tatsache direkt oder beiläufig bewußt sind, daß alle Realitäten auch Schöpfungen sind. Dadurch erscheint die Wirklichkeit formbarer und plastischer, während wir für gewöhnlich unser persönliches und soziales Universum für absolut real halten, ohne dies zu hinterfragen. Weiß ich um das Konstruierte, so werden die Grenzen meiner Welt durchsichtiger und offener für andere Wirklichkeiten. Die Welt ist nicht mehr so fest und unerschütterlich, wie sie sonst erscheint – der Zauber kann beginnen. Damit grenze ich nun nicht magische Realitäten von „nüchternen Realitäten" ab, denn auch die nüchterne Wirklichkeit ist genauso Konstruktion und damit magisch, nur bin ich mir dessen nicht bewußt. Im Grunde ist das Gewahrsein der magischen Realitäten sogar nüchterner und realistischer, während ich im nüchtern erscheinenden Glauben an die Unverrückbarkeit der Realität der Magie hoffnungslos verfallen bin.

5.3 „*In the middle of nowhere*": *der Ort der* **Veränderung**

Veränderungen betreffen nicht nur den Geist. Bei jeder wirklichen Veränderung verändert sich auch der Körper und die Verkörperung der Wirklichkeit. Es verändert sich eine ganze Welt. Jede Veränderung besitzt somit auch einen physischen Ort. Dieser physische Ort ist jedoch gleichzeitig auch ein symbolischer Ort, da er etwas ausdrückt (wir erinnern uns an die Dynamik von Landkarte und Gebiet. Einmal steht der Körper und die Welt für etwas, einmal stehen sie einfach für sich selbst). Das erschaffene persönliche Universum besteht nicht nur aus den physischen Elementen, sondern auch aus den Beziehungen zwischen ihnen, die ihnen Bedeutung verleihen.

Persönliche Universen werden erschaffen und „wirken" sich aus, ver-wirklichen sich. Sie sind magische Realitäten, da sie durch die Kraft der Geist-Körper-Kommunikation Realität erzeugen.

Leider werden wir öfters Opfer der eigenen Kreationen, so wie der Zauberlehrling die Geister, die er rief, nicht mehr los wurde. Wenn wir wirklich glauben, daß unsere Welt „so ist", erlangt sie Eigenleben und ist für uns immer weniger kontrollierbar. Sie ist wie verhext.

Wittgenstein sprach von der Verhexung des Verstandes durch Mittel der Sprache. Das Konzept der magischen Realitäten geht da noch weiter: Es ist wie eine Verhexung der gesamten Person durch Mittel der Sprache, der Verkörperung, der Räumlichkeit usw. Einige dieser „Hexereien" werde ich in einem späteren Abschnitt (Meta-Modell und Körper) noch genauer erläutern. Wenn wir schon mit Sprache und Realitäten spielen, dann könnten wir diese verhexten „Problemuniversen" auch „schwarze magische Realitäten" nennen.* Orte der Veränderung müssen mindestens genauso „magisch" sein: Sie kreieren nicht nur Realitäten, sie kreieren Veränderungen dieser Realitäten!

In anderen Worten: der Ort der Veränderung bezieht eine Metaposition zum Ort des persönlichen Universums. Der Ort der Veränderung, die „weiße magische Realität", muß sich deshalb auch *außerhalb* des jeweiligen persönlichen Universums befinden. Gleichzeitig muß er auch innerhalb der Problemwelt sein, denn sonst könnte dort nichts bewegt und verändert werden. In gewisser Weise stehen Problem- und Lösungsuniversum zueinander wie *tonal* und *nagual*, Begriffe aus dem indianischen Schamanismus.**

„Tonal" ist die normale, dem Alltagsverstand zugängliche Wirklichkeit, während „nagual" die „andere Wirklichkeit" bezeichnet, jene Wirklichkeit, die jenseits unseres rationalen Verständnisses liegt und die wir folglich auch kaum mit unseren Begriffen erfassen können. Alles, was sich innerhalb eines persönlichen Universums befindet, können wir daher tonal nennen. Wir

---

* Und das ist meist besser als umgekehrt: wenn Sprache und Realität mit uns spielen. Denn sonst spielen sie uns oft übel mit – zumindest solange wir mitspielen.

** Ich entschuldige mich hier schon im voraus bei allen „schamanistischen Fundamentalisten", für die es frevelhaft sein mag, sich Begriffe einfach auszuleihen und sie um neue Bedeutungsnuancen zu erweitern.

erinnern uns ja: eine Welt entsteht durch Verkörperung, durch Faßbarkeit. Diese Erfaßbarkeit definiert, was innerhalb dieser Wirklichkeit als rational gilt, nämlich ganz einfach: rational ist all das, was greifbar ist. Alles, was außerhalb dieser Wirklichkeit liegt, ist im wahrsten Sinne des Wortes unbegreiflich und, bezogen auf diese Wirklichkeit, irrational.

E. lebt in einer Welt, in der es absolut gewiß ist, daß niemand sie wirklich liebt. Das ist für sie völlig normal und auch verständlich, denn sie „ist" ja zutiefst schlecht, so daß es für sie kein Wunder ist, daß niemand sie liebt. Zwar gibt es immer wieder Menschen, die ihr zu versichern versuchen, daß sie liebenswert sei. Für E. ist dies jedoch völlig irreal, da es gar nicht sein kann. Sie regt sich auch nicht darüber auf, denn sie hat sich inzwischen daran gewöhnt, daß es eben so ist. Bis es zu einer dramatischen Auseinandersetzung mit ihrem Vater kam. Unter Tränen gestand er ihr, daß er nicht fähig sei, Liebe zu zeigen, aber daß er sie in Wahrheit schon immer, auch als kleines Kind, geliebt habe. Was in vielen Filmen ein wunderschönes Happyend hätte sein können, war für E. der Beginn einer tiefen Krise. Das, was ihr Vater sagte, war für sie absolut unfaßbar, unmöglich und irrational. Die intensiven Gefühle ihres Vaters jedoch ließen sich nicht einfach wegwischen und drangen als Fremdkörper in ihr bis dahin so abgeschirmtes persönliches Universum ein. Nichts mehr war mehr so wie bisher. Die Möglichkeit, daß ihr Vater sie doch liebte, war für sie zwar nicht mehr von der Hand zu weisen, aber so fremdartig, daß sie sich davon nur bedroht fühlte. Sie hatte das Gefühl, den Boden unter ihren Füßen zu verlieren. Ihre alte Welt war am Zusammenbrechen und die mögliche neue noch sehr fremd. Es dauerte eine geraume Weile, bis E. imstande war, die neuen an sich sehr positiven Tatsachen, die in ihr Leben regelrecht eingebrochen waren, zu integrieren.

Nagual ist also jenes, was außerhalb der eigenen Wirklichkeit steht. Manchmal bricht dieses Außen wie bei E. völlig unvorbereitet und mit voller Wucht ins Tonal und löst als erstes eine Krise aus. Diese „Störung" von außen zu dosieren ist eine Aufgabe von Therapie und Beratung. Nahezu immer ist diese „Störung" eine unerläßliche Bedingung der Veränderung. Andernfalls würde das Problemuniversum in seiner (Problem-)Homöostase verharren. Viele Problemwelten sind gerade deshalb Problemwelten, weil sie sehr abgeschlossen und starr sind. Ihr Potential, sich aus sich selbst heraus zu wandeln, ist dadurch ziemlich eingeschränkt. Ohne Impuls von außen ist daher Veränderung kaum möglich.

Im Innenbereich der Problemwelt erscheinen die Außenphänome als unbegreifliches Nagual, das sich nicht nach den Gesetzen dieser Wirklichkeit richten muß und deshalb wie Zauberei erscheint. Das Nagual ist gewissermaßen eine Metaebene zum Tonal, und Zauberei ist einfach das Gewahrsein und Ausspielen dieser Ebene.

Zauberer wie beispielsweise Therapeuten und Berater sind demgemäß fähig, sich auf diese Metaebenen einzulassen und sich in ihnen zu bewegen. Dies läßt dann nach und nach das Nagual in die erstarrte Problemwirklichkeit eindringen.

Falls Sie nun Therapeut oder Berater sind und gerade begonnen haben, sich als genialer und toller Zauberer zu fühlen, wird es Zeit, Sie wieder etwas auf den Boden herunterzuholen. Denn Zauberei ist gar nichts Besonderes. Ich hätte den Satz vorher auch anders formulieren können, etwa so: „Zauberer wie beispielsweise Therapeuten, Berater, ihr Ehepartner, ihr Nachbar oder irgendein anderer Mensch usw." Auch das Nagual ist eine Konstruktion, genauso wie das Tonal. Nur ist das Tonal meine (unsere) Konstruktion, während das Nagual von anderen erschaffen wurde, die es selbst aber als Tonal erfahren. Was für mich tonal ist, kann für jemand anderen nagual sein und umgekehrt. Anders ausgedrückt: grundsätzlich kann jeder/jede jemand anderen „verzaubern" und ihm den entscheidenden Veränderungsimpuls geben. Da wir ja keine Aussage über absolute Wirklichkeit treffen können, müssen wir hierarchische Vorstellungen aufgeben, Vorstellungen beispielsweise, daß Wirklichkeiten wie das Nagual auf einer höheren Ebene angesiedelt und weiter entwickelt sind.

Der Preis, den wir für diesen Verzicht bezahlen müssen, ist ja nicht wirklich ein Nachteil. Anstelle einer Hierarchie der Welten haben wir es mit einem demokratischen Nebeneinander zu tun. Das bedeutet nun nicht, daß die verschiedenen Wirklichkeiten gleich sind. Wir haben ja das Konzept der

Viabilität kennengelernt. Manche Wirklichkeiten bewähren sich in der Praxis eben besser als andere. Allerdings könnte sich auch die Praxis, der gegenwärtige Kontext, ändern und damit auch die Viabilität der verschiedenen Wirklichkeiten.

5.4 Konstruktivismus, Verantwortung und „Psychomoral"

Immer wieder finden sich in diesem Buch Formulierungen wie: „Wir erschaffen unser persönliches Universum" oder: „Unsere Wirklichkeit ist Konstruktion." Darin liegt nun auch eine Gefahr. Wenn wir uns zu sehr an solchen Sätzen berauschen, wähnen wir uns leicht als gottähnliche Wesen, die alles in der Hand halten und kontrollieren und die alles nach Gutdünken gestalten können. Dies impliziert, daß wir dann für alles, aber für wirklich alles, selbst verantwortlich wären. Ob wir reich oder arm, gesund oder krank sind, alles läge in unserer Verantwortung.

In früheren Jahrhunderten und zum Teil heute noch beruhte ein Großteil der Macht der Kirchen auf der Macht über die Köpfe der Gläubigen. Vor allem die katholische Moral pflanzte Vorstellungen von Schuld und Sünde in zahllose „Sünder". Nicht nur, daß wir so kaum einen Tag hinter uns bringen können, ohne irgendeine Sünde begangen zu haben, nein, wir bemitleidenswerten Geschöpfe schleppen schon vom Tag unserer Geburt eine gehörige Ladung Schuld in Form der Erbsünde mit uns herum. Es bedurfte Jahrhunderte gesellschaftlicher und politischer Umwälzung, um uns von diesem Joch so weit zu befreien, daß ich Gedanken wie, daß ich die Sippenhaft in Form der Erbsünde eigentlich sehr unfair finde, überhaupt denken darf und sie sogar äußern kann.

Und just in dieser Zeit droht eine neue Moral diese Errungenschaften wieder zunichte zu machen, die „Psychomoral". Durch die Hintertür werden auf massive Art und Weise aufs neue die Fesseln der Schuld angelegt, von denen wir uns schon befreit glaubten. Die Hauptaussage dieser Psychomoral lautet: „Du allein bist verantwortlich für dein Schicksal, du bist Herr und Meister/Frau und Meisterin über dein Leben." Klingt ja eigentlich nicht übel, werden Sie vielleicht an dieser Stelle einwenden. Stimmt, es *klingt* nicht übel, es kann sich aber leicht übel *auswirken*. Bin ich beispielsweise krank, bin ich ganz allein dafür verantwortlich. Lebe ich unglücklich, bin es wieder ausschließlich ich selbst, der allein dafür verantwortlich ist. Es gibt nichts und niemanden, den ich dafür zur Rechenschaft ziehen könnte, immer bleibe ich der allein Verantwortliche. Alles ist meine Schuld.

Krankheit und Unglück sind die Sündenfälle der Psychomoral. Sie verspricht mir den Himmel auf Erden, droht aber gleichzeitig mit der irdischen Hölle, wenn ich mich an mir selbst versündige. Früher konnte ich mich vielleicht noch gegen Gott und die Kirche auflehnen, wie aber soll ich mich gegen mich selbst auflehnen, ohne dadurch eine neue Sünde zu begehen? Gleichzeitig werde ich jedoch zwangsläufig scheitern, oder können Sie sich ein Leben völlig ohne Leid und schmerzliche Erfahrungen vorstellen? Durch die Psychomoral werden diese Erfahrungen dann erst recht schmerzlich. Zum einen fühle ich mich zusätzlich noch schuldig und mache mir Selbstvorwürfe, zum anderen muß ich noch mit der Enttäuschung zurecht kommen, weil mein Größenwahn in sich zusammengefallen ist (und „Ich bin für alles verantwortlich" ist zweifellos eine größenwahnsinnige Aussage).

Ich dramatisiere, werden Sie vielleicht meinen. Richtig, solange wir gesund sind und alles Leben einigermaßen läuft, werden wir selten unter der Psychomoral leiden. Wehe aber, wir werden wirklich krank. Dann können wir leicht zum Opfer einer Erscheinungsform der Psychomoral werden, zum Opfer des „Terrors des positiven Denkens".

Vor fünf Jahren erkrankte F. an einer progredienten Form entzündlichen Rheumatismus, verbunden mit viel Schmerzen und der Aussicht des Rollstuhls sowie eventuell auch eines recht frühen Todes. Vor allem die ersten Jahre der Krankheit waren für F. ein regelrechtes Spießrutenlaufen. Von allen Seiten prasselte es auf ihn ein: „Du mußt positiv denken!", „Du mußt gesund werden wollen!", „Du darfst nicht so pessimistisch sein!", die dann schließlich in Prophezeiungen gipfelten wie: „Das kann nichts werden, wenn du so pessimistisch denkst!" (Wahrscheinlich ist dabei dem Absender dieser Aussage nie aufgefallen, daß er für einen vorgeblichen

Verfechter optimistischen Denkens erstaunlich pessimistisch ist. Aber starre Moral-
gebäude verführen selten zu differenziertem Denken.) Als F. schließlich zu mir kam,
hatte er nicht nur mit den Belastungen der Krankheit wie Schmerzen und Angst vor
der Zukunft zu kämpfen. Das Bombardement der gutgemeinten Ratschläge hat
seine Schuldgefühle und Angst nur vergrößert. Da er ja weiterhin auch „negativ"
dachte, das heißt, sich einfach Sorgen wegen seines Gesundheitszustandes machte,
glaubte er nun, daß er deswegen mit Sicherheit immer kränker werden würde. Die
Botschaft des „positiven" Denkens hatte sich ihm in einer Intensität eingebrannt,
wie ich es sonst nur von in der Kindheit oder Jugend geprägten Glaubenssätzen
kenne. Es bedurfte all meines NLP-Könnens und der engagierten Mitarbeit von F.,
um diese Glaubenssätze zu entmachten. Erst ab diesem Zeitpunkt konnten wir
daran arbeiten, Möglichkeiten zu erschließen, gesünder zu werden oder auch mit der
Krankheit ein lebenswertes Leben zu führen.

Wenn ich mein persönliches Universum konstruiere, heißt das noch lange
nicht, daß ich für alles verantwortlich bin und daß ich es beliebig konstruieren kann. Einige meiner Konstruktionen sind biologisch vorgegeben und in
keinster Weise durch mich beeinflußbar. So sind beispielsweise die meisten
optischen Täuschungen primäre Konstruktionen, die ich selbst mit bewußter
Anstrengung nicht verändern kann.

   Stellen Sie sich vor, Sie wären Architekt und würden gerade ein Haus konstruieren und erbauen. Dabei müßten Sie viele andere Umstände berücksichtigen. Ihre Pläne müssen mit den gerade geltenden Richtlinien übereinstimmen, um Ihre Baugenehmigung zu erhalten. Dann müssen Sie abwägen,
welche finanziellen und sonstige Mittel zur Verfügung stehen, und mit den
Preisen für Baustoffe und Arbeitslohn in Relation setzen. Davon hängt ab,
wie groß oder klein Sie Ihr Haus bauen und welche Materialien Sie verwenden können. Und nicht zuletzt werden auch die Beschaffenheiten des
Baulandes in Ihre Pläne und Verwirklichungen einfließen. Bauen Sie an einer
Hanglage oder ist das Grundstück flach? Paßt Ihr Plan zur Bebauung in der
Nachbarschaft und fügt er sich harmonisch in die Landschaft ein usw.?
Wenn Sie dann das erstemal durch das fertiggestellte Haus wandeln, wer ist

dafür verantwortlich, daß es so ist, wie es ist? Ist es allein Ihre Verantwortung gewesen, daß Sie Ziegel anstelle von Beton verwendet haben? Lag es allein in Ihrer Entscheidungsgewalt, daß das Wohnzimmer dreißig anstelle von vierzig oder zwanzig Quadratmeter groß geraten ist?

Richtig, diese Frage ist nicht so leicht zu beantworten, denn sie ist komplex und vielschichtig. Es bedarf immer einer differenzierten Antwort, um zu entscheiden, was ich beeinflussen und gestalten kann und was nicht, oder im NLP-deutsch: was externe und was Kontrollvariablen sind.

Teil II: „Veränderungen mit Hand und Fuß" – die Praxis

6. Der Basisprozeß – eine einfache Grundstruktur

In diesem Kapitel werden Sie einen grundlegenden und einfachen Basisprozeß kennenlernen, mit dem Sie das Konzept des persönlichen Universums in die Praxis umsetzen können, sei es in der Arbeit mit anderen oder auch mit sich selbst.

Um einem Mißverständnis vorzubeugen: Die weiterführenden Techniken in den nachfolgenden Abschnitten sind nicht sämtlich aus dieser Grundstruktur abgeleitet. Es ist jederzeit möglich, wirksame Veränderungen in persönlichen Universen mit anderen Vorgehensweisen zu erzielen.

Jeder der insgesamt sechs Schritte wird ausführlich mit Beispielen vorgestellt. Formal ähneln diese Schritte und diese Struktur einigen anderen NLP-Techniken. Der entscheidende Unterschied ist die Verkörperung der jeweiligen Wirklichkeit: Erst die Verflechtung und das Zusammenspiel von Geist und Körper erschaffen ein persönliches Universum. Und der Unterschied, ob ich in der Landkarte einer Welt oder im Gebiet selbst, dem persönlichen Universum, arbeite und handle, ist deutlich spürbar. Veränderungen, die ohne Umwege direkt im Gebiet geschehen, sind meist tiefgreifender und umfassender.

6.1 Kurzer Überblick über die einzelnen Schritte

Schritt 1: „Wo bist du?" – das Entfalten der Problemwelt
Als erstes wird herausgearbeitet, in welcher Welt der Klient lebt. Dies umfaßt andere   Personen und Dinge sowie das dazugehörige Beziehungsgeflecht.

Schritt 2: „Wo willst du hin?" – die Lösungswelt

Der Klient entwickelt in diesem Schritt eine Vorstellung und ansatzweise eine Verkörperung der Welt, in der er leben möchte.

Schritt 3: „Das Tor" – die mögliche Lösung

Das „Tor" schafft die Verbindung zwischen beiden Welten. Zunächst einfach Metapher, wird es mehr und mehr zur magischen Realität, die allein schon durch die bloße Existenz beginnt, die Problemwelt zu ändern. Denn jetzt gibt es einen Ausweg!

Schritt 4: „Der Ernstfall" – die Veränderung

Die Vorbereitung durch die bisherigen Schritte ist abgeschlossen, und es geht jetzt um die Umsetzung. Nach ausführlicher Würdigung auch der Vorzüge der Problemwelt macht der Klient den tatsächlichen Schritt von einer Welt in die andere.

Schritt 5: „Sind alle da?" – Vollständigkeit

Nicht immer vollziehen schon beim ersten Mal alle Anteile der Person den Schritt. Daher wird er so lange wiederholt, bis wirklich alle Persönlichkeitsanteile zumindest einen Fuß in die neue Welt gesetzt haben.

Schritt 6: „Fuß fassen" – die Konsolidierung

Anfangs wird man sich in der neuen Welt noch etwas unsicher bewegen. So vieles ist noch unbekannt und unvertraut. In diesem abschließenden Schritt beginnt die zunächst noch „dünne" Wirklichkeit der neuen Welt, sich durch entsprechende Erfahrungen immer mehr zu verdichten und zu verkörpern.

6.2 Der Basisprozeß Schritt für Schritt

6.2.1 Schritt 1: „Wo bist du?" – das Entfalten der Problemwelt

Wie ich schon dargelegt habe, ist die Frage „Wo bin ich?" die Kernfrage unserer Identität. Wer wir sind, erfahren wir nicht, wenn wir nur uns selbst fragen, sondern indem wir nach der Welt fragen, in der wir leben. Wir erleben Identität nicht über ein „reines leeres Ich", sondern im Beziehunsgeflecht unserer Person mit den Menschen und Dingen um uns herum. Mit anderen Worten: Identität ist an die Erfahrung eines persönlichen Universums gebunden.

Entsprechend dazu sind die Fragen „Wo bist du?" und ihre Varianten „Wo lebst du?", „In welcher Welt lebst du?" die wichtigsten Fragen für den Begleiter, um ein Verständnis für den Klienten zu entwickeln und zu erkunden, welche Chancen und Behinderungen das persönliche Universum enthält. Der Begleiter ist wie ein sensibler Ethnologe, der sich in eine ihm bis dahin unbekannte Welt einlebt und deren Bestandteile und Gepflogenheiten kennenlernt. Er behält dabei das Wissen im Hinterkopf, daß das, was er von der Welt des Klienten in Erfahrung gebracht hat, nie ganz vollständig sein wird.

Das unterscheidet ihn von Begleitern, die mehr nach dem „Wer bist du?" fragen. „Wer bist du?" führt zu einer Ansammlung von Etiketten und Namensschildern. Je nach Schulrichtung variieren lediglich die Namen für das, was der Klient „ist", von „oral-fixiert" bis „visueller Typ", von „mißerfolgsorientiert" bis „Löwe, Aszendent Skorpion." Wenn wir als Begleiter „Beute" gemacht und genügend Etikettenskalps erlegt haben, legen wir uns meist auf die faule Haut und erliegen der Illusion, daß wir jetzt wissen, wer, was und wie der Klient ist. Die Neugier erlischt. Ein weiterer Nachteil dieser Fragestellung ist, daß die Antworten den Schein einer objektiven Diagnose vermitteln. In einer Formulierung wie „Der Klient ist psychotisch" ist die Rolle des Beobachters komplett getilgt. Während man in der Elementarteilchenphysik längst weiß, daß die Beobachtung das Beobachtete beeinflußt, dauert es trotz aller Lippenbekenntnisse reichlich lange, bis sich diese Erkenntnis auch in den psychologischen und kommunikativen Berufsfeldern durchsetzt.

Zuweilen wird in therapeutischen Kreisen dem NLP vorgeworfen, daß es über keine Diagnostik verfügt. Das Entfalten des persönlichen Universums könnte hier eine Lücke schließen. Einerseits werden sehr viele Informationen gewonnen (weit mehr als mit herkömmlicher Diagnostik), zum anderen ist der Begleiter als teilnehmender Beobachter explizit Teil des Systems. Er kann die Welt des Klienten nur entfalten und kennenlernen, wenn er den Klienten in dessen Welt als Gast besuchen darf. Erkennen und Diagnostizieren ist gleichzeitig schon der erste Schritt der Veränderung.

So löst bei einigen Klienten die Begegnung mit einem „Fremdling" in ihrer Welt einen regelrechten Kulturschock aus. Ich erinnere mich noch sehr gut an G., eine Frau, in deren Welt Zärtlichkeit und Mitgefühl so gut wie gar nicht existierten. Allein die sanfte Art meiner Fragestellung (damals noch im Glauben, ich würde dadurch „einfach Informationen sammeln"), erschütterte sie sehr und stellte ihre Welt so stark in Frage, daß sie eine Zeitlang immer wieder in einen von Weinkrämpfen unterbrochenen leicht verwirrten Trancezustand fiel.

Diagnose und Erkenntnis sind also immer auch schon Intervention!

Das Entfalten der Welt des Klienten hat sich in meiner Praxis als äußerst wertvolles diagnostisches und therapeutisches Hilfsmittel erwiesen, unabhängig davon, in welche Richtung ich dann weitergehe. Wie erfolgt nun dieses Entfalten des persönlichen Universums?

Zu Beginn der Beratung oder Therapie steht in aller Regel eine Klage, ein Problem, ein als negativ bewertetes Gefühl. Ich gehe zunächst darauf ein, indem ich den Klienten eine Frage stelle wie: „Wenn Sie diese Angst fühlen, wo befinden Sie sich dann? Was ist dann vor Ihnen, was hinter Ihnen, was über Ihnen? In welcher Beziehung stehen Sie zu dem, was dort jeweils ist?" usw. Zusätzlich beobachte ich die Physiologie des Klienten, das heißt dessen nonverbales Verhalten. Darüber erhalte ich weitere Informationen, in welcher verkörperten Realität der Klient lebt. So machen hochgezogene und angespannte Schultern in einer Welt Sinn, in der hinter einem eine große drohende Gestalt steht. Aus den verbalen Antworten des Klienten und meinen Beobachtungen formt sich nach und nach eine spürbare und greifbare Wirklichkeit, in der das jeweilige Symptom eine angemessene Verhaltensweise darstellt. Wenn ich dann ein gewisses Verständnis entwickelt habe, wie das persönliche Universum das Symptom erzeugt, ist ein Punkt erreicht, an dem ich das Erkunden der Welt abschließen könnte. Meist gehe ich jedoch einen Schritt weiter und erkunde die Ressourcen und Möglichkeiten des Systems mit Fragen wie beispielsweise: „Hinter dir steht nun dieses Monster und jagt dir Angst ein. Hast du da die Möglichkeit, einen Schritt nach vorne zu gehen und aus seiner Reichweite zu kommen?" Egal, wie die Antworten ausfallen, mit dieser Art der Fragestellung impliziere ich die Möglichkeit der Veränderung und beginne, die häufig erstarrte Problemwelt etwas zu lockern.

Im folgenden ein Transkript einer Sitzung mit H., einer Klientin, die während der Arbeit einen durch Überlastung bedingten psychischen Zusammenbruch erlitt. Sie war danach nicht mehr in der Lage, wieder zur Arbeit zu gehen. Allein schon der Gedanke an ihr Büro löste in ihr Panik aus. Zum Zeitpunkt der ersten Sitzung lag der Zusammenbruch schon einige Wochen zurück.

MH: Während Sie hier sitzen und einfach mal an Ihre Arbeitsstelle denken, was geht da in Ihnen vor?

H.: (blickt kurz nach links oben, zieht leicht die Schultern nach oben und atmet sehr flach) Oh, es ist schrecklich. Ich sehe die vielen Stapel von Vorgängen, die ich bearbeiten muß, und es werden immer mehr. Ich schaffe das alles nicht mehr, aber ich muß es schaffen. Mein Chef sagt zwar immer wieder, lassen Sie doch ruhig mal was liegen, aber es ist so ein entsetzliches Gefühl ... (Ihre Stimme wird immer schneller und höher, deswegen unterbreche ich sie an dieser Stelle)

MH: Ok, lassen Sie dieses Bild mal für eine Weile beiseite (mache dazu eine entsprechende Geste mit dem Arm), so daß Sie jetzt vielleicht nur etwas wie ein Echo von diesem Gefühl wahrnehmen können. Wie fühlt sich dieses Echo in Ihrem Körper an?

H.: Es ist irgendwie eine Beklemmung (deutet dabei mit ihrer Hand auf ihre Herzgegend), so ein Gefühl, daß ich nicht vorwärtskomme mit dem, was ich tun muß ... (Das Wort „vorwärtskommen" gibt mir einen ersten Hinweis, wie H. ihre Problemwelt verkörpert. Ich bitte sie daher, aufzustehen.)

MH: Wenn Sie so dastehen und das Gefühl haben, nicht vorwärtszukommen, was befindet sich da vor Ihnen?

H.: (ihr ganzer Körper erstarrt förmlich, sie duckt sich leicht, legt den Kopf in den Nacken und blickt etwas nach oben) Da ... da ist so eine Mauer ...

MH: Ist sie hoch?

H.: Oh ja! ... Ganz glatt und dunkel wie aus einem dunklen Metall, und sie ist höher als ich und biegt sich oben nach vorne ... (ihre Stimme wird schwächer)

MH: So daß die Mauer auch über Ihnen ist und Sie drunter stehen?

H.: Ja, sie ist so mächtig und hat so was Drückendes.

MH: Was geschieht dabei in Ihrem Körper?

H.: Der Druck ist ziemlich stark, und ich habe Mühe zu atmen.

MH: Wenn Sie so vor und unter dieser Mauer stehen, blicken Sie doch mal zu den Seiten. Wie weit geht sie nach links und rechts? Macht sie einen Bogen oder sonst etwas? Und wo hört sie auf?

H.: (nach einiger Zeit, in der sie in die jeweilige Richtung geblickt hat) ... Oh, sie ist ohne Ende, sie verliert sich am Horizont ...

MH: So wie die große Mauer in China?

H.: Oh ja ... (seufzt)

MH: ... und selbst die konnte den Mongolen nicht standhalten ...

H.: (lacht) Aber das hat schon eine Zeitlang gedauert ...

MH: ... so wie Sie jetzt vor dieser großen Mauer stehen, und im Moment scheint sie undurchdringlich und unüberwindbar (H. nickt unmerklich) und Sie denken, es wird noch eine ganze Weile dauern, bis sich da etwas ändert, und so können Sie einfach vor dieser Mauer stehenbleiben oder Sie könnten sich auch in der Zwischenzeit einfach einmal umdrehen und das betrachten, was sonst hinter Ihnen ist ... (H. blickt mit einem etwas verwunderten Gesichtsausdruck auf) ... und Sie haben wahrscheinlich selten daran gedacht, sich einfach umzudrehen, sondern gedacht, sie müßten vorwärtskommen, was aber nicht geht, solange da diese Mauer ist. Glauben Sie, daß die Mauer früher fällt, wenn Sie weiter davorstehen? (Sie schüttelt leicht den Kopf) Und wenn es eigentlich nichts ausmacht, drehen Sie sich einfach mal um und schauen, was da zu sehen ist! (H. dreht sich langsam um, ihre Schultern sind dabei noch ziemlich zusammengezogen) Und vielleicht wollen Sie einfach einen Schritt vortreten, um das eine oder andere noch genauer betrachten zu können. (H. tritt einen Schritt vor, ihr Körper richtet sich auf, und sie nimmt einen etwas tieferen Atemzug) Wie fühlen Sie sich da?

H.:   Ich spüre den Druck fast überhaupt nicht mehr, und ich kann viel besser atmen.

MH: Das heißt, wenn Sie sich von der Mauer abwenden und einen Schritt von ihr weggehen, fühlen Sie sich besser und können freier atmen. Wie wäre es, wenn Sie einfach in diese Richtung weitergingen? Was sehen Sie da, und was begegnet Ihnen da?

H.:   Oh, da ist es so weit, so wie eine ganz weite Ebene ... (ihre Stimme wird etwas schwächer)

MH: Und was befindet sich sonst noch in der Ebene? Sind da vielleicht Menschen?

H.:   Nein ... ich sehe bis zum Horizont, und da ist immer nur diese endlose Weite, und ich sehe nichts und niemanden ... (ihre Augen beginnen sich mit Tränen zu füllen)

MH: ... so daß Sie sich manchmal wünschen würden, daß Mongolen oder sonst wer diese Mauer überwindet?

H.:   (lächelt) ... vielleicht nicht unbedingt Mongolen!

MH: Nun ja, vielleicht nicht unbedingt Mongolen. Obwohl, da fällt mir ein, ein Freund von mir, ein richtiger Abenteurer, der kaum ein Hindernis scheut, bereiste vor einigen Jahren als einer der ersten Westler die Mongolei, und er war ganz hingerissen, wie gastfreundlich und herzlich die Mongolen, denen er dort begegnete, waren. (H. lacht) Aber die Mongolen sind ja nicht die einzigen netten Menschen auf der Welt.

Schon dieser Ausschnitt aus der ersten Sitzung mit H. zeigt, wie wenig sich Erkunden und Diagnose von Intervention trennen läßt. Wurden zu Beginn vor allem die problematischen Aspekte ihrer Welt deutlich – die erstarrte Fixierung auf die Angstwand – , zog die weitere Erkundung der Welt, die ursprünglich hinter ihr lag, einige sofortige Änderungen nach sich. Diese Änderungen sind allerdings noch nicht die Lösung, da in H.'s Welt die Weite und das relativ gute Körpergefühl mit Einsamkeit verknüpft sind.

Ist diese Wand aber nicht einfach nur ein Symbol, ein Ausdruck für den inneren Zustand von H.? Nur für den externen Beobachter. Für H. selbst ist die Kombination von Visualisierung mit entsprechender Körperlichkeit die Realität, in der sie lebt. Es macht in ihrer Welt keinen Unterschied, ob diese Wand „wirklich" oder „scheinbar" existiert. Die Verkörperung verleiht der Wand Realität.

6.2.2 Schritt 2: „Wo willst du hin?" – das Entfalten der Lösungswelt

Dieser Schritt muß übrigens nicht zwangsläufig an zweiter Stelle stehen. Manchmal ist es günstiger und leichter, ihn zuerst auszuführen. Dies könnte dann der Fall sein, wenn im Problemuniversum nur wenige Ressourcen für Veränderung zur Verfügung stehen.

Würden die Klienten zufrieden sein mit der Welt, in der sie leben, würden sie erst gar nicht zur Beratung oder Therapie kommen. Sie besitzen eine mehr oder weniger klare Vorstellung darüber, was sie in ihrer Welt verändern und was sie erreichen mögen. Dieser Schritt dient dazu, das Ziel der Veränderung, das Ziel der Reise so weit zu präzisieren, daß es sich als wahrnehmbare Möglichkeit abzeichnet.

In einigen Aspekten geht dies über die im NLP übliche Zielbestimmung hinaus. So geht es nicht nur darum, das Ziel positiv zu formulieren, sondern es zumindest im Ansatz positiv zu verkörpern, so als würde ein spürbarer Hauch einer „anderen Wirklichkeit" das Problemuniversum durchwehen. Auch der Kommunikation zwischen Klient und Begleiter kommt bei der Entfaltung des Lösungsuniversums eine essentielle Rolle zu. Für eine wirkungsvolle, das heißt spürbare Verkörperung einer möglichen Lösung, sollte zumindest ein Element in der aktuellen Beziehung zwischen Klient und Begleiter schon aktualisiert sein. In anderen Worten, das gemeinsame soziale Universum, welches Klient und Begleiter errichten, muß einige Kennzeichen der Lösung bereits in sich tragen, um wirkungsvolle Veränderungen nach sich zu ziehen. Und hier bedarf es einer großen Achtsamkeit des Begleiters. Nur zu leicht geschieht das genaue Gegenteil, und ehe man sich versieht, weist das gemeinsame Universum Züge der Problemwelt auf.

Kommunikation erfolgt in der Regel auf mehreren Ebenen, mindestens jedoch auf der Inhalts- und der Beziehungsebene. Und je mehr Ebenen dabei übereinstimmen, desto wirklicher, desto verkörperter wird der Inhalt, analog zum Raum, der erst ab der dritten Dimension, ab der dritten Ebene, in Erscheinung tritt. Setzt sich beispielsweise der Klient häufig unter Druck, kann dies sich sehr schnell in der beratenden Situation wiederholen, vor allem, wenn der Begleiter ein Ziel unbedingt erreichen will. Fühlt sich ein Klient oft einsam, sollte der Begleiter darauf achten, ständig guten Kontakt zum Klienten zu halten. Oder der Klient hat entsetzliche Angst vor Versagen, da er in seiner Problemwelt nur über Leistung eine Existenzberechtigung erhält. Ohne eine glaubhafte positive Erfahrung von „Versagen" ist eine Veränderung nur schwer erreichbar. Aber welcher Begleiter „versagt" schon gerne?

Wie Sie sehen, lauern gerade in der Kreation der Lösungswelt einige Fallstricke, und es ist günstig, wenn der Begleiter eine Art sechsten Sinn für das Zusammenspiel der verschiedenen Ebenen der Kommunikation entwickelt.

Im folgenden wird der weitere Verlauf der Sitzung mit H. beschrieben. Der zweite Schritt war schon vorbereitet, da die Erwähnung der Mongolen und das Lachen von H. eine mögliche Lösungswelt andeutete.

MH: Und wenn Sie sich jetzt wieder der Mauer zuwenden, aber vielleicht nicht ganz so nahe, sondern auch noch den Himmel über sich sehen können, oder spüren Sie ihn auch?

H.: Ja, irgendwie ist er so schön luftig und auch blau ... (sie nimmt einen etwas tieferen Atemzug)

MH: Da wäre es ja vielleicht schön, hochschweben zu können in diesen luftigen blauen Himmel und über die Mauer rüber, und Sie spüren ja diesen Drang, vorwärtszukommen (H.'s Körper sinkt ein bißchen in sich zusammen), und noch ist es unmöglich, aber träumen können Sie ja ... wenn Sie einfach mal träumen, was jenseits dieser Mauer ist, was sehen oder ahnen Sie da? Wie sieht dieses Land dort aus, in das Sie gerne gehen möchten?

H.: Ich kann da nichts sehen, aber ich glaube, es ist grün, viele grüne Pflanzen und auch Bäume, und, oh je ... (ihre Stimme wird schwächer)

MH: Beschreiben Sie einfach, was Sie dort sehen, Sie wissen ja, es ist nur ein Traum!

H.: So große Gestalten, die auf mich zulaufen und die mit mir schimpfen (ihre Stimme gerät immer mehr ins Stocken) ...

MH: Während Sie wieder aufwachen aus diesem Traum und sich ein bißchen dehnen und strecken und irgendwelche unangenehmen Gefühle abschütteln ... und vielleicht die Mauer mit neuen Augen betrachten, denn irgendwie beschützt Sie sie vor diesen Gestalten ...

H.: (reibt sich die Augen und wirkt nachdenklich) ... hmm ...

MH: Und so sind Sie hier zwar beschützt, aber andererseits ist hier auch niemand (L. nickt), so daß Sie sich einsam fühlen ... wo würden Sie gerne Menschen begegnen, mit denen Sie sich wohlfühlen? Hier oder jenseits der Mauer oder ganz woanders? Und Sie dürfen wieder träumen ...

H.: (nach einiger Zeit) ... ich kann es mir nicht richtig vorstellen, irgendwie Menschen, die mich auch mal loben und die aber auch freundlich mit mir sind, wenn ich nicht so gut bin, die auch geduldig sind, wenn ich es nicht schaffe, aber ich kann nicht richtig sehen, wo dies sein soll, ich kann es mir nicht richtig vorstellen ... (ihre Stimme beginnt zu stocken, und ihre Augen füllen sich mit Tränen)

MH: ... und wenn Sie sich dies nicht so richtig vorstellen können, haben Sie vielleicht wieder dieses Gefühl, es nicht zu schaffen ... (H. nickt kaum merklich), und Sie befürchten vielleicht, daß dies schlimm und ich vielleicht ärgerlich und ungeduldig sein könnte, und während Sie dies erwarten, kann es sich ein bißchen irritierend anfühlen, wenn ich Ihnen sage: Warten wir einfach ab, bis Sie sich dies einfach so vorstellen können oder bis dieser Ort sich Ihnen vorstellt, denn was ein höflicher Ort ist, der stellt sich selbst vor und muß nicht vorgestellt werden ... (H. blickt auf und mir in die Augen, dabei zucken ihre Gesichtsmuskeln, und ihre gesamte Mimik scheint etwas in Aufruhr geraten zu sein) ... können Sie mir das glauben?

H.: (H. legt den Kopf leicht schräg und eine Andeutung von Lächeln huscht über ihr Gesicht) ... ich weiß nicht ...

MH: ... und es wäre auch komisch, wenn Sie mir so schnell glauben würden, ich würde Ihnen das nicht glauben, daß Sie das glauben, ich bräuchte Zeit, um zu glauben, daß Sie das glauben, aber natürlich können Sie mir das so schnell oder langsam, wie Sie wollen, glauben ... (H. blickt mich mit einem Blick an, der leicht verwirrt wirkt) ... und das, was ich sage, hat Sie auch in Verwirrung gebracht, aber ich hoffe, das stört Sie nicht zu sehr, oder könnten Sie mir, wenn es Sie stört, verzeihen?

H.: Oh ja, natürlich (lächelt)

MH: Und es fällt Ihnen so leicht, mir verzeihen zu können, wenn ich Sie in Verwirrung gebracht habe, es ist für Sie das Natürlichste auf der Welt ... und irgendwo wäre es nur natürlich, wenn auch andere Menschen über scheinbare und echte Fehler hinweg sehen könnten, ich meine, vielleicht kann ich das ja noch nicht ganz so gut wie Sie, aber ich arbeite an mir.

H.: (lacht) Für den Anfang ist es doch gut genug, nur Geduld! (Wir lachen beide)

MH: Und irgendwo wäre es einfach schön, dies auch mit anderen und woanders zu erleben, aber möglicherweise haben Sie so etwas schon öfters erlebt, und es braucht einfach Zeit, sich zu erinnern ... (H.'s Blick ist wie träumerisch in die Ferne gerichtet) ... und dieses Erinnern kann wie von selbst irgendwann in den nächsten Tagen geschehen, plötzlich taucht da so eine Erinnerung auf, und da werden Sie wissen, wo Sie gerne hinwollen und was Sie in Zukunft gerne erleben möchten ... (H. nickt) ... und irgendwie kann ich jetzt gar nicht sagen, was wir jetzt geschafft haben oder ob wir überhaupt etwas geschafft haben, jedenfalls fühle ich mich nicht geschafft, oder Sie etwa?

H.:   (lacht) Nein, eigentlich nicht, es ist nur alles so merkwürdig.

Der entscheidende Punkt in dieser Sequenz ist der Moment, als H. es nicht „schaffte", sich eine klare Vorstellung ihres Zieles zu machen. Hätte ich darauf insistiert, wäre die Gefahr groß gewesen, daß wir beide ihr Problemuniversum re-konstruiert und zementiert hätten. Daher wählte ich den Weg, das, was H. sich wünschte – Geduld und Nachsicht -, direkt in unserer Beziehung zu verwirklichen. Dadurch wurde ich Teil ihrer Lösungswelt – mit Vor- und Nachteilen. Ein Vorteil ist die direkte Erfahrung, die nur schwer zu negieren ist: das, was sie sich wünscht, geschieht hier und jetzt. Ein Nachteil ist, daß die Lösungswelt nicht oder nur zum Teil ihre eigene Kreation ist. Solange H. die Lösung nicht selbst verkörpern kann, befindet sie sich in einer Abhängigkeit zu mir.

Dieser Punkt wird im NLP häufig ausgeklammert. Wenn wir jedoch mit persönlichen Universen und damit mit elementaren Wirklichkeitskonstruktionen arbeiten, haben wir es oft mit sehr intensiven emotionalen Prozessen zu tun. Und da schützt Kurzzeittherapie nicht davor, daß die therapeutische oder beratende Beziehung als sehr intensiv erlebt wird und zumindest vorübergehend eine enorme Wichtigkeit für den Klienten erlangt. Im weiteren Verlauf der Veränderungsarbeit wird es daher vorrangiges Ziel sein, daß der Begleiter sich allmählich vom unverzichtbaren Stützpfeiler der Lösungswelt zu einer peripheren Randfigur wandelt. Aber das fällt vielen Begleitern nicht leicht. Es ist ja ein soo gutes Gefühl, soo wichtig zu sein. Wer möchte schon freiwillig darauf verzichten, besonders, wenn er dafür bezahlt wird (und je länger er wichtig ist, um so länger wird er bezahlt!).

Wird dieser Punkt nicht genügend berücksichtigt, so ist die Gefahr eines unverantwortlichen Umgangs mit den sehr wirkungsvollen Methoden, besonders des körperorientierten NLP, recht groß.

Die Fähigkeit, das Lösungsuniversum selbst zu kreieren, entspricht der Selbst-Erreichbarkeit von Zielen in der herkömmlichen Zielbestimmung des NLP. Selbst-Erreichbarkeit ist hier etwas sehr Konkretes und immer wieder, wie bei H., erst das Ergebnis eines Gestaltungsprozesses.

6.2.3 Schritt 3: „Das Tor" – die mögliche Lösung

Um von einer Wirklichkeit in die andere zu gelangen, brauche ich irgendeine Verbindung, irgendeinen Übergang. Ich öffne eine Tür und schreite durch sie in einen anderen Raum. Oder ich gelange über eine Brücke oder mittels eines Bootes ans „andere Ufer". Manchmal schnipse ich einfach mit den Fingern und erwache aus einem Traum, den ich einmal „Wirklichkeit" nannte, in eine neue Wirklichkeit.

Eine sehr starke Metapher für diese Übergänge ist das Tor. Und in vielen Fällen kann diese Metapher immer mehr Züge von Wirklichkeit annehmen. Das Tor und schließlich der Schritt durchs Tor sind dann nicht mehr nur Metaphern für Veränderung, sondern sind gleichzeitig die verkörperte Realität der Veränderung.

Erkunde ich gemeinsam mit dem Klienten die Möglichkeiten des Übergangs und der Veränderung, ist dies nicht einfach ein Sammeln von Informationen. Das Tor *ist* schon Veränderung, selbst wenn ich es nicht durchschreite. Allein die bloße Existenz verändert mein Problemuniversum, denn es verkörpert einen Ausweg. Gefühle von Hilflosigkeit können sich dadurch verflüchtigen.

Stellen Sie sich vor, Sie säßen in einem finsteren Verlies. Alles ist dunkel, Sie lehnen mit dem Rücken an einer Wand und spüren den steinigen Boden unter sich. Aber irgendwie wissen Sie, daß sich an der gegenüberliegenden

Wand eine unverschlossene Tür befindet, die ins Helle und in die Freiheit führt. Wenn Sie sich nun vorstellen, daß Sie in diesem Verlies eingemauert wären, können Sie dann irgendwelche Unterschiede zur ersten Vorstellung wahrnehmen? (Falls Sie sich zu sehr in letztere Vorstellung vertieft haben und sich in ihr gefangen fühlen, dann lesen Sie bitte sehr sorgfältig und gründlich folgenden Satz und sprechen ihn innerlich mit: *Ich bin frei!*)

I.'s beherrschendes Thema ist Angst. Ob im Beruf oder in der Freizeit mit Freunden, selten kann er sich völlig entspannen und das Geschehen einfach genießen. Die meiste Zeit lauern ungute Gefühle und diffuse Ängste „unter der Oberfläche". Er kann nicht genau benennen, was ihm eigentlich so viel Angst einjagt. Es ist mehr ein körperliches Empfinden der Enge, so als ob ihn jemand ständig im „Würgegriff" hätte. In I.'s Problemwelt geht es entsprechend eng zu. Überall stößt er an Grenzen, und er hat nur wenig Bewegungsfreiheit. Zudem ist seine Welt mit besorgten Stimmen angefüllt. Immer, wenn er sich ausnahmsweise einmal unternehmungslustig fühlt, fangen diese Stimmen an, ihn von allen Seiten her mit ihren Sorgen einzukreisen, bis er sich total verspannt und eingeengt fühlt. Vor einiger Zeit bekam I. eine Reihe von Massagen verschrieben. Jedesmal nach einer Behandlung fühlte er sich für einige Stunden völlig entspannt und körperlich und seelisch frei. Er konnte diesen Zustand leider nie länger aufrechterhalten und fiel anschließend jedesmal wieder in die Problemwelt zurück. Seitdem besitzt er jedoch eine klare Vorstellung davon, wie er leben möchte. Um diese Lösungswelt zu aktualisieren, gebe ich ihm eine kurze Massage des Nackens und der Schulter. Und tatsächlich gelangt er dadurch für einige Zeit in einen veränderten Zustand: Seine Haltung wird viel aufrechter, die Stimme fester und die Augen werden leuchtender.

MH: Und nun bitte ich dich, dir von dieser Erfahrung [des Massiert-Werdens] eine Art „Gefühlsfotografie" zu machen. Du weißt ja, daß sich dieser Zustand normalerweise wieder verflüchtigt. Um aber eine spürbare Erinnerung zu behalten, nimm diese Erfahrung jetzt in den Fokus deiner Aufmerksamkeit, und erlebe sie so intensiv wie möglich durch die Linse deines Bewußtseins (I. hält den Atem an) ... und drücke jetzt auf den Auslöser (I. atmet entspannt aus) ... und betrachte und befühle eine Zeitlang diese Gefühlsfotografie, und irgendwo in deinem Innern gibst du ihr einen Platz ... und auch, wenn sich diese gute Erfahrung verflüchtigt, ist sie nicht ganz verloren.

Diese „Gefühlsfotografie" ist schon eine Vorbereitung auf das Tor, da sie einen Hinweis auf eine andere Wirklichkeit darstellt. Zugleich ist sie auch eine aktive Leistung von F. und bahnt damit die Möglichkeit, daß F. von sich aus und selbst seine Problemwelt verlassen kann.

MH: Aber normalerweise fühlst du dich anders (I. nickt und sackt mit seinem Körper etwas zusammen), und ich bitte dich, diese Welt noch einmal ganz bewußt zu spüren. Wie fühlst du dich da?

I.:   Es ist alles so eng und vor allem im Brustbereich ein Druck. Irgendwie kann ich da gar nicht richtig durchatmen.

MH: Und der Druck kommt von außen?

I.:   Ja.

MH: Aus welcher Richtung?

I.:   Eigentlich von allen Seiten.

MH: Und du fühlst dich da eingesperrt? Oder bemerkst du da einen Ausweg, eine Fluchtmöglichkeit, die dir offensteht?

I.:   Ich weiß nicht genau.

MH: Gib dir Zeit und wende dich nach allen Seiten ... taste ab, ob da irgendwo eine Art Lücke ist im Ring der Belagerer ... gib dir genug Zeit ... (I. dreht sich in verschiedene Richtungen und fühlt mit den Händen in den Raum) Was erfährst du da?

I.:   Das sind schon manchmal so Lücken, aber wenn ich in eine rein will, kommt der Druck und hindert mich, weiterzugehen.

MH: So daß diese Lücken nicht wirklich ein Ausgang, ein Ausweg sind?

I.:   Ja.

MH: Und so bist du in deiner Welt eingeschlossen, und du weißt zwar aus deiner Erinnerung, daß es da auch etwas anderes gibt, aber wenn du rausgehen willst, sind die Bewacher immer schon da (I. nickt und seufzt), und so scheint dir nichts anderes übrigzubleiben als abzuwarten, aber hast du schon einmal eine „Mandelbrotmenge" gesehen? (I. schaut etwas verwundert auf) Das sind diese bunten und bizarren Figuren, wie Knospen, und wenn du sie genauer anschaust und vergrößerst, dann ist in der Knospe wieder eine Vielzahl von Knospen und das geht unendlich so weiter. Wenn du in das Innere einer Mandelbrotmenge schauen oder gehen willst, öffnet sich eine unendlich große Welt, und so kann es sein, daß schon jetzt irgendwo in deinem Inneren ein Zugang zu einer ganz neuen Welt verborgen ist. Dieser Zugang kann so klein sein, daß er normalerweise nicht bemerkt wird, denn er ist keine einfache Tür nach außen, dort, wo die Wächter stehen, sondern es ist eine ganz andere Art von Tür, ich weiß nicht, wie ich es beschreiben soll, aber vielleicht hast du eine Ahnung davon oder spürst da schon etwas (I. nickt ganz leicht), und wenn du jetzt dieses Foto, diese Gefühlsfotografie wieder betrachtest, wird es dir vielleicht vorkommen, als würde sich da irgendwie eine Art Loch im Raum auftun, ein Zugang zu anderen Realitäten ... was erlebst du jetzt?

I.: Ich spüre, wie es in meinem Bauch kribbelt, und wenn ich versuche, ganz genau hinzuspüren, dann wird mir fast schwindelig.

MH: Du weißt ganz genau, daß es da ist, aber wenn du es festhalten willst, scheint es sich dir zu entziehen?

I: Ja. Das ist wirklich ein ganz komisches Gefühl.

MH: Und manchmal geht richtig so eine Art Sog von solchen Öffnungen aus. Aber bevor du dich dem noch mehr näherst, bitte ich dich, wahrzunehmen, ob rings um diese Öffnung, oder auch etwas weiter weg, irgendwelche Verbotsschilder angebracht sind oder vielleicht auch ganz neutrale Hinweise, möglicherweise so etwas wie eine Bedienungsanleitung ... (I. lächelt)

I.: Ja, da sind schon so Gedanken wie „Sei vorsichtig" und „Traue niemandem!", aber ich sehe sie nicht wie auf Schildern, sondern sie hängen irgendwie im Raum.

MH: Und üben sie noch Einfluß auf dich aus, oder sind sie dir inzwischen
        egal?

I.:   Ich fühle mich angespannt, wenn ich sie höre.

MH: Naja, vielleicht haben diese Gedanken ja gar nicht so unrecht. Ich
        weiß nicht, ob ich jemandem vertrauen würde, der mir merkwürdige
        Sachen über Mandelbrotmengen und Türen mitten im Raum sagt, ich
        glaube, ich wäre da vorsichtig. (I. lacht) Ich meine, andererseits
        dieses Kribbeln im Bauch, es könnte schon was dran sein (I. nickt),
        aber es ist vielleicht besser, wenn du versuchst, mir zu mißtrauen (I.
        schüttelt ganz leicht den Kopf), und manchmal ist es so, daß
        bestimmte Aussagen eine Zeitlang gelten und dann ungültig sind.
        Leider ist bei den meisten Aussagen das Verfallsdatum nicht mit ange-
        geben ... (I. lacht) ... und dann ist es mit vielen Aussagen auch wie mit
        Gesetzen. Was in dem einen Land verboten ist, ist in einem anderen
        erlaubt ... glaubst du, wenn du durch diese Öffnung in eine andere
        Welt , in einen anderen Raum treten würdest, du müßtest dann
        diese Aussagen mitnehmen, oder könntest du sie ganz einfach hier-
        lassen?

I.:   Ich würde sie nicht mitnehmen, ich glaube, daß sie gar nicht durch
        das Loch passen würden.

MH: Und das ist sogar mit Naturgesetzen so, in schwarzen Löchern näm-
        lich. Die entstehen auch durch ungeheuren Druck, und nichts kann
        mehr raus. Aber einige Wissenschaftler nehmen an, daß hinter den
        schwarzen Löchern, obwohl das ja gar kein „hinter" ist, daß sich da
        ein ganz anderes Universum öffnet, und viele Wissenschaftler sind
        sich ziemlich sicher, daß sich im schwarzen Loch selbst schon einige
        Naturgesetze ändern. Natürlich weiß man das nicht genau, genauso-
        wenig wie ich weiß, wie sich diese Aussagen ändern, wenn du durch
        diese Öffnung gehen wirst, oder willst du lieber bleiben, du weißt,
        was du da hast, den guten alten Druck, die bekannten und vertrauten
        Verbote, ...

I.:   (lacht und schüttelt den Kopf) Nein, nein!

MH: Ok, wo spürst du diese Tür?

I.:   Irgendwie im Bauch ... (deutet auf den Nabel)

MH: Gut. Beginne, diese Tür immer intensiver wahrzunehmen, vielleicht in einer Art breiten und weichen Wahrnehmung, da die Tür ja irgendwie wieder verschwindet, wenn du sie fixieren willst, bis du wieder dieses Kribbeln spürst, und wie dieses Kribbeln immer stärker oder auf andere Art intensiver wird und du auch einen angenehmen Sog verspürst, der von diesem Tor ausgeht und von dem du dich mehr und mehr anziehen lassen kannst ...

Zu Beginn ist das Tor meist einfach eine Metapher. Es ist ja auch noch nicht Bestandteil der Welt des Klienten. Im Problemuniversum ist die Möglichkeit der Veränderung anfangs nur theoretisch und nicht wirklich. Das Tor ist also etwas, was der Begleiter in die Welt des Klienten hineinbringt. Es ist ein neues Element, das aber dennoch in die Welt passen muß. „Ich habe hier verschiedene Tore zur Auswahl, wie hätten Sie es denn gern?" Der Begleiter fungiert hier in der Rolle eines Verkäufers. Er will zu einem „Abschluß" kommen und dem Klienten ein Tor vermitteln. Wie dieses beschaffen ist und was dessen Eigenschaften sind, ist im Grunde beliebig. Es muß nur zur Welt des Klienten passen. Und gleichgültig, wie diese Welt, das ursprüngliche Problemuniversum, ist, wenn er erst einmal ein Tor „gekauft" hat, wird seine Welt nicht mehr dieselbe sein. Denn jetzt ist sie eine Welt, in der Veränderung und Wandel möglich ist.

Es ist für den Begleiter hilfreich, wenn er das Tor zunächst ganz explizit als Metapher ansieht. Metaphern sind in einem Ausmaß flexibel und wandelbar, wie es Wirklichkeiten (selbst wenn sie aus Metaphern erwachsen sind) nicht sind. Häufig arbeite ich mit einem „ganz normalen" Tor. In der Problemwelt wird an einer Stelle eine Tür angebracht, die der Klient schließlich öffnen und durch sie hindurchtreten kann. Aber dies geht, wie bei I., nicht immer. Eine Tür würde in das für ihn wirkliche Außen führen, und dort warten nur die „Bewacher". So mußte ich die Metapher Tor so lange formen, bis sie einen wirklichen Ausweg aus seinem Problemuniversum bot. Und erst zu diesem Zeitpunkt ist es angesagt, diese Metapher zu „verwirklichen", zu einer spürbaren und verkörperten Erfahrung gerinnen zu lassen. Dies wird um so greifbarer geschehen, je mehr auch der Begleiter dieses Tor verwirklicht. So spürte ich in der Sitzung mit I. auch ein Kribbeln im Bauch, und in diesem Moment war diese Art von Tor für mich weit mehr als einfach eine Vorstellung oder Metapher.

Vielleicht fragen Sie sich beim Lesen der Transkripte auch, ob dies nicht einfach nur Trance-Arbeit ist. Tatsächlich gibt es eine Verwandtschaft zwischen Trancezuständen und persönlichen Universen. Manche Autoren gehen sogar so weit, zu behaupten, daß alles, was wir Wirklichkeit nennen, im Grunde eine Art Trance ist. Die Buddhisten haben dafür den Begriff des lila: das, was wir als Realität ansehen, sei in Wahrheit Illusion.

Der Begriff Trance impliziert jedoch auch sein Pendant, einen Zustand der Nicht-Trance. Auch lila, die Illusion, impliziert etwas wie „wahre Wirklichkeit". Doch von dieser Vorstellung haben wir uns bereits in früheren Kapiteln verabschiedet. Persönliche Universen sind in meinem Verständnis mehr als einfach nur Trance. Sie sind in gewisser Weise die einzigen Wirklichkeiten, die uns zur Verfügung stehen und in denen wir leben können.

Andererseits bedeutet Trance, eine Vorstellung oder einen Zustand intensiv zu erleben, so als wären sie wirklich. Insofern ähnelt Trance unserem Wirklichkeitsverständnis. Deswegen sind Trancetechniken ganz hervorragende Werkzeuge, um mit persönlichen Welten zu arbeiten, auch wenn diese weit mehr sind als einfach nur Trance.

6.2.4 Schritt 4: „Der Ernstfall" – die Veränderung

Der Höhepunkt des ganzen Prozesses steht bevor, der eigentliche Schritt in die „neue Welt". Alle vorherigen Stufen des Prozesses dienten der Vorbereitung dazu, zumindest offiziell. Denn schon das Entfalten der Problem- und der Lösungswelt sowie das Etablieren des Tores greifen erheblich in das System des Klienten ein. Dadurch ist die alte Welt des Klienten bereits gelockert oder aufgeweicht und kann einer Veränderung immer weniger widerstehen.

Inzwischen ist das Tor Wirklichkeit geworden und ist damit ein weiterer Bestandteil des persönlichen Universums. Es weist eine spürbare, greifbare Beschaffenheit auf und besitzt einen Ort und eine Stelle im Raum. Ich bitte dann den Klienten, sich in die Nähe des Tores zu begeben und sich auf den Schritt vorzubereiten. Er vergewissert sich noch einmal, wovon er sich verabschieden wird (wobei die Möglichkeit, das alte Universum zu besuchen, ja bestehen bleiben kann). Dies schließt in der Regel eine Würdigung des alten Universums ein. Mag man auch noch so darin gelitten haben, man hat dennoch wichtige Erfahrungen gemacht, Erfahrungen, die ein Fundament für wichtige Fähigkeiten darstellen. Und man hat ja in dieser Welt überlebt, das heißt, es war ausreichend Stabilität und Halt vorhanden, um nicht unterzugehen.

Ist dies geschehen, braucht es häufig noch einen kleinen „Anstoß", um den Schritt tatsächlich zu gehen. Dies kann eine einfache Ermunterung durch den Begleiter sein oder auch, sich so nahe an das Tor zu begeben, daß der „Hauch der neuen Welt" schon deutlich spürbar ist und dadurch Anziehungskraft entwickelt. Und dann ist es soweit: der Klient schreitet durch das Tor. Dies kann schnell und entschlossen oder langsam und zögerlich geschehen und mit einem festen oder mehreren schwankenden Schritten erfolgen. Wichtig ist nur, daß es sich um „wirkliche Schritte" handelt. Wirkliche Schritte sind solche, die „wirken", das heißt, die den Klienten aus dem Problem- ins Lösungsuniversum führen. Diese Wirklichkeit erleben Klienten meist recht intensiv. Viele berichten von „komischen" und „merkwürdigen" Empfindungen, wenn sie gerade durch das Tor schreiten. Empfindungen dieser Art sind nicht mehr nur Elemente der alten Welt, sondern sie beinhalten schon etwas Neues und noch Fremdes. Deshalb stellen sie für mich ein sicheres Indiz dar, daß der Schritt wirklich einer in eine andere Welt ist.

J. leidet unter ständiger Arbeitsüberlastung und auch die meisten anderen Bereiche ihres Lebens sind angefüllt mit einer Vielzahl von Problemen und negativen

Gefühlen. Sie ladet sich weit mehr Aufgaben auf, als sie eigentlich verkraften kann. Dadurch fühlt sie einen enormen Druck, und am liebsten möchte sie einfach abhauen und alles hinter sich lassen. Doch davor hat sie eine ungeheure Angst. Sie ist fest davon überzeugt, daß dann alles nur noch schlimmer kommen wird. Da sie aber andererseits weiß, daß die jetzige Situation auf Dauer unerträglich ist und sie etwas ändern muß, fühlt sie sich vollends verzweifelt und im Dilemma. Regen oder Traufe wären ja noch halbwegs akzeptable Alternativen. Für sie erscheint es jedoch wie die Wahl zwischen Hölle und Inferno. Wir erkunden ihr Problemuniversum. Sie fühlt sich wie in einem Uterus. Eine Zeitlang geht es ihr darin noch recht gut, aber allmählich wird sie größer und der Platz immer knapper. Der Druck wächst. Der einzige Ausweg ist die Geburt, das Auf-die-Welt-Kommen. Doch dort erwartet sie eine Familie voller Kälte und enormer Leistungsanforderungen. Sie will dort nicht hin, weiß aber, daß sie dem nicht entgehen kann. Dabei ist ihr Körper extrem angespannt, und ihr Atem geht sehr gepreßt und flach. Zwar ist in ihrem Universum bereits ein Tor enthalten, jedoch kein Tor in die Freiheit, sondern nur in den nächsten Abschnitt des Jammertals Leben. Innerhalb ihrer Problemwelt kann sie sich keinerlei Art von Lösungswelt vorstellen, denn jede Lösung erscheint schlimmer als das Problem. Deshalb war meine Absicht, irgendwo in dieser „Uterus-Welt" ein zusätzliches Tor zu kreieren. In einer Art Time-Line-Arbeit durchlief ich mit ihr mehrmals die Stadien vor ihrer Zeugung, in der Gebärmutter und schließlich die Geburt. Je mehr das Problemuniversum entfaltet war, um so drastischer ihre körperliche Reaktion. Dies war ihr bisheriges Lebenskonzept, es war ihre Realität. Da dieser Lebensweg auf einer geraden Linie angeordnet war, schlug ich ihr vor, während der Entwicklung im Mutterleib einfach nach rechts oder links zu gehen. Sie versuchte es angestrengt – und konnte nicht. Es war ihr unmöglich, ihre Füße auch nur zwanzig Zentimeter nach rechts oder links abzusetzen.

Der folgende Ausschnitt der entscheidenden Sequenz kann nur eine Andeutung davon vermitteln, was eigentlich geschah. Nur direkte körperliche Interventionen konnten wirksam in ihr Universum „eingreifen" und sie andere Auswege spüren lassen.

Wir steigen bei Schritt 3 ein, da für J. die Etablierung des Tores nahezu untrennbar mit dem tatsächlichen Schritt durch das Tor verbunden war.

J: (mit gepreßter, leiser Stimme) Es geht einfach nicht, ich kann nicht nach rechts gehen, da ist die Wand. (Da J. sich die ganze Zeit nach rechts wendet, berühre ich leicht ihre rechte Hand)

MH: Kannst du das spüren, daß ich deine Hand berühre?

J.:   Ja. (Einige Minuten lang variiere ich den Druck meiner Berührung. Erhöhe ich den Druck, führe ich dadurch ihre Hand ein oder zwei Zentimeter näher an ihren Körper. Verringere ich den Druck, gehe ich mit meiner Hand millimeterweise in den Raum rechts von ihr, ohne jedoch den physischen Kontakt gänzlich abreißen zu lassen. Mehr und mehr folgt ihre Hand meiner Hand, so daß sie einige Zentimeter weiter in den Raum rechts von ihr hineintastet.)

MH: Und vielleicht hast du schon eine leise Ahnung bekommen, daß meine Hand deiner Hand etwas zeigt, etwas, was du bisher nicht wußtest ... dein Kopf und fast dein ganzes Empfinden sagen dir noch, daß da eine Wand ist, aber deine Hand beginnt zu wissen, daß da eigentlich etwas anderes ist ... fast ist sie eine Zauberhand, die feste Wände allmählich auflösen kann ... (ich führe ihre Hand noch etwas weiter nach rechts. J. folgt mir mühelos) ... und beginne nun, dich mit deinem Körper zu dieser Stelle umzuwenden und auch mit deiner anderen Hand in dieses allmählich entstehende Loch in der Wand hineinzutasten ... (ganz langsam dreht sich J. mit kleinen, zuweilen ruckartigen Bewegungen nach rechts) ... und dieses Loch wird immer fühlbarer und größer, kannst du das spüren?

J.:   Ja, gut.

MH: Und jetzt gehe erstmal wieder einen Schritt weg von der Wand ... zurück in die Zeit ... noch liegt die Geburt erst in der Zukunft ... und ich werde dich fragen, ob du bereit bist, in einigen Momenten, wenn du dich wieder der Geburt näherst, dort an der Stelle wieder das Loch spüren wirst und einen Schritt nach rechts gehen wirst ... und dort wirst du einen ganz anderen Raum, eine ganz andere Welt betreten, du wirst ganz anders auf die Welt kommen ... und irgendwie ist jeder neue Moment wie eine Geburt, der Übergang von einem Zustand in einen anderen, und irgendwie ist es ganz anders, denn bei der Geburt hast du wirklich keine Wahl, du mußt da durch ... aber jetzt ist da dieses Loch, und du kannst wählen ... willst du nachher den alten Ausgang wählen, ich meine, da weißt du, was auf dich zukommt, während der rechte Weg irgendwie auch ungewiß ist?

J.: Den alten will ich nicht mehr. Ich habe aber auch Angst vor dem neuen.

MH: Ist es für dich ok, wenn ich dich bei diesem Schritt an die Hand nehme, denn deine Hand scheint mir ziemlich lernbegierig zu sein.

J.: Ja.

MH: Bist du bereit, diesen Schritt jetzt zu gehen?

J.: Ja.

MH: (ich nehme J.'s rechte Hand) Ok, dann gehe jetzt einen Schritt in die Zukunft ... du näherst dich deiner Geburt ... und alles scheint so wie immer ... aber da spürst du, ich weiß nicht, wo zuerst, deine Hand wußte es schon längst, da spürst du rechts von dir etwas ganz anderes, irgendwie fremd und dennoch fühlst du dich sicher ... und da entsteht irgendwo in deinem Körper der Impuls, dich diesem Neuen zuzuwenden, und so gehst du jetzt einen Schritt nach rechts (ich halte dabei zwar J.'s Hand, die Bewegung geht aber von ihr aus) ... und vielleicht sind das ganz seltsame, aber auch angenehm aufregende Gefühle ... und du gehst noch einen Schritt weiter, und irgendwie geht es so leicht, du brauchst dich gar nicht anzustrengen ... ganz leicht und angenehm ... (J. schwankt leicht) ... und vielleicht sind die Knie noch ein bißchen wackelig, da sie es noch nicht so recht glauben können, aber deine Hände werden dies nach und nach überall in dir herumerzählen ... (J. lächelt)

Anschließend führte ich J. noch eine gute Viertelstunde an der Hand und zeigte ihr die „neue Welt". Allmählich wurde ihr Auftreten fester und sicherer. Die neue Welt, das Lösungsuniversum, war für sie so wirklich, daß sie in meinem ziemlich kleinen Beratungszimmer (mit geschlossenen Augen) die

Orientierung völlig verlor. Die neue Welt war für sie von fast endloser Weite und Größe.

Der wichtigste Punkt an dieser Stelle des Prozesses ist, daß sich der Schritt wirklich anfühlt. Es geht auch um eine physische Veränderung. Denn nur dann wird die neue Welt auch als neue Wirklichkeit verkörpert. Bisweilen wird eine dauerhafte Verkörperung durch eingeschliffene motorische Programme verhindert. Zwar kann der Klient schon den Schritt hinein ins Lösungsuniversum tun. Die körperlichen Gewohnheiten produzieren aber das alte Universum wieder neu. Ist dies der Fall, stehen uns mehrere Möglichkeiten zur Verfügung. Zum einen lasse ich Klienten diesen Schritt (auch in späteren Sitzungen) immer wieder wiederholen, um allein dadurch ein neues physisches Gewohnheitsmuster zu etablieren. Reicht dies nicht aus, so können körperorientierte Ansätze wie Feldenkrais und andere angewandt werden, um neue Muster zu entwickeln. Genaueres dazu in späteren Abschnitten.

6.2.5 Schritt 5: „Sind alle da?" – Vollständigkeit

Längst haben wir die Vorstellung aufgegeben, daß unsere Persönlichkeit ein gänzlich einheitliches Gebilde ist. Vielmehr organisiert sich das, was wir als Ich oder Selbst bezeichnen, in unterschiedlichsten Modulen, die ganz verschiedene Motive, Fähigkeiten und Handlungen aufweisen. Gerade die neuere Hirnforschung hat viele Erkenntnisse in dieser Richtung zusammengetragen. Der modulartige Charakter unserer Persönlichkeit verträgt sich daher ausgezeichnet mit den in fast allen Therapierichtungen aufzufindenden Teilekonzepten. So kennt die Psychoanalyse ein Ich, ein Es und ein Überich, während der Transaktionsanalyse neun Kategorien zur Verfügung stehen. Auch im NLP wimmelt es geradezu von allen möglichen Teilen. Will ich beispielsweise meine Kreativität mit Hilfe der Walt-Disney-Strategie erweitern und verbessern, so bestehe ich aus Träumer, Denker und Handler. Nun wäre es naiv, anzunehmen, daß diese Persönlichkeitsanteile irgendwelchen nach-

weisbaren funktionellen oder anatomischen Korrelaten im Gehirn zuzuord-
nen sind. Jedoch scheint unsere modulare Organisation eine nahezu beliebige Aufgliederung in diverse Teilpersönlichkeiten wesentlich zu erleichtern, ja
unter Umständen überhaupt erst zu ermöglichen.

Der Schritt von einer Welt in die andere wird nicht immer von der ganzen
Person mitvollzogen. Häufig bleibt zunächst ein Teil in der alten Welt zurück
oder steckt noch im Tor. Erkennbar ist dies an einem ziemlich asymmetri-
schen oder sehr uneinheitlichen Körperausdruck, allesamt Hinweise auf
Inkongruenzen.

Eine der ersten Aktivitäten in der neuen Welt sollte daher sein, sich noch
einmal umzudrehen und dem Tor zuzuwenden und durch es hindurch einen
Blick in die alte Wirklichkeit zurück zu werfen. Nimmt der Klient Teile von
sich wahr, die den Schritt nicht vollzogen haben und die noch in der alten
Welt leben? Wenn ja, stehen zwei Hauptwege zur Verfügung. Der eine Weg
besteht darin, daß der Klient als Besucher kurz in die alte Wirklichkeit
zurückkehrt. Dort nimmt er Kontakt mit seinen zurückgebliebenen Teilen auf
und hilft ihnen, gemeinsam mit ihm durch das Tor ins Lösungsuniversum zu
gehen.

Ist jedoch der Kontakt mit diesen Anteilen schwierig, so bedeutet dies,
daß diese in einer eigenen Welt leben. In diesem Fall beginnen wir mit diesem Teil und dessen Welt den ganzen Prozeß von vorn. Die Integration mit
dem „Rest" der Persönlichkeit findet dann erst im Lösungsuniversum statt.

Das Problemuniversum von K. ist die Welt ihrer Kindheit. Ihre Eltern brachten ihr
viel Mißbilligung entgegen, was bei ihr zur Überzeugung führte, daß sie uner-
wünscht sei, daß sie andere Menschen stört und nicht wirklich interessiert. Auch als
Erwachsene lebt sie die meiste Zeit in dieser Welt. Ich mache mit ihr den
Grundprozeß, der zunächst sehr leicht und schnell abläuft. Sie nimmt sehr deutlich
ein helles, strahlendes Tor wahr und kann auch ziemlich leicht hindurchgehen.
Angekommen im Lösungsuniversum, wirft sich jedoch ihre Stirn in Falten, und sie
beginnt zu weinen.

MH: Und was immer du fühlst, hier in dieser Welt darfst du es fühlen und auch ausdrücken (K. nickt unter Tränen) ... und irgend etwas macht dich traurig, kannst du sagen, was?

K.:   Nein, nicht genau, es kam einfach so über mich, aus dem Bauch heraus eine Welle der Traurigkeit.

MH: Ok, ich bitte dich jetzt, dich hier, in dieser Welt, noch einmal dem Tor zuzuwenden, aber nicht zurückgehen, sondern für einen Moment zurückschauen ... (sie dreht sich langsam in Richtung Tor) ... denn manchmal kann es sein, daß man etwas Wichtiges in der alten Welt zurückgelassen hat ... (K. nickt) und nun schaue genau hin. Was ist von dir noch in der alten Welt? (K. fängt sehr heftig an zu weinen) Beschreibe einfach, was du da siehst und erlebst!

K.:   (mit stockender Stimme) Ich sehe da ein kleines Kind, das da ganz verloren dasteht. Ein kleines Mädchen, das einen Teddy im Arm hat, und es schaut mit ganz traurigen Augen ... (sie weint heftig).

MH: Ok, nimm einen tiefen Atemzug, und spüre, wie du hier stehst und das kleine Mädchen siehst, und ich möchte, daß du von hier mit dem kleinen Mädchen zu sprechen beginnst. Rufe es mit seinem Namen, so daß es dich bemerkt und sieht.

K.:   Soll ich es laut oder innerlich ansprechen?

MH: Am besten wäre laut, also hörbar, so daß das kleine Mädchen deine wirkliche Stimme hört.

K.:   Ok, gut ... oh, das ist nicht leicht (räuspert sich), ok! Hallo K.! Ich bin's! Ich stehe hier, und ich kann dich sehen, kannst du mich auch sehen?

MH: Wie reagiert das kleine Mädchen?

K.:   Es ist erstaunt und hat damit überhaupt nicht gerechnet. Es ist aber nicht mehr ganz so traurig.

MH: Es hat sich ein bißchen gefreut?

K.:   Für einen kurzen Moment war da so ein Schimmer der Freude in den Augen.

MH: Wenn du magst, bitte das Mädchen, zu dir zu kommen.

K.:   (schüttelt den Kopf) Es sagt, es kann nicht. Es darf nicht weggehen,
        denn dann ist es ohne Eltern, und jetzt fängt es das Weinen an.

MH: Nimm wieder einen tiefen Atemzug, und nimm die Umgebung und
        die Möglichkeiten hier so intensiv wie möglich in dich auf ... mit
        jedem Atemzug ... ich bitte dich, dann gleich das kleine Mädchen in
        seiner Welt zu besuchen, aber nicht, ohne daß du ihm was mit-
        bringst. Manche bringen von einer Reise eine Muschel mit, und wenn
        du sie dir ans Ohr hältst, kannst du die fernen Meere hören, und
        genauso kannst du dem kleinen Mädchen etwas von dieser Welt mit-
        bringen, und das kann einfach ein inneres Gefühl sein, oder daß du
        spürst, wie du als erwachsene Frau dastehst und für kleine Kinder sor-
        gen kannst und du jetzt so wie Eltern sein kannst, du bringst ihm
        etwas mit, daß es diese Welt hier sehen, hören und auch schon fühlen
        kann ... bist du bereit? (K. nickt) Ok, dann gehe, in dem Wissen, daß
        es nur ein Besuch ist, noch einmal durch das Tor, für einen Moment
        zurück in die alte Welt und nehme dort dann auf deine Art und Weise
        Kontakt auf mit dem kleinen Mädchen ... (K. geht sehr langsam durch
        das Tor zurück. In der alten Welt streckt sie ebenso langsam ihre Arme
        dem Kind entgegen) ... und wenn du magst, überreiche ihm das, was
        du ihm mitgebracht hast ... und darunter ist auch die Erlaubnis, daß
        es mit dir gehen darf, und es darf vielleicht auch dieses Wissen oder
        diese Wahrheit spüren, daß du für es sorgen kannst, nicht immer per-
        fekt, aber so, daß es sich die meiste Zeit wohl fühlen wird ... und viel-
        leicht ist bald die Zeit gekommen, das kleine Mädchen an der Hand
        zu nehmen und mit ihm wieder hierher zurückzukommen ... nimm
        dir genug Zeit, bis ihr beide bereit seid ... (K. streckt die Hand aus und
        geht ganz langsam wieder auf das Tor zu und zögert dort einen
        Moment) ... während du vielleicht einen tieferen Atemzug nimmst,
        und das kleine Mädchen kann vielleicht gar nicht glauben, daß ihr
        jetzt wirklich in eine andere Welt geht ... jetzt ... (K. geht mit ausge-
        strecktem Arm durch das Tor hindurch), und dann zeige dem kleinen
        Mädchen diese Welt, zeige ihm, wie fest der Boden ist, die Farben, die

hier irgendwie leuchtender sind, möglicherweise klingt seine Stimme hier auch anders, zeige ihm die Welt, bis es weiß und spürt, daß es hier ist ... wie fühlt ihr euch?

K.: Oh, es fühlt sich wohl, auch wenn alles noch ein bißchen neu ist.

MH: Schau noch einmal zum Tor hin, du allein, das Mädchen braucht das nicht, ist da noch etwas, was zurückgeblieben ist, oder ist es in Ordnung so?

K.: Nein, es ist alles da ... (leichte Falten entstehen auf ihrer Stirn)

MH: Gibt es noch etwas, was du hier brauchst?

K.: Ja, ich muß diese Tür zumachen!

MH: Sonst kann etwas von dort hierherkommen, auch wenn du es nicht willst?

K.: Ja, genau.

MH: Ok, dann schließe die Tür, so daß nur du sie öffnen kannst, wenn du willst ... sperre sie zu, aber du behältst den Schlüssel, wer weiß, vielleicht willst du ja später noch einmal kurz rüber, um etwas zu erledigen ... (K. führt entsprechende Gesten aus)

K.: (atmet tief durch) Jetzt ist's gut!

MH: Und während du nun dieses Kapitel deiner Vergangenheit abgeschlossen hast (K. lacht), kannst du dich einfach wieder deinem kleinen Mädchen widmen und den anderen Dingen dieser Welt hier. Ist es ok so?

K.: Ja.

Arbeiten Sie an diesem Punkt gründlich, gleich, ob Sie jemanden begleiten oder den Prozeß allein durchführen! Läßt der Klient etwas Wichtiges in der alten Welt zurück, so hat er sich im wahrsten Sinne des Wortes von Eigenschaften und Persönlichkeitsanteilen abgeschnitten. Dadurch kann er im Lösungsuniversum nur eine Art „unvollständige Existenz" führen auf der ständigen Suche nach seinen restlichen Anteilen. Es bleibt ihm dann kaum etwas anderes übrig, als das Problemuniversum wieder neu zu kreieren oder eine Art Doppelleben zu führen. Überprüfen Sie deshalb genau, ob wirklich alle Teile den Schritt mitgegangen sind. Wenn nicht, bleiben Sie so lange dran, bis Sie oder Ihr Klient sich vollständig in der Lösungswelt befinden!

6.2.6 Schritt 6: „Fuß fassen" – die Konsolidierungsphase

In der Vergangenheit ist es mir öfter passiert, daß ich diesen oder ähnliche Prozesse erfolgreich bis Schritt 5 durchgeführt habe, ohne daß die Veränderung bis zur nächsten Sitzung anhielt. Einen Schritt in eine neue Welt gegangen zu sein muß noch lange nicht bedeuten, dort auch Fuß gefaßt zu haben. Erst, wenn dies geschieht, wird diese neue Welt zu einer dauerhaften Realität. Schritt 1 bis 5 machen aus einer bis dahin unmöglichen Realität eine mögliche. Der abschließende Schritt verwandelt die mögliche in eine dauerhaft tatsächliche Wirklichkeit.

Nicht immer ist dieser Schritt explizit notwendig. Mit dem ersten tatsächlichen Schritt in die neue Realität werden häufig auch Mechanismen in Bewegung gesetzt, die diese Realität immer mehr verkörpern und sie zu Fleisch und Blut werden lassen.

In der Konsolidierungsphase werden spontan oder beabsichtigt alte Rückkoppelungsschleifen unterbrochen und aufgelöst und allmählich neue rückbezügliche Mechanismen aufgebaut.

Ein persönliches Universum ist bis zu einem gewissen Grad in sich geschlossen. Eine Angstwelt kann ziemlich immun gegenüber anderen Erfahrungen sein. Die physische Anspannung verstärkt das Angstgefühl, was seinerseits den Spannungszustand aufrechterhält. Der physische Zustand wirkt wiederum auf Wahrnehmungsschwellen und -filter, so daß in der Regel nur angsterregende Nachrichten registriert und weitergemeldet werden.

Je länger die durchschnittliche Zeit ist, die Menschen vor ihrem TV-Gerät verbringen, desto höher ist im allgemeinen ihre Ängstlichkeit und ihre Einschätzung, vor allem die Einschätzung des tatsächlichen Ausmaßes von Gewalt und Kriminalität. Ähnlich der TV-Welt sendet auch die Angstwelt meist nur bedrohlich wirkende Nachrichten. Erst „echte Erfahrungen" vermögen andere Botschaften in diese Welten einzubringen.

Die Konsolidierung der neuen Welt braucht eben diese Art „echter Erfahrungen": immer wieder verkörperte Erlebnisse in der Lösungswelt. Ein einfaches und probates Mittel ist die Wiederholung („Eine Schwalbe macht noch keinen Sommer" – aber wie viele Schwalben benötige ich dann, um einen Sommer zu machen?). In den folgenden Abschnitten werden wir noch einige weitere Wege kennenlernen, wie sich neue Welten immer mehr in auch physisch erlebbaren und begreifbaren Erfahrungen verwurzeln können.

Der folgende Ausschnitt aus einer Sitzung mit L. verwendet zunächst eine Metapher, die sich im Laufe des Prozesses aber immer mehr von der Landkarte zum Gebiet verwandelt. L. lebte in einer Welt der inneren Zerrissenheit. War sie mit anderen, so mußte sie ihre Bedürfnisse verleugnen. War sie „sie selbst", so war sie zwangsläufig allein. Nach dem Schritt berichtete sie über wackelige Knie und hatte den Eindruck, daß sich der Boden bewegte, als ob sie sich auf einem Schiff befände.

L.: Oh, mir ist so wackelig, fast ein bißchen schwindelig.

MH: Fast, als könntest du es noch gar nicht begreifen, daß die beiden Teile sich jetzt verstehen können, wo sie doch so lange gegeneinander gekämpft haben, und vielleicht ist ihre Vereinbarung ja wirklich noch ein wenig wackelig (L. nickt) ... und es wird etwas Zeit brauchen, bis dieses neue Zusammenspiel so richtig gut geht, bis es einfach läuft wie geschmiert ... und vorher wollten die linke und rechte Seite nichts miteinander zu tun haben ... (L. nickt) ... und es ist fast so wie neu Laufen lernen, du kannst dir vorstellen, die eine Seite ist dein linkes und die andere Seite dein rechtes Bein ... (L. beginnt noch etwas stärker zu schwanken) ... und du hast schon einmal Laufen gelernt ... viele Monate hast du deinen Körper erkundet und erspürt, du hast begonnen, erst ganz wackelig zu stehen, dann die ersten Schritte zu gehen, die zunächst eine Art hinausgezögertes Hinfallen waren, bis du allmählich immer sicherer laufen konntest ... so wie heute, du brauchst keinen einzigen Gedanken ans Laufen zu verschwenden, es geht ganz von selbst und ganz leicht und du kannst es variieren, mal schnell, mal langsam laufen, springen, tanzen … du kannst das Laufen genießen und fühlen, wie gut es sich anfühlt, dieses Spiel der scheinbaren Gegensätze, dieses Spiel zwischen Ungleichgewicht und Gleichgewicht, wie ein Tanz … (das Schwanken von L.'s Körper geht allmählich in ein sanftes Schwingen über) … wie fühlst du dich?

L.: (nach einer kleinen Pause und mit leiser Stimme) Oh, gut, aber es ist so neu.

MH: Und während du immer besser laufen lernst, können auch deine Fußsohlen immer deutlicher unterschiedlichste Nuancen des Bodens und des Untergrunds erfühlen, denn es macht einen großen Unterschied, ob du auf einer Straße oder im Wald gehst … es ist, als ob ein Gespräch zwischen dem Boden und den Füßen stattfände, „Ah, da bist du ja, Waldboden" – „Hallo Fuß", und das bei jedem Schritt … und so wird auch in der neuen Welt, die Welt, in der die beiden Teile sich ergänzen und zuammenwirken, so wird auch da der Boden die Füße begrüßen … und die Füße werden den Boden, das Fundament der neuen Welt, immer besser kennenlernen können, bis er sich ganz vertraut anfühlt … und vielleicht bekommen die Füße jetzt schon eine Ahnung davon, wie heute abend, morgen, die nächsten Tage und Wochen der Boden mit den Füßen kommuniziert, ohne daß das Bewußtsein sich darum zu kümmern bräuchte … nimm dir die Zeit, die deine Beine und Füße, dein ganzer Organismus brauchen, um diese Erfahrungen zu integrieren und zu verarbeiten, damit dieses Neue und das Lernen losgehen können …

L.: (nach einigen Minuten) … Ok, es kann losgehen! (Wir beide lachen)

In der nächsten Sitzung einige Wochen später berichtete L., daß sich ihr Körpergefühl beim Laufen drastisch verändert hat. Anfangs war es, als ob sie auf rohen Eiern balancieren würde. Gleichzeitig hatte sie eine Woche lang starke Rückenschmerzen, die jedoch mit einem Mal verschwanden. Sie hatte dabei das Empfinden, daß sich ihre Wirbelsäule zunächst ausrenkte, um sich dann wieder neu einzurenken und zu organisieren. Erst danach erlebte sie den Boden als wirklich tragfähig. Er hatte jetzt wieder dieselbe Festigkeit wie vorher, aber er wirkte auf sie „irgendwie lebendiger", wie sie sich ausdrückte. Dadurch veränderte sie auch ihre Gangart. Sie empfand sowohl den Untergrund als auch sich selbst beim Gehen auf eine neue Art geschmeidig und elastisch. Über diesen für L. beeindruckenden Änderungen ihres Körperempfindens vergaß sie völlig ihr ursprüngliches Thema, das vorher in ihrem Leben zentral gewesen war. In dieser neuen Welt war es einfach selbstverständlich, daß sie sie selbst bleiben konnte, auch wenn sie mit anderen war.

Wenn sich die Welt des Klienten ändert, ist dieses Vergessen typisch. Im jetzigen persönlichen Universum sind die neuen Überzeugungen „einfach real" und werden daher nur selten hinterfragt.

7. Wie der Körper Wirklichkeiten gestaltet – Körper und Meta-Modell

Stünde dieses Buch gänzlich auf dem „Boden der NLP-Grundannahmen", so hätte die Überschrift gelautet: Wie der Körper Wirklichkeiten *modelliert*. Was bei flüchtiger Beschäftigung ziemlich ähnlich erscheint, entpuppt sich bei gründlicher Betrachtung als grundlegender Unterschied. „Modell" setzt voraus, daß es etwas gibt, das wir modellieren können, daß wir eine Wirklichkeit vorfinden, die wir zwar nicht objektiv erfassen können, von der wir uns aber dennoch ein Abbild, ein Modell machen können. „Gestalten" hingegen ist der Vorgang des Erschaffens. Wir kreieren etwas, das es vorher nicht gab.

Dennoch ist die Annahme eines Modells der Wirklichkeit nicht nutzlos. So finden wir uns in den verschiedensten sozialen Universen wieder, die uns im Vergleich zu unserer persönlichen Wirklichkeit als relativ objektiv erscheinen. Um uns in diesen zu orientieren, benötigen wir eine Repräsentation, ein Modell dieser Wirklichkeit. Wir sollten uns dabei nur bewußt sein, daß die

Wirklichkeit, die da modelliert wird, auch eine Konstruktion, ein Gestaltetes darstellt. So hat ein Modellauto mit dem Auto gemeinsam, daß beide konstruiert und aus fester Materie sind. Offen bleibt, ob das Modell nach dem Auto oder das Auto nach dem Modell gebaut wird.

Letztere Möglichkeit erweitert den Modellbegriff: Modelle können für Gestaltungsprozesse von Nutzen sein. Sie sind dann einfach Pläne und „Bauanweisungen" für die Konstruktion der Realität. Auch Glaubenssätze wie „Niemand liebt mich" bilden ein Modell, eine Bauanweisung, nach dem ein persönliches Universum errichtet werden kann.

Dies alles wollen wir im Auge behalten, wenn es im folgenden um eine Erweiterung des „Meta-Modells" – ein wichtiges NLP-Konzept – und seine Übertragung auf das Modell der Verkörperung von Wirklichkeit geht.

Ein kurzer Exkurs: Was ist das Meta-Modell?

In einem ihrer ersten Bücher, „Die Struktur der Magie", stellten Bandler und Grinder das Meta-Modell als ein linguistisches Modell vor. Ausgehend von der Grundannahme, daß wir uns ein Modell der Wirklichkeit konstruieren, beschreibt das Meta-Modell wesentliche Formen dieses Modellbildungsprozesses. In der sogenannten „Tiefenstruktur" verfügen wir über die komplette linguistische Repräsentation einer Erfahrung. So impliziert das Wort „Küssen" zwei Personen, die sich küssen. Durch bestimmte Gestaltungsprozesse wird diese Tiefenstruktur in die „Oberflächenstruktur", das, was wir sprachlich äußern und was unserem Bewußtsein zugänglich ist, übersetzt.

Die wichtigsten dieser Transformationen sind Tilgung, Generalisierung und Verzerrung.

Eine Tilgung liegt vor, wenn ich mich beispielsweise freue ... und dabei nicht erwähne, was oder wer mich erfreut. Der Oberflächenstruktur fehlen bei der Tilgung wesentliche Teile der ursprünglichen Erfahrung, was häufig eine Einengung meines Verhaltensrepertoires nach sich zieht.

Generalisierungen *sind die nächste Klasse der Gestaltungsprozesse. Sie sind immer mit erheblichen Problemen verbunden ... wirklich immer? Nein, natürlich nicht. So kann ich von einer heißen Herdplatte auf andere Herdplatten generalisieren und in Zukunft vermeiden, sie zu berühren. Meine Hände werden es mir danken. Würde ich jedoch vor allen runden, flächigen Scheiben zurückschrecken, wäre es wohl sehr nützlich, diese Verallgemeinerung wieder aufzulösen und differenziertere Kategorien zu bilden.*

Nominalisierungen, *eine Unterklasse von Verzerrungen, machen aus einem Prozeß ein Ding, sie verwandeln etwas Fließendes in etwas Statisches. Erinnern Sie sich noch an die Gegenübertragung, die Ihnen am einsamen Strand begegnet? Das Wort „Prozeß" ist selbst eine Verzerrung: es macht aus einem Prozeß das Ding „der Prozeß". Wer sich gern schwindelig denkt, kann sich in diese paradoxen Verstrickungen und Verwirrungen noch tiefer hineinversetzen. Nur wenige Drogen vermögen ähnlich interessante Bewußtseinszustände zu erzeugen.*

Wenn Klienten während der Sitzung eine weitere Klasse von Verzerrungen äußern, läßt dies in mir in der Regel sämtliche Alarmglocken erklingen und macht mich sehr hellhörig: die „Ursache-Wirkung-Verzerrung". Dabei wird die Ursache für mein Denken, Fühlen und Handeln nach außen projiziert, was mich gleichzeitig zum Opfer macht. „Daß du mich so wenig beachtest, tut mir so weh!" sagte während einer Paarsitzung eine Frau zu ihrem Mann. Wäre ihr, während sie an einem windigen Tag in der Stadt unterwegs war, ein Dachziegel auf den Kopf gefallen, so könnte sie mit einigem Recht behaupten, daß der Ziegel Ursache ihres Schmerzes ist. Aus welcher Höhe muß aber „Wenig beachten" herabfallen und wo genau auf den Körper treffen, um Schmerz hervorzurufen? „Wenig beachten" ist nicht die Ursache für Schmerz, sondern die individuelle Antwort darauf kann Schmerz auslösen – oder etwas anderes.

Übrigens: Haben Sie bemerkt, daß der erste Satz über Ursache-Wirkung-Verzerrung selbst eine war?

7.1 Das „verkörperte Meta-Modell"

Beschreibt das ursprüngliche Meta-Modell diese Gestaltungsprozesse auf rein linguistischer Ebene, so können wir es zwanglos auf die körperliche Ebene übertragen.*

Der Körper dient dabei auch im wörtlichen Sinn als „Oberflächenstruktur": als Übersetzung einer Tiefenstruktur in eine Verkörperung, eine verkörperte Oberflächenstruktur. Und diese durch Generalisierung, Tilgung und Verzerrung geschaffene Oberflächenstruktur begreifen wir dann als Wirklichkeit, als unser persönliches Universum.

Im ursprünglichen Meta-Modell wurden verbale Fragetechniken entwickelt, die das – meist eingeschränkte – Modell der Welt des Klienten hinterfragen und dadurch erweitern helfen sollten. Analog dazu existieren eine Reihe von Interventionen auf körperlicher Ebene, die nicht nur das Modell der Welt, *sondern die Welt selbst* hinterfragen und erweitern können.

7.2 Tilgung

Bei einer Tilgung fehlen wichtige Elemente der Erfahrung. In der Oberflächenstruktur, also auch der Verkörperung, erscheinen nur Teilaspekte der gesamten Erfahrung.

M. ist ein stets lächelnder, sehr freundlicher und zuvorkommender junger Mann, der über starke Schmerzzustände klagt. Schon beim Eintreten fällt mir sein etwas steifer Gang auf. Auch die Art, wie er sich in den Stuhl setzt und sparsam gestikuliert, läßt mich auf eine ziemlich hohe Grundanspannung schließen. Auf meine Frage, ob er unter Verspannungen leide, antwortet er mit Ja und berichtet, daß ein Masseur ihm

---

* Erleichtert wird uns dies durch die Tatsache, daß das Meta-Modell selbst keine linguistische Theorie darstellt. Es lehnt sich zwar an die Transformationsgrammatik von Chomsky an, überträgt deren Aussagen aber vom Bereich der Syntax auch in den der Semantik. Daher ist das Meta-Modell keine „anerkannte wissenschaftliche linguistische Theorie", hat sich aber als nützliches Instrument erwiesen. Und so verwenden wir es auch hier.

bescheinigt habe, daß er gerade im oberen Rückenbereich und in der Hals-Nacken-Partie extrem starke Verspannungen aufweise. Dies kontrastiert erheblich zu seinem freundlichen, ja fast weichen Auftreten. Ich bitte ihn, „in die Verspannungen hinein-zugehen" und sich für einen Moment mit diesen zu identifizieren. Gleichzeitig forde-re ich ihn auf, die Verspannungen noch etwas zu verstärken und zu berichten, wie sich dies anfühlt und was er dabei innerlich erlebt. Freundlich und willig, wie er ist, läßt sich M. sofort auf meine Vorschläge ein. Innerhalb sehr kurzer Zeit ändert sich sein Gesichtsausdruck dramatisch. Die Lippen werden schmal, die Kiefermuskeln treten hervor, und er zieht seine Augenbrauen nach unten, was seinem Blick etwas Finsteres verleiht. Die ganze Person wirkt wie verwandelt. Machte er vorher den Eindruck, daß er keiner Fliege etwas zuleide tun könne, so würde ich ihm jetzt lieber nicht im Dunkeln begegnen wollen. Er selbst berichtet von einer „unbändigen Wut", die er im Bauch verspürt.

Normalerweise waren bei M. wesentliche Aspekte des Wutgefühls getilgt: zum einen die psychische Komponente, zum anderen aber auch der körper-liche Ausdruck der Wut in einigen Teilsystemen, wie zum Beispiel in der Mimik. Über die Identifikation mit den nicht-getilgten körperlichen Elemen-ten der Wut gelang die vollständige körperliche Repräsentation der Wut.

Dies war aber noch nicht alles. Während M. so dasteht und immer mehr seine Wut spürt, beginnt sich sein Körper nach vorn zu neigen und zu wippen, fast, als wäre er kurz davor, „los zu gehen". Offensichtlich ist M. wütend auf etwas oder auf jeman-den, der sich vor ihm befindet. Ich frage ihn danach, und er ist verblüfft, daß er etwa eineinhalb Meter vor sich seinen ihn fast ständig kritisierenden Vater imaginiert. M. ist erstaunt, wie lebendig diese Vorstellung für ihn ist, denn eigentlich ist sein Vater schon tot. Nun ist das „Wut-Universum", die vollständige Repräsentation der Wut-Erfahrung, entfaltet. In dieser Welt ist die Wut eine sinnvolle und angemessene Reaktion.

7.2.1 Tilgungen auflösen

Die zwei wichtigsten Wege, verkörperte Tilgungen wieder zugänglich zu machen, sind, wie bei K. geschehen, zum einen die Identifikation mit den wahrnehmbaren Elementen der Oberflächenstruktur und zum anderen das Entfalten des persönlichen Universums.

7.2.1.1 Identifikation mit dem körperlichen Ausdruck

Ein häufiger Grund für Tilgungen ist, unangenehme und angstauslösende Gefühle vermeiden zu wollen. Die psychische Komponente der Emotion wird getilgt, während der körperliche Ausdruck vollständig oder teilweise erhalten bleibt. Der Vorteil ist, daß emotionale Zustände uns nicht an unsere Belastungsgrenzen und darüber hinaus führen. Wir können weiterhin funktionieren und überleben. Der Nachteil ist, daß über die Verkörperung das Gefühl weiterhin Wirklichkeit besitzt. Und ohne die Verbindung mit der psychischen Seite dieser Wirklichkeit ist es schwer, sie zu verändern und zu erweitern. Wir verhalten uns wie einige Passagiere auf dem Luxusdampfer Titanic, die auch angesichts des nahenden Untergangs im Salon noch weitertanzten. Dadurch konnten sie eine Zeitlang dem Gefühl der Todesangst entrinnen, nicht aber dem Tod selbst. Denn sie unterließen auch jegliche Versuche, ihr Leben zu retten.

Traumatische Erlebnisse und andere sehr belastende Lebensereignisse lösen häufig solche Tilgungen aus. Bis zu einem gewissen Umfang sind wir dadurch zu einer Art „Krisen-Management" befähigt, und wir können handlungsfähig bleiben. Nur stellt dies keine Dauerlösung dar, da das Problemuniversum durch und über den Körper immer wieder aufs neue kreiert wird.

N. wurde als Jugendliche von einem Onkel sexuell mißbraucht. Dieses Erlebnis war für sie so demütigend und furchtbar, daß sie ihre Gefühle regelrecht abschaltete. Dies ging so weit, daß ihr Körper nahezu völlig schmerzunempfindlich war. So konnte sie sich mit einer Nadel in den Oberschenkel stechen, ohne das Geringste zu spüren. Was ihr damals ihr Überleben ermöglichte, erwies sich jetzt als nachteilig. Jedesmal, wenn sie sich in einen Mann verliebte, wünschte sie sich so sehr, von ihm in den Arm genommen zu werden, und tat aber alles, um genau dies zu verhindern, da sie bei fast jeder Berührung mit Panikgefühlen reagierte. Ihr Körper erschuf ständig die alte Welt, in der sie Männern hilflos ausgeliefert war und sich nicht wehren konnte. Geist und Körper mußten sich erst wieder miteinander verbinden, um daraus einen Ausweg zu finden. In N.'s Fall war es wichtig, daß dies sehr langsam und behutsam geschah, da dies auch mit der Wiederentdeckung von Schmerz und anderen unangenehmen Gefühlen verknüpft war. Ich bat sie immer wieder, jeweils für einige Atemzüge in ihren Körper hineinzuspüren und sich vorzustellen, mit ihm zu verschmelzen. Anschließend forderte ich sie auf, ihren Körper wieder „zu verlassen", so daß sich allmählich das Gefühl einstellte, daß sie den Prozeß der Annäherung steuern konnte und sich nicht ihren erwachenden Gefühlen ausgeliefert fühlte (wodurch der Körper sowohl einerseits die Alptraumwelt als auch das Symbol für den sie mißbrauchenden Mann darstellen würde).

Die Identifikation mit dem körperlichen Ausdruck oder, in NLP-Terminologie, das Hinein-Assoziieren in die körperliche Befindlichkeit vermag diese Tilgung rückgängig zu machen. Manchmal reicht es aus, den Klienten einfach darum zu bitten. Oft benötigen die Klienten aber Unterstützung, um sich mit der Verkörperung der getilgten Erfahrung identifizieren zu können. Beispielsweise kann ich mit Trancesprache die zunächst vorgestellte Identifikation so weit intensivieren, bis es spürbar wird. Oder ich fordere den Klienten auf, den körperlichen Ausdruck, noch ohne ihn direkt spüren zu müssen, etwas zu verstärken, wie ich es bei M. getan habe. Ein anderer Weg ist, die Situation so zu gestalten, daß das Gefühl innerhalb der Situation sinnvoll wäre. Ich hätte M. auch provozieren können, bis er wütend auf mich geworden wäre und so die Tilgung rückgängig gemacht hätte.*

---

* Um so voranzugehen, sollten Sie die Gesamtsituation jedoch gut unter Kontrolle haben, andernfalls könnte sie Ihnen ganz „gewaltig" entgleiten. Bedenken Sie dies, bevor Sie mir aus dem Krankenhaus einen erbosten Brief schreiben!

Schließlich stehen uns noch zahlreiche nonverbale Interventions-
möglichkeiten zur Verfügung, wie beispielsweise die einfache Berührung. Die
Berührung signalisiert: „Spüre dahin!" Oder ich gestalte die Berührung ebenfalls provokativ. Im Falle von angespannter Muskulatur kann ich Gegendruck
ausüben und mit dem Klienten eine Art Kampf spielen, bis sich die psychischen Anteile der Emotion hinzugesellen. Der Vorteil gegenüber der vorher
angesprochenen Provokation ist der, daß bei dieser Provokation fast immer
der Rahmen klar definiert ist und dadurch für Mißverständnisse und
Verwirrung der Ebenen weniger Raum übrigbleibt.

Schwieriger gestaltet sich die Identifikation, wenn sich die Verkörperung
vorwiegend auf der vegetativen autonomen Ebene abspielt. Verspannungen,
Haltungen und Bewegungen betreffen die Skelettmuskulatur, die in hohem
Grade dem Bewußtsein zugänglich ist und willentlich aktiviert werden kann.
Allerdings ist es hier sinnvoll, die Bewegungs- von der Haltemuskulatur zu
unterscheiden. Während erstere vom bewußten Willen besonders gut
erreicht werden kann, ist die Halte-Muskulatur weit schwerer bewußt zu
beeinflussen. So ist es nicht ungewöhnlich, daß die großen Muskeln, die für
die Bewegung zuständig sind, ziemlich entspannt und gelockert sind,
während die meist kleineren Haltemuskeln beispielsweise längs der Wirbelsäule weiterhin verkrampft bleiben.

Die verschiedenen Teilsysteme und funktionalen Ebenen des Körpers
können jedoch das persönliche Universum unterschiedlich stark verkörpern.
So ist oft nicht nur der psychische Aspekt, sondern auch der körperliche
Ausdruck eines Teilsystems getilgt. Ursprünglich wirkt bei der Konstruktion
eines persönlichen Universums der Gesamtkörper mit. Eine Angstwelt entsteht durch eine erhöhte Anspannung der Muskulatur, vor allem im oberen
Rücken- und Schulterbereich, sowie durch zahlreiche vegetative Reaktionen,
wie Erhöhung des Blutdrucks und des Pulses.

Die verschiedenen Funktionsebenen des Körpers können nun bis zu
einem gewissen Grad unabhängig voneinander agieren. Dadurch wird es
möglich, daß die Muskeln relativ entspannt sein können, während hoher
Blutdruck weiterhin die Angstwelt verkörpert. Möglicherweise bilden derarti-

ge Tilgungsprozesse eine der Hauptursachen für psychosomatische Krankheiten.

Wie sich nun mit hohem Blutdruck und anderen vegetativen Komponenten identifizieren? Dazu kann ich die Klienten einladen, eine Haltung einzunehmen oder eine Bewegung auszuführen, die sich „irgendwie passend" anfühlt und die das vegetative Symptom symbolisieren kann. Wird die vegetative Ebene dann durch den Bewegungs- und Halteapparat repräsentiert, ist es meist recht leicht, auch noch die entsprechenden Tilgungen psychischer Komponenten rückgängig zu machen. Nach einer Weile ist die vollständige psychophysische Konstruktion des jeweiligen persönlichen Universums wieder hergestellt. Das Auflösen von Tilgungen können wir auf körperlicher Ebene auch als Re-Konstruktion bezeichnen.

7.2.1.2 Das Entfalten des persönlichen Universums

Manchmal ist die Verkörperung zwar vollständig, sie scheint aber keinen Sinn zu ergeben. Wir wissen nicht, was eine Körperhaltung, eine Bewegung oder ein sonstiger körperlicher Zustand „bedeutet". In diesem Fall ist der Kontext, der dieser Verkörperung Sinn verleihen würde, getilgt. Um das körperliche Geschehen verstehen zu können, müssen wir den Kontext wieder rekonstruieren, mit anderen Worten: das persönliche Universum entfalten.

Gerade körperorientierte Verfahren gehen hier gern den umgekehrten Weg und versuchen, über den Körperausdruck bestimmte Charakterstrukturen festzustellen. Ein nach oben gerichteter Blick mit entsprechender Kopfhaltung bedeutet dann nicht, daß in der persönlichen Welt des Klienten die meisten anderen Personen größer sind und dadurch wahrscheinlich mächtiger, sondern dies „bedeutet" einen „oralen Charakter" oder etwas ähnliches. In einem sehr wörtlichen Sinn sind Charakterdiagnosen „bedeutungslos", denn in ihnen weist der Körperausdruck auf nichts hin außer auf einige allgemeine (und empirisch in keinster Weise belegte) hypothetische Aussagen, beispielsweise über den Grundkonflikt des jeweiligen Charakters. Charakterdiagnosen sind extreme Tilgungen, und je mehr getilgt ist, um so

weniger Bedeutung ist vorhanden. In körperorientieren Verfahren, wie selbst
dem in einigen Grundannahmen dem NLP sehr verwandten Hakomi, sind
diese Kategorien jedoch leider noch ziemlich beliebt und halten sich „hart-
näckig". Noch hat sich dort nicht herumgesprochen, daß es sich bei
Charakterdiagnosen in Wahrheit um Anweisungen zur Konstruktion von
Realitäten handelt. Es ist ziemlich einfach, Klienten „oral" oder „psychopa-
thisch" zu machen. Ob das ihnen dient, ist allerdings mehr als fraglich.

Das Konzept der persönlichen Universen benötigt keine abenteuerlichen
und völlig ungesicherten allgemeinen Erklärungsansätze und Hypothesen. Es
ist empirisch im Sinne einer „angewandten Empirie", dem, was der Klient in
seiner Welt „tatsächlich" erlebt.

In völlig alltäglichen und an sich harmlosen Situationen erfährt O. immer wieder
merkwürdige und für sie unverständliche Symptome. Ein starker, kaum
beeinflußbarer Impuls läßt sie ihren Kopf schräg halten. Begleitet ist dies von einem
Engegefühl im Hals sowie der Schwierigkeit, gut und leicht durchzuatmen. Ich lade
O. ein, diese Haltung einzunehmen und sich behutsam dem Empfinden der Enge zu
nähern. Schon der Anflug dieses Gefühls löst in ihr Angst aus. Daher bitte ich sie
immer wieder, sich aus dieser Körperhaltung zu lösen und ganz bewußt den
Beratungsraum und im Hier und Jetzt wahrzunehmen. Allmählich errichten wir
dadurch eine Art „sicheres Basislager", von dem aus sie Expeditionen in andere,
gefährlichere Welten starten kann. O. entwickelt so allmählich den Mut, sich immer
mehr auf ihre Problemwelt einzulassen. Plötzlich treten ihre Augen hervor, ihr
Gesicht wird rot, und sie hört auf zu atmen. Unverzüglich führe ich sie in das
Basislager zurück. In ihrem „Expeditionsbericht" spricht sie von einem Gefühl, als
läge ein Strick um ihren Hals. Jede weitere Expedition fördert zusätzlich Details und
Elemente zutage. Tatsächlich war sie als etwa zehnjähriges Mädchen beinahe umge-
kommen, als ein etwas älterer Junge sie zu „Fesselungsspielen" überredete.

Auf rein kognitiver Ebene wußte O. schon vorher um dieses Geschehen, aber
so, als beträfe es eine ganz andere Person. Dabei versuchte sie sich einzure-
den, daß dies einfach Vergangenheit und nicht so schlimm sei. Dies hatte

jedoch keinerlei Auswirkungen auf ihr Befinden. Erst jetzt, nach der Entfaltung ihrer Schreckenswelt, konnten Ressourcen, wie beispielsweise die Fähigkeit, sich zu wehren, auch innerhalb dieser Realität aktiviert werden. Dadurch verschwand allmählich auch die ursprüngliche Symptomatik.

7.3 Generalisierung

Um gleich einer Generalisierung vorzubeugen: Verallgemeinerungen sind, wie die anderen Gestaltungsprozesse auch, weder in jeder Situation sinnvoll noch grundsätzlich problematisch. Über Vor- oder Nachteil, Sinn oder Unsinn, entscheidet der Kontext. Generalisierung (und Tilgung und Verzerrung) sind somit auch etwas völlig Normales. Einige der Gestaltungsprozesse sind auf körperlicher Ebene sogar vorprogrammiert. So ist die Streßreaktion eine verallgemeinerte Reaktion des ganzen Körpers und seiner verschiedenen funktionalen Ebenen, wobei die diversen Auslöser in nur sehr geringem Maße weiter differenziert werden. Es gibt, entgegen landläufiger Meinung, keinen eigentlichen Unterschied zwischen Eu- und Distreß. Ob Streß sich schädlich auswirkt oder nicht, hängt allein von seiner Dauer und der Länge oder Kürze der Regenerationsphasen ab. Auch „Eustreß" wird zum „Distreß", wenn er nur lang genug anhält!

Und auch sonst reagieren und handeln wir meist mit dem ganzen Körper. Beobachten Sie sich oder andere dabei, wie sie einen schweren Gegenstand heben. Die wenigsten tun dies mit einem entspannten und gelösten Gesichtsausdruck. Meist sind die Lippen zusammengepreßt, und die Stirn liegt in Falten, fast, als würden die Gesichtsmuskeln mitheben. Und subjektiv empfunden tun sie es auch tatsächlich. Sind wir nämlich in ein psychisches oder physisches Geschehen involviert, hat dies immer Auswirkung auf die Grundspannung unserer Muskulatur.

Für die Regulierung der Grundspannung, des unspezifischen Muskeltonus, existiert ein eigener funktioneller Ast des peripheren Nervensystems, das sogenannte Gamma-Nervensystem. Es besteht aus Dehnungs- und Spannungsrezeptoren in den Sehnen und Muskeln, aus vorwiegend für

Halteaufgaben zuständiger intrafusaler Muskulatur (umgeben und umhüllt von den für Bewegung und Kraft zuständigen extrafusalen Muskeln) sowie dünnen und langsam leitenden Nervenbahnen, den Gamma-Fasern (daher der Name). Die Anspannung der Gesichtsmuskeln kann das Gamma-Nervensystem aktivieren und den Muskeltonus erhöhen und dadurch tatsächlich die Kraftentfaltung steigern.

Ein Muskel weist besonders viele dieser Rezeptoren auf und spielt daher bei der Regulation des Grundtonus eine zentrale Rolle: das Zwerchfell, der größte und wichtigste Atemmuskel. Generalisierungen auf körperlicher Ebene erfolgen daher stets unter Mitwirkung der Atmung. So wird etwa bei Angst allein durch die angespannte und verkrampfte Atmung der allgemeine Spannungszustand erhöht, und umgekehrt können durch gelöstes Atmen Gefühle von Entspannung und Gelöstheit aktiviert und rekonstruiert werden.

Über die Grundspannung werden die Aktivitäten der einzelnen Muskelgruppen koordiniert und zu einheitlichen Bewegungen zusammengefaßt. Ohne dies ginge den meisten Bewegungen jegliche Anmut verloren. Stellen Sie sich jemanden vor, der Ihnen ein aufregendes Erlebnis schildert. Wie würde es auf Sie wirken, wenn dabei die Spannung und Aufregung, die das Erlebnis beinhalten, nur am Gesichtsausdruck und der Mimik ablesbar wäre, während der restliche Körper völlig entspannt bliebe? Wahrscheinlich reichlich seltsam.

Auch intensive Emotionen erfassen den ganzen Körper und führen zu stark generalisierten Körperreaktionen. „Packt mich die Angst", wirkt sie sich im ganzen Körper aus, wodurch die Wirklichkeit „totale Angst" konstruiert wird. Das verbale und/oder nonverbale „Hinterfragen" der körperlichen Generalisierung ist da oft die einfachste und manchmal die einzige Methode, dem Klienten einen Weg aus dem Problemuniversum zu weisen. Gibt es nämlich auf der körperlichen Ebene eine erste Differenzierung, ist die Möglichkeit einer anderen Welt nicht mehr rein theoretisch und abstrakt, sondern eine spürbare, wenn auch vielleicht noch nur sehr schwach wahrnehmbare Realität.

Jeden Tag kämpft P. einen heroischen Kampf gegen den Gedanken, daß alles sowieso keinen Sinn habe und daß sie es nicht schaffen werde. Trotz aller Versuche, diese Gedanken zu kontrollieren, brechen sie immer wieder durch und verursachen starke Angstgefühle sowie eine niedergeschlagene Grundstimmung. Während der Sitzung wirkt sie auf mich wie ein einziges Bündel an Angst und Spannung. All meine (verbalen) Interventionen scheinen an ihrem körperlichen Zustand einfach abzuprallen. Selbst die Aufforderung, ihre Position zu wechseln und eine andere Haltung einzunehmen, verändert überhaupt nichts. Ihr Tonfall bleibt derselbe gepreßte, sie spricht weiterhin ziemlich schnell, wie gehetzt. Alles an ihr ist der Ausdruck reiner Verzweiflung.

Ich selbst war auch schon am Verzweifeln, weil selbst scheinbar genialste Formulierungen und Interventionen sang- und klanglos verpufften. In meiner Not bat ich sie, sich hinzulegen und mir „ihren Arm zu leihen". Für einen kurzen Moment verblüfft, überließ sie mir ihren Arm, war jedoch sogleich wieder in ihrem Grundzustand der Niedergeschlagenheit und Verzweiflung. Ich begann, mit ihrer Hand und ihrem Arm kleine und langsame Bewegungen zu machen. Sehr deutlich konnte ich einzelne Muskelfasern wahrnehmen, die kurz die Bewegung leicht blockierten, sie dann aber wieder freigaben.

Während der ganzen Zeit, etwa eine Viertelstunde, gab ich ihr immer wieder Anweisungen wie: „Du mußt jetzt gar nichts machen, ja du mußt dich nicht einmal entspannen ... und wenn der Arm angespannt bleiben will, dann darf er das sein ... während du ihn auch nicht wahrnehmen brauchst, sondern einfach denken und fühlen kannst, was dir gerade in den Sinn kommt ... und der Arm darf einfach so sein, wie er ist, er darf sich aktiv verhalten oder er kann sich auch meinen Bewegungen passiv hingeben ..." usw. Allmählich veränderte sich ihr Zustand. Ihr Gesichtsausdruck und ihre Atmung wurden gelöster, und auch die Armmuskeln wurden weicher. Zu ihrem großen Erstaunen begann sie, sich wohl zu fühlen. Damit hatte sie nun überhaupt nicht gerechnet. Obgleich zur selben Zeit einige ihrer Zwangsgedanken immer noch in ihrem Kopf kreisten und längst nicht ihr ganzer Körper entspannt war, konnte sie die Entspannung ihres Armes und der Schulter nicht verleugnen,„nicht nicht wahrnehmen", sondern auch die Entspannung war spürbare Realität.

Das erste Mal begann sich für sie ein Ausweg abzuzeichnen aus ihrem Dilemma zwischen Kampf, der mit hohem Muskeltonus einherging, und Resignation, die zwar mit niedriger Muskelspannung verknüpft ist, was P. jedoch als noch bedrohlicher und furchterregender als den Kampf empfand. Von nun an begannen wir jede Sitzung mit passiven Bewegungen eines Armes, Beines oder auch des Kopfes. Währenddessen, und auch einige Zeit danach, war sie für andere Interventionen zugänglich, so daß wir ihre Themen Schritt für Schritt bearbeiten konnten.

Neben diesen nonverbalen und direkten Körperinterventionen existieren natürlich auch eine Reihe verbaler Wege, verkörperte Generalisierungen zu hinterfragen. Dabei ist das Grundschema immer ähnlich. Ich frage ganz einfach nach Unterschieden in der Wahrnehmung des Körpers. Klagt der Klient beispielsweise über absolute Niedergeschlagenheit, so akzeptiere ich dies zunächst und frage dann ganz harmlos, ob er diese Niedergeschlagenheit überall im Körper gleich wahrnimmt, ob er sie im rechten Bein genauso empfindet wie im linken Arm usw. und ob er Bereiche wahrnimmt, in denen die Niedergeschlagenheit *noch stärker* spürbar ist, um dann eher beiläufig die Bereiche anzusprechen, in denen die Niedergeschlagenheit weniger zu fühlen ist.

Meiner Erfahrung nach ist es am günstigsten, sich sehr beiläufig und wie nebenbei nach den Körperbereichen zu erkundigen, die außerhalb der Generalisierung stehen. Ginge ich dies direkt an mit einer Frage wie: „Und wo spürst du dich entspannt und frisch?" bekam ich oft zur Antwort, daß gar nichts zu spüren sei.

Dieser direkte Weg steht auch in starkem Kontrast zur Problemwelt, in der sich der Klient in diesem Moment befindet. In der Regel endeten meine Versuche, neue und differenzierte Körperwahrnehmungen direkt in das Problemuniversum hinein zu plazieren, mit „Ja aber"-Reaktionen seitens der Klienten. Führe ich die Ausdifferenzierung beiläufig ein, so wird sie zu einem selbstverständlichen Bestandteil der Problemwelt. Sie ist dann eine Ressource innerhalb dieser Welt und dadurch viel besser in der Lage, dieses Universum zu verändern und zu erweitern.

7.4 Verzerrung

7.4.1 Nominalisierung

Nominalisierungen machen aus einem Prozeß ein Ding. Lieben sich zwei Menschen, wird daraus „die Liebe". Streiten sie sich dann, wird daraus „der Streit", und versöhnen sie sich wieder, hat „eine Versöhnung" stattgefunden. Wir sprechen ganz selbstverständlich über „die Liebe", „den Streit" und „die Versöhnung", so als wären sie Gegenstände oder physische Objekte wie „das Herz", „das Schwert", der „runde Tisch" usw. Dabei habe ich noch nie „die Liebe", „den Streit" oder „die Versöhnung" gesehen oder gehört.*

Doch halt, ich habe „Liebe" doch schon gefühlt und damit sinnlich (wirklich sinnlich!) wahrgenommen. „Gibt" es sie also doch? Nein, ich fühle nicht „Liebe", sondern ich fühle, *daß ich liebe*!

Und wieder sträubt sich etwas in mir, dies einfach zu akzeptieren, denn diese Gefühle sind so konkret und so physisch, und vor allem: sie sind verkörpert. Über diese Verkörperung scheinen Empfindungen wie Liebe etwas von uns Unabhängiges zu erlangen und eine quasi-dingliche Gestalt anzunehmen. Der Körper verführt uns zu Nominalisierungen. Er kann aus Prozessen Dinge und Welten erschaffen. Aus dem, was wir machen und was geschieht, werden Dinge und Objekte, physisch begreifbare und spürbare Entitäten, die uns je nach Art beglücken oder belasten.

Aber nicht alles, was wir verkörpern, ist schon eine Nominalisierung. Es ist der „starre Körper", der aus Prozessen Dinge macht. Dem „bewegten Körper" fällt es leicht, auch Prozesse zu verkörpern, denn er ist selbst ein Prozeß. Im Grunde ist „der Körper" auch eine Nominalisierung. Zwar hat er zum einen physische und damit dingliche Eigenschaften, aber was ihn wirklich ausmacht und beispielsweise von einem Sack Kartoffeln unterscheidet,

---

* Die einzige Nominalisierung, die sicht- und hörbar werden kann, ist die Liebe, und zwar dann, wenn aus ihr Kinder hervorgehen. Für viele Paare sind Kinder der Ausdruck und die Verkörperung ihrer Liebe. In dem Fall bringt es der Ausdruck „Liebe machen" absolut auf den Punkt.

ist, daß er sich ständig in Bewegung befindet. Der Körper ist nie völlig still oder ruhend. Zu jeder Sekunde laufen auf molekularer, zellulärer und organismischer Ebene Myriaden von Prozessen ab. Wirklich still und eine Nominalisierung ist er erst dann, wenn er tot ist (und selbst dann bleibt er nicht lange so). „Starrer Körper" meint daher nicht völlige Bewegungslosigkeit (das wäre die Totenstarre), sondern zurückgehaltene Bewegungen auf der mit unseren Sinnen wahrnehmbaren Makroebene.

R. hat die Schnauze voll. Er fühlt sich in seiner Rolle als treu sorgender Familienvater überfordert. Seine Frau und seine beiden Kinder werden dadurch für ihn zu einer Quelle ständiger Belastung. Auf der anderen Seite liebt er sie schon noch. Er würde am liebsten abhauen, doch dieser Impuls löst bei ihm starke Schuldgefühle aus. Er fühlt sich gefangen und hat das Empfinden, daß er häufig innerlich „vor Wut kocht", und manchmal würde er am liebsten alles zerschlagen. R. leidet zudem unter heftigen Schulter- und Nackenschmerzen, die mit großer Wahrscheinlichkeit von starken Muskelverspannungen in diesem Bereich herrühren, sowie unter Hüftgelenkschmerzen medizinisch unklarer Herkunft. Die Bewegungen, vor allem des Oberkörpers und der Arme, wirken auf mich ziemlich „gehalten" und starr. Zwei Impulse und Bewegungsrichtungen liegen in Widerstreit: Ein Teil möchte weggehen, ein anderer fühlt sich verpflichtet und will daher bleiben. Einerseits wird dadurch das Muskelsystem in Gang gesetzt und andererseits durch eine entgegengesetzte Spannung an genau dieser Bewegung gehindert. Auf körperlicher Ebene spielt sich dies in den Beinen und den Armen ab. Gehenwollen und Dableibenmüssen aktiviert das Muskelsystem der Beine (wohl daher die Hüftschmerzen), während Schlagen-Wollen und Schlagen-Zurückhalten die für die Armbewegungen zuständigen Muskeln aktiviert. Die Bewegungen des Weggehens und des Schlagens sind durch die Hemmung wie „eingefroren". Das Handeln und Bewegen wurde durch den entgegengesetzten Impuls zum Stehen gebracht, was den „Zustand" ständiger (und eben keiner „laufender") Anspannung zur Folge hat.

Um R. zu ermöglichen, seine „starre Welt" zu verlassen oder zu erweitern, muß erst einiges „in Gang" gebracht werden. Dazu bedarf es zunächst eines Rahmens, in dem die verschiedenen Bewegungsimpulse koexistieren können. In seiner bisherigen

Welt ist seine „Zurückhaltung" ja auch sinnvoll. Einfach Frau und Kinder von heute auf morgen im Stich zu lassen oder alternativ dazu regelmäßig in wöchentlichem Turnus die Wohnungseinrichtung zu zerlegen, sind wohl beides wenig ökologische Lösungen. Als „erste Hilfe" bietet sich der therapeutische Kontext an, verbunden mit der Erlaubnis, innerhalb dieses Rahmens Impulse ausleben zu können. Ich massiere kurz seine Schulter- und Oberarmmuskulatur, bis sie etwas gelöster ist, und da „geht es schon los". Zuerst zeigen sich unwillkürliche Bewegungen in den Armen, und verschiedenste Muskelgruppen beginnen unkoordiniert zu zucken. R. fängt an, tiefer zu atmen. Ich fordere ihn auf, seinen Impulsen nachzugehen. Nach mehreren Versicherungen meinerseits, daß dies völlig in Ordnung sei, schlägt er mit seinen Fäusten zunächst noch zaghaft auf eine Matratze ein. Allmählich werden seine Schläge heftiger und kräftiger. Immer mehr traut er sich auch, seine Schläge mit Aussagen wie „Es reicht" zu begleiten. Gute zehn Minuten dauert dieser Wutausbruch, bis er sich außer Atem erschöpft zurücklehnt. Körperlich fühlt er sich wie „ausgepumpt", seine Augen strahlen jedoch. Schon lange hat er sich nicht mehr so gut gefühlt wie jetzt.

Natürlich war dies noch nicht die Lösung, sondern nur eine vorübergehende Verringerung der Spannung. Verbunden war damit jedoch die spürbare Erfahrung, daß der Ausdruck der Wut nicht notwendigerweise mit negativen Konsequenzen verbunden sein muß.

Eine Vielzahl körperlicher Nominalisierungen beruht auf ambivalenten und sich (zunächst und scheinbar) widersprechenden Impulsen. Da der jeweilige einzelne Impuls keine Lösung bringt, sie sich jedoch gegenseitig negieren, ist der einzige verbleibende Ausweg, den Konflikt einzufrieren. Beginnen wir, die körperliche Erstarrung wieder „aufzutauen" (zu denominalisieren), ist es wichtig, daß beide Impulse allmählich ein gemeinsames Bewegungsmuster aufbauen. Andernfalls würde der Konflikt nur verstärkt und neu genährt werden.

Im weiteren Verlauf der Behandlung regte ich R. an, Jonglieren zu lernen. Jonglieren ist eine wunderschöne Metapher, wie verschiedene Aspekte über Bewegung spiele-

risch gehandhabt werden können. Dadurch wurde es für R. immer begreifbarer, daß zwei Impulse kooperieren können. Ja selbst drei Impulse können miteinander harmonieren. Er erfuhr, daß er sich in weit größerem Maß einengte, als es andere von ihm verlangt hatten, so daß er auch innerhalb seines sozialen Rahmens und seiner Familie mehr und mehr Freiräume für sich entdecken konnte.

Körperliche Nominalisierungen werden aber nicht nur in Zwickmühlen-situationen entwickelt, sondern häufig auch, wenn es um Themen der Stabilität und Kraft geht. Wohl die meisten fühlen sich auf dem schwanken-den Boden eines Schiffes unsicherer als auf dem Festland. Stabilität assoziie-ren wir meist mit Ruhe und Nichtbewegung. Stabil ist beispielsweise der Fels in der Brandung, der ruhend den Wellen trotzt. Gerade hier im Westen fällt es uns schwer, Sicherheit und Stabilität innerhalb von Bewegung empfinden zu können.

Ich lade Sie jetzt zu einem kleinen und völlig harmlosen Experiment ein. Dazu brauchen Sie aber einen Partner oder eine Partnerin. Sie können dieses Experiment zunächst auch in Gedanken nachvollziehen, der eigentliche Clou liegt aber darin, daß sich unser Stabilitätsgefühl von der tatsächlichen Erfahrung erheblich unterscheiden kann.

Stellen Sie sich hin, die Füße und Beine ganz eng aneinander. Drücken Sie dabei Ihre Knie durch. Nun bitten Sie Ihren Partner, Sie mit langsam stär-ker werdendem Druck aus dem Gleichgewicht zu bringen, während Sie gleichzeitig versuchen, Widerstand zu leisten. Es wird Sie kaum überra-schen, daß schon ein geringer Kraftaufwand Ihres Partners ausreicht, Sie aus dem Gleichgewicht zu bringen.

Doch wie ist es, wenn Sie sich breitbeiniger hinstellen? Probieren Sie es aus. Stellen Sie sich wieder hin, die Füße jetzt gut schulterbreit auseinander. Lassen Sie dabei Ihre Knie weiterhin durchgedrückt. Diesmal wird Ihr Partner mehr Kraft aufwenden müssen, bis er Sie aus dem Gleichgewicht bringen kann, aber es wird ihm auch nicht allzuschwer fallen.

Falls Sie noch nicht genug haben, bitte ich Sie, sich erneut hinzustellen, die Füße wie vorhin gut schulterbreit auseinander. Diesmal aber gehen Sie ein klein wenig, nur einige Zentimeter, in die Knie. Möglicherweise wird es Sie in Erstaunen setzen, wie leicht Sie diesmal Widerstand leisten können und wieviel Kraft Ihr Partner benötigt, um Sie schließlich doch noch aus dem Gleichgewicht zu bringen. Es könnte sogar sein, daß dies ihm gar nicht gelingt.

Wiederholen Sie anschließend dieses Experiment mit vertauschten Rollen.

Der kleine, aber entscheidende Unterschied zwischen der zweiten und der dritten Variante ist, daß der Körper durch das leichte Beugen der Knie enorm an Bewegungsspielraum gewinnt. Vorher war das Kniegelenk einfach starr eingerastet, während jetzt sämtliche Bein- und auch einige andere Muskeln an der Regulierung der Kniestellung mitwirken und je nach Anforderung und Bedarf sich zu- oder abschalten. Der Bewegungsspielraum ermöglicht die Koordination und Kommunikation der einzelnen Muskeln, die dadurch auch ihre Kräfte addieren können. Vorher gaben nur die Knochen Halt, während jetzt die Kraft vieler Muskeln hinzukommt. Für viele *fühlt* sich der starre knöcherne Halt stabiler an, tatsächlich *ist* er aber weit weniger stabil als der Halt über Bewegung und Beweglichkeit.

Ich mache dieses Experiment mit vielen meiner Klienten und dies stets auch zu meinem eigenen Vergnügen. Jedesmal schüttelt ein Teil in mir dabei leicht verwundert den Kopf über die Tatsache, daß ich wirklich stabiler bin, wenn ich Bewegung zulasse und mir Bewegungsspielraum einräume.

Ähnlich wie der „knöcherne Halt" vermag auch ein eingeatmeter Zustand das Empfinden von Kraft und Stabilität zu vermitteln. Atmen Sie tief ein, und halten Sie für einen Moment die Luft an. Wahrscheinlich kommen Sie sich etwas größer und stärker vor, und tatsächlich ist Ihr Brustkorb nun auch breiter und ausgedehnter. Wenn Sie wieder ausatmen, taucht jedoch ein Problem auf, ein Problem, das Sie nicht vermeiden können, denn irgendwann müssen Sie ja wieder ausatmen. Dann ist es erst einmal vorbei mit dem Gefühl von Kraft und Größe, und Sie sacken etwas zusammen.

Um diese Größe und Kraft ständig spüren zu können, verbleiben viele in einer Art ständig eingeatmetem Zustand. Der Atem geht dabei relativ flach, da die Luft nie ganz ausgeatmet werden darf. Im Extremfall wirkt das auf andere „aufgeblasen" – und es ist ja auch aufgeblasen. Die ganze Stärke besteht aus mehr oder weniger „heißer Luft". Wieder finden wir den paradoxen Effekt vor, daß das Empfinden von Stärke mit einer durch die flache Atmung realen Kraftverminderung verbunden ist. Zudem impliziert die Verknüpfung „Eingeatmet = Kraft" sein Gegenteil, nämlich „Ausgeatmet = schwach und hilflos". Um die Erfahrung von Schwäche, Sich-Klein-Fühlen und Hilflosigkeit zu vermeiden, ist ein ständiger Kraftaufwand erforderlich, da die Atemmuskeln sich nie ganz entspannen dürfen.

Das Leben in einer „aufgeblasenen Welt" ist hart und anstrengend und erlaubt nur wenig Entspannung und Gelassenheit. Klienten, die in einer derartigen Welt leben, zeige ich immer eine kurze und einfache Übung, die manchmal sofort, manchmal erst nach einiger Zeit eine andere Körpererfahrung ermöglicht und dadurch hilft, den Überdruck der aufgeblasenen Welt ablassen zu können, mit anderen Worten: mit guten Gefühlen einfach ausatmen und entspannen zu können.

Nehmen Sie als Grundstellung eine Position ein, in der die Füße gut schulterbreit auseinander und die Knie leicht gelöst sind, so daß Ihr Körper entspannt und aufrecht stehen kann. Gehen Sie nun so weit wie möglich tief in die Knie, ohne allerdings die Fußsohlen vom Boden abzuheben. Die Füße müssen weiterhin fest mit der ganzen Sohle auf dem Boden stehen!

In dieser Position verbleiben Sie einige Atemzüge, höchstens allerdings sieben bis acht, da diese Stellung sonst schnell sehr anstrengend werden kann. Richten Sie sich nun mit dem nächsten Ausatmen auf oder besser, stellen Sie sich vor, daß Ihr Ausatem Sie aufrichtet. Dabei kann Ihnen das Bild helfen, daß der Ausatem in die Beine fließt und diese durch den Ausatemdruck aufrichtet.

In der aufgerichteten Position achten Sie bitte darauf, daß die Knie immer noch leicht gelöst bleiben, und verharren einige Atemzüge in dieser Haltung.

Wiederholen Sie die Übung mehrere Male.

Gewöhnlich dauert es auch eine Weile, bis Sie wirklich „beseelt" gelingt. Anfangs führt man die Übung meist im Sinne zweier getrennter Handlungen aus: einerseits Aufrichten, andererseits Ausatmen. Erst allmählich verschmelzen beide zu einem einheitlichen Geschehen.

Diejenigen, die mit der Grundübung noch Schwierigkeiten haben, können eine Variante ausprobieren: Nehmen Sie wieder die Grundstellung ein. Mit noch an den Körper angezogenen Ellenbogen kehren Sie die rechte und linke Handfläche nach außen, so, als würden Sie die Wände eines engen Ganges berühren. Gleichzeitig mit dem nächsten Ausatem und in dessen Geschwindigkeit schieben Sie diese imaginären Wände weiter nach außen, bis Ihre Arme ausgestreckt sind. Sie können zusätzlich den Ausatem mit dem innerlichen oder hörbaren Sprechen eines Satzes wie „Ich schaffe mir Platz" u.ä. verbinden.

Wiederholen Sie die Übung mehrere Male.

Mit Hilfe dieser Übungen kann allmählich wieder Vertrauen in die eigene gelöste Kraft entwickelt werden. Möbelpacker und Kampfsportler wissen, daß die größte Kraftentfaltung während des Ausatmens erfolgt. Und Ausatmen ist im Gegensatz zu Eingeatmet-Sein ein Ablauf, ein Prozeß.

7.4.2 Ursache-Wirkungs-Verzerrung

„Du machst mich krank / glücklich / ärgerlich / entspannt!" usw. Nach diesem Grundmuster sind die meisten Ursache-Wirkungs-Verzerrungen gestrickt. Das „Du" wird zur Ursache meiner Befindlichkeit, anders ausgedrückt: Das „Du" hat die Macht und die Kontrolle über meine Gefühle. Manche Klienten fragen sich an der Stelle: Wenn du mir schon so viel Schlimmes angetan hast, warum soll ich dir auch noch so viel Macht über mich geben!? (Weil ich ansonsten erkennen müßte, daß du mir gar nicht so viel Schlimmes angetan hast; nein, da entscheide ich mich doch lieber, Opfer zu bleiben!)

Wie schon die anderen Kategorien zuvor, ist auch die Ursache-Wirkung-Verzerrung an sich weder schlecht noch gut. Die Fähigkeit, nahezu beliebig Ursachen für alles Mögliche zu konstruieren, scheint sogar einen großen biologischen Nutzen zu haben. Nur so läßt sich erklären, daß wir ein eigenes funktionales System für die Produktion von Ursache-Wirkungs-Verzerrungen in unserem Gehirn besitzen: das Lernen durch Konditionierung. *

Was ist Konditionieren? Geprägt wurde dieser Begriff vom russischen Physiologen Pawlow, der zuerst Hunden Appetit machte und sie dann mit Glockentönen abspeiste. Wenn Hunde Futter erblicken, können sie gar nicht anders, als daß ihnen das „Wasser im Mund zusammenläuft". Futter ist in Pawlows Terminologie der unbedingte Reiz, der (unbedingt) die unbedingte Reaktion Speichelfluß auslöst. Ein Glockenton würde bei Hunden im Normalfall alles andere als Speichelfluß auslösen. Er ist also ein zunächst neutraler Reiz. Wird nun aber jedesmal, wenn gefüttert wird, die Glocke geschlagen, so kann nach relativ kurzer Zeit allein der Glockenton den Speichelfluß auslösen und wird dadurch vom neutralen zum bedingten Reiz. Der Glockenton wird zur „Ursache" der physiologischen Reaktion, obwohl an sich die beiden Phänomene überhaupt nichts miteinander zu tun haben.

Konditionierungslernen ist keine höhere geistige Errungenschaft, sondern wir finden sie schon bei sehr einfachen Organismen. Die Verknüpfung von an sich unabhängigen Ereignissen zu kausalen Ketten und Netzen ist eine wichtige Komponente der Konstruktion von Wirklichkeit und kann daher als elementare Fähigkeit des Lebens angesehen werden.

---

* Konditionierungslernen läßt sich von anderen Lernformen wie operantes Konditionieren und kognitives Lernen auch durch physiologische und anatomische Unterscheidungen abgrenzen. Es findet in anderen Hirnarealen statt und benutzt andere Kombinationen von Neurotransmittern, Rezeptoren, Enzymen und Wachstumsfaktoren. Dadurch können wir mit Recht von einem eigenen funktionalen System sprechen.

Doch zurück zu uns Menschen. Ständig sind wir damit beschäftigt, alle möglichen (und unmöglichen) Auslöser und Reize mit physiologischen und vegetativen Zuständen zu verknüpfen. Und gerade unsere körperlichen Reaktionen sind es, die uns glauben lassen, daß an sich beliebige äußere Reize und Auslöser Ursachen für unser Befinden sind.

In Wahrheit sind die Ursachen für unser Befinden meist Verknüpfungen zwischen Reizen und psychophysischen Zuständen, und diese stellen wir selber her. Keiner schreibt uns zwingend vor, welche Reize wie und wann miteinander verknüpft werden. Die meisten Ursachen *sind nicht*, sondern *werden gemacht*! Da die meisten dieser Kreationen hausgemacht sind, können wir leicht zum Opfer unserer selbst werden!

Es gibt im NLP eine Technik, die ganz gezielt mit diesen Ursache-Wirkungs-Verzerrungen arbeitet: das Ankern. Damit sind alle möglichen äußeren und inneren Reize gemeint, die verschiedenste emotionale, psychische und physische Zustände auslösen. Im Grunde können alle Reize zu Ankern und damit zu Auslösern werden.

Ein Lied im Radio kann Gefühle von Verliebtheit hervorrufen, ganz wie damals ...

Der typische Geruch eines Schulgebäudes macht die meisten mit einem Schlag jünger: hoffentlich werde ich bloß nicht an die Tafel gerufen.

Mein Blick fällt auf einen Reiseprospekt, und blitzartig tauchen Bilder von Meer und Strand vor mir auf, und ich würde am liebsten den Computer abschalten und erst einmal lange Urlaub machen.

Unser Organismus ist ständig damit beschäftigt, Verknüpfungen herzustellen, er ist sozusagen immer auf der Suche nach Ankern, um dadurch dem persönlichen Universum Festigkeit und Stabilität zu verleihen. NLP macht sich diese Tatsache zunutze und bietet dem Klienten gezielt Auslöser an. Eine leichte Berührung beispielsweise der rechten Schulter kann so zur „Ursache" eines Ressourcezustands werden, während vielleicht die Berührung der linken Schulter Problemgefühle hervorruft.

Eigentlich hat die Berührung (oder auch jeder andere Reiz in anderen Sinneskanälen) nichts zu tun mit dem Zustand der Ressource oder des Problems. Erst durch die Ursache-Wirkungs-Verzerrung werden Anker wirksam. Anders ausgedrückt: Alle Ankertechniken sind gleichzeitig auch Verzerrungen! Bereits bestehende Verzerrungen werden ein weiteres Mal verzerrt in der Hoffnung, dadurch ein gewünschtes Ergebnis zu erreichen.

S. hat Probleme im Beruf. Obwohl sie in ihrem Gebiet kompetent ist, fühlt sie sich häufig wie ein kleines Kind, das orientierungslos in der Welt der Großen umherirrt. Gespräche mit Vorgesetzten, aber auch mit den meisten Kollegen, lösen starke Angstgefühle und muskuläre, oft schmerzhafte Spannungszustände aus. Inzwischen hat sie sich einige Techniken und Methoden erarbeitet, sich innerlich zu stärken und aufzurüsten, um für den Arbeitsalltag besser gerüstet zu sein. Dennoch lebt S. in der Befürchtung, daß eine spitze Bemerkung ausreichen könne, sie „wieder ins alte Gleis zurückzuwerfen". Diese Aussage aufgreifend, studieren wir ihr körperliches Verhalten, wenn eine „spitze" Bemerkung fällt. Und tatsächlich kippt dabei ihr Körper nach links, so daß sich ihr Gewicht fast vollständig auf das linke Bein verlagert und sie leicht in sich zusammensinkt. Um auf den „rechten Weg" zu kommen, lade ich S. ein, sich ihr neues Gleis auf ihrer rechten Seite vorzustellen. Wir üben eine Sequenz ein, die mit einer spitzen Bemerkung und dem darauffolgenden Impuls nach links beginnt, dem sich jedoch sofort ein Schritt nach rechts anschließt. Nach einigen Durchgängen werden die Bewegungen feiner, schneller und kleiner, bis sich eine fast tänzerische Bewegung ergibt: zunächst neigt sich der Körper etwas nach links, wie um Schwung zu holen für die anschließende leichte Drehung nach rechts, verbunden mit einer angedeuteten „Becker-Faust". Die Sequenz ist zu einer einheitlichen Bewegung verschmolzen, die sich in die Gesprächssituation ganz harmonisch und natürlich einfügt. Mit Hilfe dieser neuen Verzerrung (eine spitze Bemerkung „verursacht" eine tänzerische Bewegung in Richtung Ressourcen) gelang es S., sich der Arbeitswelt mehr und mehr „gewachsen" zu fühlen: sie mußte sich nicht mehr automatisch klein fühlen.

8. „Woher komme ich – wohin gehe ich?"
– Körper und Submodalitäten

Persönliche Universen sind „Erlebenswelten". Im Gegensatz zu abstrakten Gedanken und Konzepten sind sie auf die Kategorie „Raum" grundsätzlich angewiesen. Was auch immer wir mit unseren Sinnen erleben, es beansprucht Zeit und findet irgendwo im Raum statt.

Aufgrund der zentralen Stellung des Raumbegriffs wenden wir uns in diesem Kapitel der Feinunterscheidung des Räumlichen und des Raumerlebens zu.

Raum, ebenso wie die verschiedenen Sinnessysteme, kann als eine der Modalitäten des Erlebens angesehen werden. Analog zum NLP nennen wir hier die weiteren Feinunterscheidungen innerhalb der Modalität „Raum" Submodalitäten.

Submodalitäten des Raumes sind die Orientierungsachsen oben-unten, links-rechts, vorne-hinten, innen-außen, sowie Qualitäten des Raums wie voll-leer, bewegt-unbewegt usw. Die meisten dieser Kategorien beziehen sich gleichzeitig auf alle Sinnessysteme und gelten sowohl im visuellen, auditiven, kinästhetischen, olfaktorischen und gustatorischen Bereich. Somit sind die Submodalitäten des Raums eher geistige und nicht originär sinnesspezifische Ordnungs- und Konstruktionsschemata.

Volkmar Glaser entwickelte in den 50er Jahren ein körpertherapeutisches Verfahren, das sich intensiv mit dem Begriff „Raum" befaßt: die Atemtherapie und -massage. In der Atemtherapie werden die Befindlichkeit von Körper und Geist nicht isoliert betrachtet, sondern immer in Beziehung zur Umgebung, zur Welt gesetzt. Je nachdem, wie sich der Kontakt des Organismus mit der Welt gestaltet – „Kontakt" ist das zweite tragende Konzept der Atemtherapie – verändert sich das Raumerleben und damit ein wesentliches Moment des persönlichen Universums.

Glaser unterscheidet drei Grund-Kommunikationsformen: Kontakt, Flucht und Abwehr.

Voraussetzung für Kontakt ist auf körperlicher Ebene die „Eutonie" (Wohlspannung). Im Zustand der Eutonie vermag der Organismus, optimal mit seiner Umgebung zu kommunizieren. Sowohl Flucht (auf körperlicher Ebene Rückzug und Erschlaffung von Muskeln und Gewebe) als auch Abwehr (Hypertonie der Muskulatur, Verspannung) erschweren den guten Kontakt oder verhindern ihn sogar.

Das „eutonische Universum" ist wie eine Art Raum zum Wohlfühlen, in dem Kontakt und Kommunikation leicht fällt. Über diese gute Beziehung zur Umwelt werden Gewebe und Muskulatur wieder in den Zustand der Eutonie versetzt.

Stellen Sie sich für einen Moment vor, Sie wenden sich einer Person zu, in deren Gegenwart Sie sich wohl fühlen. Wenn Sie jetzt Ihren Körper wahrnehmen, werden Sie feststellen, daß die Muskulatur an Ihrer Vorderseite sich in einem gedehnt-gelösten Zustand befindet. Die eigentliche Arbeit (und Zuwendung ist ja auch Bewegung) leisten Muskeln auf der kontaktabgewandten Rückseite!

Kommunikation im eutonischen Zustand oder im Glaserschen O-Ton: die „kontaktende Bewegung", beruht auf einem vielfältigen Zusammenspiel vieler Muskelgruppen in unterschiedlichsten Körperbereichen und ist hochgradig komplex. Kontraktion und gelöste Dehnung sind kunstvoll aufeinander bezogen und bilden ein differenziertes Innervationsmuster. Selbst eine kleine Bewegung mit der Hand wird so zu einer Bewegung des gesamten Organismus.

Im Vergleich dazu sind mechanische Bewegungen undifferenziert und plump. Daher gibt es auch keine Bewegung des „Arms an sich". Denn je nach dem, ob er rein mechanisch (z.B. als Gymnastikübung) oder „intentional" (z.B. in Form einer Greifbewegung) geschieht: Selbst wenn die sichtbare Bewegung nahezu identisch erscheint, ergeben sich unterschiedliche Innervationsmuster, unterschiedliche Muster von Kontraktion und Lösung.

Die nicht-kontaktende Bewegung erfordert vergleichsweise wenig globale Regelung und unterliegt einer eher zufälligen Innervation der einzelnen Muskelfasern, weshalb die Muskeln bei mechanischen Bewegungen in der Regel auch schneller ermüden als bei intentionalen.

Die kontaktende Bewegung verfügt neben der komplexeren globalen Regelung durch den Kontakt zur Umwelt zusätzlich noch über zahlreiche Feedbackschleifen, die eine differenzierte Feinregulierung auch innerhalb des einzelnen Muskels ermöglichen. Die Bewegungen werden elegant und anmutig.

Im Gegensatz dazu besitzen die Kontaktformen Abwehr und Flucht nur Innervationsmuster niederer Ordnung und Komplexitätsstufe. Die Bewegungen wirken isoliert und verkrampft und sind auf Dauer unphysiologisch.

Um einem Mißverständnis vorzubeugen: „Abwehr" und „Flucht" im Glaser´schen Sinn sind enger definiert als die entsprechenden Begriffe im allgemeinen Sprachgebrauch. So gibt es durchaus eutonische Formen von Abwehr und Flucht.

Sie können sich dies mittels zweier unterschiedlicher abwehrender Gesten verdeutlichen:

Halten Sie beide Oberarme und Ellbogen eng an den Körper gepreßt. Mit gleichzeitig nach vorn und außen gewendeten und von den Armen abgespreizten Handflächen bilden Sie nun eine Nein-Geste. Wahrscheinlich werden Sie sich ziemlich schnell unwohl und verkrampft fühlen.

Geben Sie sich jetzt Raum in den Achselhöhlen und lösen die Oberarme vom Oberkörper, wobei Sie die Ellbogen leicht nach außen führen, so daß Ihre Arme zusammen mit dem Schultergürtel nahezu einen kreisförmigen Ring bilden. Die Handflächen bleiben weiterhin nach außen gewandt. In dieser eutonischen Variante der Nein-Geste werden Sie sich sicherlich wohler fühlen und Ihr Nein auch mit mehr Nachdruck und Stärke vertreten können.

Eutonie ist gleichsam eine „Blankoressource", die in fast allen Situationen von Vorteil ist.

Der Kontakt und die Kommunikation mit der Umwelt konstituiert das Raumempfinden. Glaser unterscheidet hier vier Qualitäten des subjektiven Raums und des Raumempfindens: die beiden statischen Kategorien „Weite" und „Fülle" sowie die beiden dynamischen „Akzeptieren von Bewegung" und „Selbst-Bewegen". Die folgende Tabelle bietet eine Übersicht über die Qualitäten und einige ihrer Eigenschaften.

	Kategorie	Körperlich	Psychisch
statisch	Weite	Körperschema	Ich-Bewußtsein/
	Fülle	Grundtonisierung	Selbstbewußtsein
dynamisch	Akzeptieren von Bewegung	Sensibilität/ Differenzierung/ Pacing	Elementare Kommunikationsfähigkeit
	Selbst-Bewegen	Gerichtete Aktivität/Leading	

In Abschnitt 8.1 werden wir uns mit den statischen, in Abschnitt 8.2 mit den dynamischen Raumkategorien beschäftigen.

8.1 Tanzendes Fett und traurige Bäuche

8.1.1 Die Reichweite des Ichs

Unser Körperbewußtsein endet nicht an der physischen Begrenzung durch die Haut. Es existiert vielmehr etwas wie eine zweite Haut, die einen „persönlichen Raum" umgibt. Dieser persönliche Raum, unsere Privatsphäre, ist der fühlbare Ausdruck unseres Körperschemas. „Persönlicher Raum" ist ein Gebiet um den Körper herum, der dem Gefühl zufolge irgendwie zu einem selbst gehört. Würde jemand ohne Ihre Zustimmung in diesen Raum eindringen, so würden Sie das wohl als Verletzung Ihrer Privatsphäre empfinden: Jemand ist Ihnen dann „zu nahe getreten".

Noch kurz nach der Geburt ist für das Baby der eigene Körper zum großen Teil ein „Fremdkörper". Allmählich macht es sich mehr und mehr mit ihm vertraut und beginnt ihn im wahrsten Sinne des Wortes zu „begreifen". Dadurch erst lernt die Psyche des Kindes, den eigenen Körper zu „bewohnen", ihn auszufüllen und handzuhaben.

Bevor ein Kind laufen kann, müssen seine Beine ins Körperschema integriert werden. Dann erst wird es ihm möglich, diesen äußerst komplexen und schwierigen Bewegungsablauf, der ja eigentlich ein kontrolliertes Aus-dem-Gleichgewicht-Fallen und Sich-wieder-Stabilisieren darstellt, zu erlernen.

Das Körperschema können wir auch *Phantomkörper* nennen. Normalerweise bilden Phantomkörper und physischer Körper eine Einheit: beide agieren synchron. Unsere Bewegungen werden dadurch anmutig, leicht und selbstverständlich. Körperbewußtsein ist der fühlbare Ausdruck dieser Einheit. Sie ist für uns so selbstverständlich, daß Abweichungen des Phantomkörpers vom physischen Körper und umgekehrt als äußerst befremdlich und verstörend erlebt werden. So bleibt häufig nach Amputationen das entsprechende Phantomglied weiterhin existent und ist zu vielfältigen Empfindungen bis hin zu starken Schmerzen fähig. Verlieren wir, meist ausgelöst durch intensive negative Emotionen, Teile unseres Phantomkörpers, wird der entsprechende Körperbereich im wahrsten Sinne des Wortes zum „Fremdkörper", der sich störrisch unserem Einfluß entzieht und eine Art Eigenleben führt.

Die Verschmelzung von Phantomkörper und physischem Körper erfolgt in den ersten Lebensjahren. Von Natur aus ist das Kind bestrebt, seinen Raum zu vergrößern und seine Person in die Welt hinein auszudehnen. Wird dabei das Kind begrüßt, bejaht und willkommen geheißen, so wird es ein stabiles Körperbewußtsein entwickeln. Reagiert die Außenwelt aber strafend und ablehnend, so wird sich sein Körperbewußtsein, zumindest in bestimmten Gebieten, eher von der Außenwelt zurückziehen. Geschieht dies über einen längeren Zeitraum, so werden ganze Bereiche des Körpers und der Seele des Kindes „brach" liegen und wie weiße Flecken auf einer Landkarte gemieden und kaum beachtet werden. Der entsprechende Körperteil oder -bereich wirkt auf Außenstehende oft eigenartig leblos und in seinen Bewegungen mechanisch.

Ist Ihnen schon einmal die gänzlich unterschiedliche körperliche Ausstrahlung vieler dicker Schwarzafrikaner im Vergleich zu dicken Europäern aufgefallen? An der reinen Physis kann es nicht liegen, denn Fett ist Fett. Das Fett der Afrikaner ist aber in ihr Körperschema integriert. Es gehört zum „Ich" dazu und wird bejaht. Wenn dicke Schwarzafrikaner tanzen, dann tanzt und bewegt sich der ganze Körper. Er wirkt daher trotz (oder vielleicht sogar wegen) seiner Fülle strahlend, elastisch und anmutig. Es ist, als ob das Fett und der ganze Körper sagen: „Hier bin ich, feiert und tanzt mit mir!"

Eher peinlich berührt reagieren dagegen die meisten Europäer auf die eigene Fülle, die sie als unerwünscht und sich ihnen aufdrängend erleben. Ständig versuchen sie, ihr Dicksein zu dementieren, als ob sie sagten: „Nein, dieses dicke Anhängsel gehört nicht zu mir, bitte verwechseln Sie mich nicht damit, damit habe ich nichts zu tun." Der Bauch und das Fett sind gewissermaßen die Parias des Körperbewußtseins und nehmen innerhalb des Körperschemas eine niedere soziale Stellung ein. Bis schließlich Bauch und Fett traurig, ausgestoßen und verlassen herunterhängen.

Befragungen junger amerikanischer Frauen und Mädchen erbrachten ganz ähnliche Ergebnisse. So besitzen junge schwarze Frauen trotz objektiver sozialer Benachteiligungen interessanterweise ein höheres Selbstbewußtsein als gleichaltrige weiße. Der Grund liegt wiederum in der unterschiedlichen Beziehung zum Körper. Während junge schwarze Frauen ihre Mütter bewundern und einen fraulichen, gut gerundeten und proportionierten Körper als Ideal ansehen, eifern weiße Amerikanerinnen einem gertenschlanken Mädchen-Schema („girliebody") nach, welches vor allem mit im wahrsten Sinne des Wortes „zunehmendem Älterwerden" schwer zu erreichen und aufrechtzuerhalten ist. Das über die Grenzen des Idealkörpers herausquillende Fleisch ist sicht- und fühlbarer „Beweis", diesem Ideal nicht zu genügen. Das resultierende ständige Gefühl, nicht gut genug zu sein, unterminiert das Selbstbewußtsein. Die Folge ist, daß sich Millionen weißer Frauen – und

*zunehmend auch Männer – auf der „Suche nach der verlorenen Schlankheit" be-
finden.*

Aber auch bei intaktem Körperbewußtsein und normaler Entwicklung treten
immer wieder Schwankungen der Größe und der Dichte des persönlichen
Raumes auf. Dies ist jeweils abhängig von der vorherrschenden Grundstimmung. Habe ich beispielsweise das ungute Gefühl, daß mir „der Boden
unter meinen Füßen zu heiß wird", beginnt mein Körperbewußtsein sich aus
meinen Füßen zurückzuziehen, so wie sich auch die physischen Füße bei zu
großer Hitze reflexartig zurückziehen würden. Mit großer Wahrscheinlichkeit
wird dies dann einer der Tage sein, an denen ich des öfteren stolpere, aus
dem Tritt gerate und überhaupt irgendwie ungeschickt gehe. Meine Füße
sind dann für mich ja auch tatsächlich Fremdkörper!

Neben diesen partiellen Einengungen des Körperbewußtseins existieren
auch globale. Der persönliche Raum kann sich als Ganzes zurückziehen oder
ausdehnen. Grundgefühle wie Angst oder auch einfach starke körperliche
Erschöpfung können bewirken, daß sich der Phantomkörper hinter die
Grenzen des physischen Körpers zurückzieht! Suche ich in diesem Zustand
große Menschenansammlungen auf, werde ich ziemlich sicher häufig
angerempelt und geschubst, so als würden die anderen mich ständig überse-
hen. Tatsächlich nehmen wir in den flüchtigen Begegnungen des Alltags vor
allem die Phantomkörper der anderen wahr und weniger die physischen.
Deshalb ist dieses Anrempeln auch nur selten Ausdruck bösen Willens oder
von Rücksichtslosigkeit. Globale Einengungen des Körperbewußtseins sind
fast immer mit Angst verbunden, was auch schon durch die gemeinsame
Wortwurzel von „Angst" und „Enge" angedeutet wird.

Extrem zeigen sich diese Einengungen bei Opfern schwerer Traumata,
wie beispielsweise bei sexuellem Mißbrauch. Der Phantomkörper zieht sich
nahezu vollständig aus dem physischen Körper zurück. Dadurch wird alles,
was mit dem Körper geschieht, wie von außen erlebt, als ob es einer anderen
Person zustößt. Die Empfindungen des „Fremdkörpers" erreichen dann das
„Selbst" gar nicht mehr oder nur sehr gedämpft, wie bei N. aus Abschnitt

7.2.1.1, deren Schmerzempfinden stark herabgesetzt war. Nur so konnte sie die damalige Situation ertragen und überleben.

Starke Ängste, wie sie bei Panikattacken und Phobien auftreten, verengen nicht nur das Körpergefühl, sondern fast immer auch das Blickfeld bis hin zum sogenannten Tunnelblick. Alles fokussiert sich auf das Problem und die angstauslösende Situation. Solange wir in dieser Einengung verharren, besitzen wir keinerlei Zugang zu unseren Ressourcen und Lösungsmöglichkeiten.

Klienten, die sich in einer eingeengten Welt ohne Ressourcen befinden, schlage ich daher gerne folgende kurze Übung zur Erweiterung des Blickfelds vor.

Strecken Sie beide Arme mit nach oben gerichteten Daumen direkt nach vorn, so daß sich die Daumen leicht berühren.

Während Sie nun beide Arme langsam immer weiter auseinanderführen, behalten Sie **beide Daumen gleichzeitig** *im Blick. Führen Sie dies so weit fort, bis Sie die Daumen fast nicht mehr sehen. An dieser Grenze des Blickfeldes werden Sie Ihre Daumen nur noch sehr unscharf erkennen können. Wenn Sie sie jedoch etwas hin und her bewegen, werden Sie vielleicht überrascht sein, wie deutlich Sie diese Bewegungen wahrnehmen können.*

Lassen Sie nun langsam Ihre Arme sinken, ohne jedoch die Peripherie „aus den Augen zu verlieren". Möglicherweise können Sie auch spüren, wie die Erweiterung Ihres Blickfelds auch Ihren Brustkorb weicher und elastischer werden läßt und Ihre Atmung vertieft.

Betrachten Sie in diesem Zustand nun ein Problem oder eine bisher schwierige Situation. Dabei werden sich Ihnen wahrscheinlich überraschende neue Aspekte und Lösungsmöglichkeiten zeigen.

Daneben gibt es unzählige weitere Wege und Methoden, das Körperschema zu erweitern. Eine davon ist die direkte Berührung.

Als T. das erstemal meinen Beratungsraum betrat, fielen mir sofort ihre Arme auf, die sie extrem eng an ihren schmalen Körper preßte. Passend dazu widerfuhren ihr im Leben ständig Einengungen und Einschränkungen. Sie lebte und arbeitete in einer spirituell ausgerichteten Lebensgemeinschaft. Obwohl sie die Grundidee von ganzem Herzen bejahen konnte, erlebte sie sich in einem Korsett von ausgesprochenen und unausgesprochenen Normen und Vorschriften gefangen und eingepfercht. Lange Jahre erschien ihr dies ganz selbstverständlich und normal, da sie früher in ihrem Elternhaus kaum etwas anderes erlebt hatte. Zunehmend machten ihr jedoch diese Zwänge zu schaffen, und sie litt unter starken Rückenschmerzen und Atembeschwerden.

Da T. von mir wußte, daß ich neben NLP ab und zu auch direkt mit Atemtherapie und -massage arbeite, bot ich ihr an, zunächst diesen Weg zu beschreiten. Einige Sitzungen lang tat ich nichts anderes, als sie an ihren Körperseiten zu berühren und leichte Streichungen auszuführen. Anfangs nahm ich dabei ihre Muskulatur und ihr Gewebe als sehr zurückgezogen und verkrampft wahr, so daß es eine Weile dauerte, bis sich ihr Körperschema spürbar zu weiten begann.

Berührungen dieser Art wirken nicht auf technischer Ebene. Es ist nicht die physikalische Stärke des Druckes oder die physische Wärme meiner Hände usw., die wirksam sind, sondern die Berührung dient als *Übermittler eines erweiterten Körperschemas und Körperbewußtseins.*

Glaser nennt dieses Phänomen „Induktion". Der Zustand meines Körperbewußtseins bzw. die Einheit aus Phantomkörper und physischem Körper werden vom Gegenüber wahrgenommen und oft nachgeahmt. Mein über Muskeltonus und Innervationsmuster der Hände vermitteltes Körperschema dient dem Klienten unbewußt als Modell, das bei ihm ähnliche Reaktionen hervorrufen und induzieren kann. (Übrigens ist dies wohl ein Grund dafür, weshalb Gähnen so ansteckend ist: Gähnen erweitert das Körperschema und ist daher wohltuend.)

Um als wirksames Modell dienen zu können, muß ich mich immer wieder in den Zustand der Eutonie versetzen können. Denn nur so kann ich dem Klienten „Raum zum Atmen" anbieten: die ständige Einladung, sich Raum zu nehmen und das Körperschema zu erweitern. Andernfalls übernehme ich nur die Spannungen und Verengungen des Klienten, bis wir uns beide schlecht fühlen.

Pacing (Sich Einschwingen) und Leading (Führen) als Grundelemente guter Beziehung existieren somit auch auf der elementaren Ebene des Körperschemas und des Raumempfindens.

8.1.2 Die Fülle des Lebens

Weite bzw. Enge des Raumgefühls hängen auch von der „Fülle" des Raums ab. Fülle und/oder Dichte beschreibt ein Empfinden, das mit einer Tonisierung der Muskulatur und des Gewebes verknüpft ist. Menschen, deren Raum gut „gefüllt" ist, schreiben wir häufig Eigenschaften wie „Ausstrahlung" oder „Persönlichkeit" zu. Befinden wir uns hingegen in einem Zustand der Angst, besitzen wir zuwenig „Substanz" und „Präsenz", um einen größeren Raum überhaupt füllen zu können.

Dazu ein kurzes Gedanken- und Fühlexperiment: Stellen Sie sich Ihren „persönlichen Raum" um sich herum vor. Beginnen Sie nun, ihn mit Ihren Gedanken so weit auszudehnen und quasi zu „verdünnen", bis sich ein eher unangenehmes Gefühl einstellt. Dies kann ein Empfinden sein, nicht mehr „Herr oder Frau im eigenen Hause" sein zu können, sich irgendwie schutzlos und verletzlich zu fühlen o.ä.

Verkleinern Sie nun wieder Ihren Raum, bis er die für Sie passende Größe aufweist, mit der Sie sich wohl fühlen.

Um die Enge einer ängstlichen phobischen Welt verlassen zu können, reicht es häufig nicht aus, das Körperschema einfach zu erweitern. Wenn das erweiterte Raumempfinden stabil bleiben soll, muß es sozusagen mit Substanz angefüllt werden.

Übung „Substanz einatmen"

A.:   *Sie stehen aufrecht und entspannt mit gelösten Knien, die Füße gut schulterbreit auseinander. Stellen Sie sich nun – wie eben im Fühlexperiment – einen „persönlichen Raum" um sich herum vor, ein Gebiet um Ihren Körper, das*

Ihrem Gefühl zufolge irgendwie zu Ihnen gehört. Zeichnen Sie in etwa die Größe dieses Raumes mit Ihren Händen nach.

Die Größe des Raumes, den Sie mit Ihren Händen und Armen nachziehen, kann sehr unterschiedlich sein, je nachdem, wie Sie sich gerade fühlen. An manchen Tagen, wenn Sie „die ganze Welt umarmen möchten", fühlt sich der persönliche Raum sehr groß an, zu anderen Zeiten wiederum, wenn Sie am liebsten gar nicht da wären und Sie am liebsten „im Erdboden versinken würden", wird er wesentlich kleiner sein.

Im Normalfall, in eher alltäglicher Stimmung, erstreckt sich unsere Privatsphäre an unserer Vorderseite etwa einen halben bis einen Meter in den Raum hinein, während uns an unserer Rückseite meist einige wenige Zentimeter genügen.

B.: *Vielleicht sind Ihre Arme und Hände müde geworden. Lassen Sie sie dann einfach sinken, und halten Sie dabei weiterhin die Vorstellung Ihres persönlichen Raumes aufrecht, so wie auch Ihr physischer Körper existent bleibt, ob Sie ihn berühren oder nicht.*

Stellen Sie sich nun vor, durch Ihre Fußsohlen einzuatmen. Lassen Sie dann Ihren Atem die Beine hochsteigen und weiter bis in den Oberkörper. Dort beginnt er, sich im ganzen Körperinnern zu verteilen. Mit jedem Ausatmen strömt er schließlich über die ganze Körperoberfläche und Haut in Ihren persönlichen Raum hinein aus.

Sie können sich Ihren Atem auch als warmes und helles Licht vorstellen, weiß oder auch in einer bestimmten Farbe, die Ihnen aus irgendwelchen Gründen als angenehm erscheint.

Egal, ob Sie sich Ihren Atem als Licht vorstellen oder nicht, lassen Sie mit jedem Atemzug mehr Atem und/oder Licht in Ihren persönlichen Raum strömen und ihn damit regelrecht anfüllen. Beenden Sie die Übung erst, wenn er gut und prall gefüllt ist.

Meist braucht diese Übung einige Wiederholungen, bis sie ihre Wirkung voll entfalten kann. So ist es für einige zunächst schwierig, ein Empfinden für den persönlichen Raum zu bekommen. In diesem Fall nähern Sie sich einfach ganz langsam *einer Wand, vielleicht sogar mit geschlossenen Augen. Ab einer bestimmten Entfernung wird sich etwas im Körperempfinden ändern, dann, wenn die Grenze des persönlichen Raums erreicht ist. Noch deutlicher können Sie dies spüren, wenn Sie dasselbe mit einem Bekannten oder Ihrem Partner machen und sich ihm langsam nähern, diesmal allerdings mit offenen Augen. Es ist ein sehr spannender Moment, wenn die Grenze der jeweiligen Privatsphäre erreicht und vielleicht ein wenig überschritten wird.*

Falls Schwierigkeiten auftreten, sich Licht oder Farbe vorzustellen, können Sie genausogut anstelle der visuellen auch eine körperliche Imagination benutzen. Lassen Sie dann bei jedem Einatem Kraft und Wärme in sich einfließen und Ihren persönlichen Raum dann mit dieser Energie und Wärme füllen. Vielleicht gefällt Ihnen diese Möglichkeit auch grundsätzlich besser als die visuelle Vorstellung. Wählen Sie einfach die Variante, die Ihnen am meisten zusagt!

Einigen mag es zwar noch gelingen, sich den Raum vorzustellen, ihn aber auch noch zu füllen, geht beim besten Willen nicht. Manchmal zeigt dies einfach einen starken Erschöpfungszustand an, der Tank ist sozusagen leer und die Reserven aufgebraucht. Dann brauchen Sie dringend Erholung.

Ich biete „Substanz einatmen" vielen meiner Klienten an, denn nach einiger Übung und Anwendung entfaltet sie häufig erstaunliche Wirkungen.

Sie ist generell gut geeignet als Vorbereitung für schwierige Situationen, etwa vor einem sehr wichtigen Gespräch, bei dem es darauf ankommt, die eigene Stärke zu spüren. Besonders gut vermag sie – neben anderen Arten von Angstzuständen – Platzangst (Angst vor öffentlichen Plätzen und Menschenmengen) zu lindern. Zu guter Letzt fördert sie auch einfach das Wohlbefinden und verhilft zu einem Gefühl des In-sich-Ruhens.

Die Dichte und Fülle des persönlichen Raums sind abhängig von Emotionen. Während Angst den Raum eher „verdünnt", ist Wut ein verdichtendes und füllendes Gefühl. Manchmal ist es so groß, daß wir schier zu platzen drohen vor lauter Wut. In diesem Fall kann es hilfreich sein, das Körperschema zu erweitern, bis es die ganze Wut aufzunehmen vermag.

Körperliche Schmerzen sind ebenfalls oft ein Hinweis auf ein zu stark verdichtetes Raumempfinden. Zusätzlich zieht Schmerz einen großen Teil der Aufmerksamkeit auf sich, was den Raum weiter einengt und den Schmerz vergrößern kann – ein schmerzhafter Teufelskreislauf. Nur dann, wenn es gelingt, die Aufmerksamkeit auf ganz andere Bereiche zu richten oder sich *einen Raum um die Schmerzen herum, dort, wo sie nicht sind*, vorzustellen, kann das enge Schmerzgefühl der Empfindung der Gelöstheit weichen.

8.2 Phantomkörper und Ballbewußtsein

Weite und Fülle bezeichnen die zwei statischen Dimensionen des Raumempfindens. Wir handeln und agieren jedoch auch im Raum. In körperräumlicher Hinsicht ist Handeln (und damit jede Kommunikation) synchrone Bewegung von Geist und Umwelt 1, von Phantomkörper und physischem Körper, bezogen auf die Außenwelt, auf Umwelt 2. Dieser Abschnitt handelt somit von den dynamischen Raumkategorien: Inwieweit kann ich innerhalb meines Körperschemas und meines physischen Körpers und Raums auf von außen kommende Impulse und Bewegungen eingehen sowie sie aufgreifen und selbst initiativ werden.

Sanfte Kampfsportarten wie Judo und Aikido bedienen sich schon lange dieser Prinzipien. Zunächst wird die Angriffsbewegung des Gegners akzeptiert und aufgegriffen, um sie dann jedoch in eine andere Richtung zu lenken.

Übung: „Die Marionette"
Für diese Übung benötigen Sie einen Partner/Partnerin. Wählen Sie, wer zunächst den passiven und wer den aktiven Part übernehmen will. Stellen Sie sich beide hin.

A.: *Der aktive Partner beginnt nun, den passiven Partner – die Marionette – an verschiedensten Stellen zu berühren, zu schieben und sanft zu stoßen, um den Körper des Partners in Bewegung zu setzen. Die Marionette läßt dies, so gut es geht, mit sich geschehen.*

B.: *Stellen Sie sich nun vor, daß Sie beide mit unsichtbaren Fäden verbunden sind. Der aktive Partner beginnt, an den Fäden zu ziehen, um mit ihnen die*

Marionette zu bewegen. Dabei kann sich der aktive Partner immer weiter von der Marionette entfernen, bis es schwierig wird, sie über diese Distanz noch zu steuern.

C.:   *Teilen Sie sich gegenseitig mit, was Ihnen leichtfiel und womit Sie Schwierigkeiten hatten.*

Anschließend die Rollen tauschen.

Während die statischen Raumqualitäten Ich- und Selbstbewußtsein zum Thema haben, geht es bei den dynamischen Raumqualitäten um die elementaren Basisfähigkeiten jeglicher Kommunikation: Nehmen und Geben. In Kontakt mit der Welt sind wir dann, wenn wir flexibel Impulse von außen aufgreifen und sie dann in eigene Aktivität umsetzen können.

Diese Flexibilität können Sie in jeder überfüllten Straßenbahn, die Sie zum Stehen nötigt, üben. Setzen Sie Ihre Füße etwas auseinander und gehen gleichzeitig leicht in die Knie, wie im Fühlexperiment zu den drei Standarten in Abschnitt 7.4.1. Dadurch können Sie das Rütteln und Ruckeln, das den Wagen durchfährt, leicht aufnehmen und ausbalancieren. Möglicherweise wollen Sie sich danach gar nicht mehr hinsetzen, selbst wenn inzwischen Plätze frei sein sollten.

Der Kontakt mit der Außenwelt ist dann perfekt, wenn Umwelt 1 und 2 synchron schwingen und zumindest temporär deckungsgleich werden.

Eigentlich bin ich ein lausiger Tennisspieler. Ich betreibe diesen Sport erst seit einigen Jahren und komme auch leider nur selten dazu, ihn auszuüben. Daher ist die Zufallsrate bei meinen Schlägen im Normalfall relativ hoch. Gelungene und eher katastrophale Schläge wechseln sich in rascher Folge ab. Geht es jedoch um Punkte, verändert sich mein Körperempfinden und intensiviert sich. Plötzlich ist dann der Ball auch ein Teil von mir, ist in mein Körperschema integriert und tut viel häufiger das, was ich will. Auf oft recht merkwürdige Weise schafft es so der Ball – als mein „ausgelagertes Ich" –, irgendwie über das Netz zu kommen und sich noch innerhalb der Begrenzungen des Feldes zu plazieren. Einige Freunde, die technisch besser spielen als ich, fürchten aus diesem Grunde meine eher seltsame und unberechenbare Spielweise.

8.2.1 Feste Welten und Bewegungsspielräume

Die dynamischen Raumkategorien beruhen auf der Beweglichkeit und Flexibilität von Phantomkörper und physischem Körper.

Die Welt mit all ihren Erscheinungsformen ist ständig in Bewegung. Alles ist fließend und schwingend. „Feste Materie", wie wir sie sinnlich erfahren, besteht auf atomarer Ebene vor allem aus leerem Raum. Um einen relativ festen Kern herum bewegen sich Elektronen in „Wahrscheinlichkeitswolken" und befinden sich ständig in energetischer Schwingung. Festigkeit im eigentlichen Sinn existiert nicht. Unser Bewußtsein ist kaum in der Lage, dies zu akzeptieren, und reagiert mit Angst auf diese schwindelerregende Vorstellung. Aus dieser Angst heraus entsteht das Bedürfnis, stabile Strukturen aufzusuchen, was zur Erschaffung der „festen Welt" führt. Unser Gehirn ist ständig damit beschäftigt, den chaotischen und zufälligen Datenstrom in Strukturen wie „Wenn, dann..." u.a. zu bändigen und in eine halbwegs feste Form überzuführen. Wir halten uns an gleichbleibenden Erfahrungen fest, wie der, daß (bisher) jeden Tag die Sonne aufgeht. Die „feste Welt", in der jedes Ding und jeder Wert seinen Platz hat, ist ein notwendiger Bestandteil unserer Entwicklung. Erst sie gibt uns die Sicherheit und die Geborgenheit, aus der heraus wir die Lust am Wandel, an der Bewegung entdecken können. Die „feste Welt" erfahren wir über den Rücken. Wenn wir gehalten werden, fühlen wir uns geborgen. Werden wir als Kind zuwenig gehalten, erhöht sich häufig die Spannung im Rücken. Dadurch entsteht ebenfalls ein Gefühl von Festigkeit, welches allerdings mit dem Empfinden von Anstrengung verknüpft ist. Die natürliche Angstreaktion geht auch mit Anspannung einher, so als wollten wir dem Angstmachenden mit einer Gegenfestigkeit „standhalten".

Der „festen Welt" gegenüber steht der „Bewegungsspielraum". Er ist angstfrei: Richtig spielen kann man nur, wenn man sich wohlfühlt. Gute

Erfahrungen mit der „festen Welt" geben dieser Spiellust die „Rücken-deckung". Anders ausgedrückt: Für den „Bewegungsspielraum" ist es wichtig, daß der Rücken frei ist. Ist der „Bewegungsspielraum" zu klein und gleichzeitig die „feste Welt" zu dominierend, so zeigt sich dies im Körper durch „Blockaden". Die Angst vor der fließenden Welt ist zu groß, um die Bewegungsspielräume wirklich nutzen zu können. Angst und Erschrecken lassen die feste Welt zur „erstarrten Welt" gerinnen. Körperlich äußert sie sich in einer Art „eingefrorenen Schreckreflex". Der Schreckreflex besteht in der Regel aus scharfem Einatmen, Hochziehen der Schultern sowie Aufreißen von Augen und Mund. Dadurch wird der Organismus in Handlungs-bereitschaft versetzt. Die Sinne sind sensibilisiert, die Muskeln aktiviert und können sofort in Aktion übergehen. Häufig unterbleibt jedoch die den Schrecken abwehrende und lösende Handlung, und der körperliche Zustand des Schrecks bleibt über längere Zeit, manchmal über Jahrzehnte, erhalten.

U. hat große Schwierigkeiten an seinem Arbeitsplatz. Zwar hält er seine beruflichen Fähigkeiten im Prinzip für völlig ausreichend, wenn er jedoch mit Kollegen zu tun hat, fühlt er sich jedesmal befangen, klein und hilflos. Die damit verbundene körperliche Anspannung ruft fast immer auch erhebliche Schmerzen hervor. Besonders in der Nähe des Chefs „geht gar nichts mehr", und U. fühlt sich total gelähmt. Jede Äußerung muß er sich mühsam abringen und kostet ihn enorme Anstrengungen. U. läßt sich durch Menschen sehr leicht in die Ecke drängen, und jeder Stoß kann ihn auch im übertragenen Sinn leicht aus dem Gleichgewicht bringen. Neben der „Marionettenübung", mit der wir durch leichtes Stoßen und Stupsen allmählich flexible Stabilität als Ressource aufbauen, wird die folgende Übung zum Schreckreflex ein wichtiger Bestandteil der Therapie.

Übung: „Der Schreck fährt in die Glieder ... und er fährt wieder hinaus"
Durch diese Übung wird das Körperbewußtsein angeregt, aus der Haltung des Schreckreflexes heraus wieder in andere Zustände überwechseln zu können.

Nehmen Sie eine stehende Position mit flexiblen Knien ein. Schütteln und schwingen Sie dabei leicht mit dem ganzen Körper, um in Bewegung zu bleiben.

*Nun imitieren Sie absichtlich einen Schreckreflex, indem Sie plötzlich scharf ein-
atmen, die Schultern hochziehen und sich etwas dabei anspannen, um* unmittelbar
anschließend *hörbar auszuatmen, gleichzeitig mit nach vorn schwingenden Armen
die Schultern wieder zu entspannen und noch tiefer in die Knie zu gehen, so daß Sie
äußerst stabil stehen können.*

Beachten Sie dabei unbedingt zwei Punkte:

❏ *Der gespielte Schreck muß immer kleiner sein als der darauf folgende „Aus-
Druck". Nur so können Sie die Anspannung, die mit dem Schrecken verbunden
ist, wirksam lösen.*

❏ *Zweitens müssen Schreck und Lösung unmittelbar miteinander verknüpft werden. Vergeht zu viel Zeit, besteht die Gefahr, daß das Körperbewußtsein in der
Schreckhaltung steckenbleibt, während die Lösungsbewegung aufgesetzt wirkt.
Schreck und Lösung sind dann nur kognitiv miteinander verknüpft. Ziel der
Übung ist jedoch, daß die Verbindung Schreck – Lösung Bestandteil des
unbewußten Verhaltensrepertoires wird und in Zukunft jeglicher Schreck automatisch eine Art „Lösungsreflex" auslöst.*

8.3 Ortsbestimmungen

Raumempfinden und physikalischer Raum weichen erheblich voneinander
ab. Der Raum hinter mir unterscheidet sich physikalisch nur wenig von dem
vor mir, er *fühlt* sich jedoch komplett anders an! Raum erfahren wir niemals
abstrakt, sondern immer als persönliche „Stellungnahme". Manches können
wir „links liegen lassen", während uns anderes „naheliegender" erscheint
usw.

*Sie können die Wirkung der räumlichen Position unmittelbar an sich selbst erfah-
ren, indem Sie eine für Sie leicht negative Aussage wie etwa „Mach endlich deine
Steuererklärung!" o.ä. hernehmen. Lassen Sie diesen Satz innerlich aus verschiedensten Richtungen, Höhen und Distanzen erklingen, und nehmen Sie dabei jeweils
Ihre gefühlsmäßige Reaktion wahr. Sie werden feststellen, daß es Positionen gibt, bei
denen Sie der Satz kalt läßt oder Sie positiv zu motivieren versteht, während dersel-*

be Satz aus einer anderen Richtung, Höhe und Distanz Ihnen reichlich Schuld-
gefühle und sonstige negative Empfindungen einzujagen vermag.

Unser Alltagserleben des Raumes, unser Raumbewußtsein, ähnelt in gewissen Zügen der chinesischen Anschauung. Dort gibt es nicht den gleichbleibenden Raum. Je nach Stellung und Richtung ändert er seine Eigenschaften
und auch seine Intensität. Er ist verknüpft mit den sozialen und gesellschaft-
lichen Regelungen und mit dem Wechsel der Jahreszeiten. Der Raum, der
weit entfernt ist vom Zentrum der Macht, wird als verdünnt erlebt, während
er im Innern als verdichtet empfunden wird und ganz im Zentrum seine
gesamten Eigenschaften entfaltet.

Die folgende Auflistung enthält Eigenschaften, die den unterschiedlichen
Raumachsen oben – unten, vorn – hinten, links – rechts sowie den Polen
Zentrum – Peripherie zugeordnet werden können. Diese sind aber keine „So ist
es", sondern es handelt sich um häufige und mögliche Qualitäten, die mit den
verschiedenen Raumachsen verbunden und verknüpft sind, bzw. je nach kultu-
rellem und theoretischem „Hintergrund" verbunden und verknüpft werden.

Die Achse Oben – Unten

Auseinandersetzung mit der Schwerkraft. Sich Aufrichten als allgemeingültiges
Modell für Wachstum. Dadurch eine Möglichkeit, Zeit darzustellen: das kleine Kind
und der große Erwachsene.

Modell für alle Hierarchien. Die Bewegung des Ja-Sagens, zumindest in unserem
Kulturkreis. Herrschen und Dienen. Opfer und Täter. „Tiefe" Gefühle und geistige
„Höhen". Beziehung Erde und Himmel, Kopf – Bauch.

Sexualität: Oberkörper – Unterkörper. Oft Schema, dem Bewertungen zugrunde
liegen.

Die Achse Vorn – Hinten

☐   *Vorn: Ich stelle mich; ich biete der Welt die Stirn; ich werfe mich in die Brust.*
     Der persönliche Bezug und Kontakt zur Welt. Bei Gefahr ist die Vorderseite oft
     sehr schutzbedürftig. Sie ist die verletzliche, die weiche Seite. Als „Herzseite"

mein persönlicher Ausdruck der Gefühle. Zurschaustellung der Genitalien, Sexualität.

☐ *Hinten: Umhüllt sein, Schutz, Geborgenheit, Gehalten werden, Nest, Uterus. Mein sozialer, persönlicher, spiritueller Hintergrund. Das Unheimliche, die Gefahr, die Angst im Nacken. Der Panzer der Schildkröte.*

Die Achse Links – Rechts

☐ *Allgemein: Beweglich sein, hin- und herpendeln. Sich aneinander reiben, Kontakt und Kommunikation. Das Entweder-Oder und/oder die Ausgewogenheit, Harmonie. Die Asymmetrie als Voraussetzung jeder Bewegung, dadurch ein Grundprinzip des Lebens. Gehen als Fallen, als Verlassen eines stabilen und symmetrischen Gleichgewichts. Jeder Schritt betont eine Seite und ist einseitig. Wiedergewinnung des Gleichgewichts.*

☐ *Links: Das „Weibliche"; Yin; die gefühlsmäßige Seite; einfach Dasein; verbunden mit der rechten Hemisphäre; die Herzseite.*

☐ *Rechts: Das „Männliche"; Yang; aktiv; „Handeln" (deshalb oft Schulterverspannungen auf der rechten Seite); Orientierung nach außen.*

Die Pole Innen – Außen

☐ *Allgemein: Eher unspezifische Unterscheidung. Kerngefühl und Außenbereiche. Weniger direkt bewußt, mehr gefühlsmäßige Einfärbung von Erfahrung. Je mehr ich mich „betroffen" fühle, um so mehr ist dabei mein Kern berührt. Etwas, was mich weniger betrifft, „erreicht mich auch kaum", es prallt irgendwo an der Außenseite ab. Kerngefühl als Basis der Identität. Das Ich als Zentrum, als Gravitationsmittelpunkt, um den wie die Planeten um die Sonne die verschiedenen Anteile, Gefühle, Gedanken und Teilpersönlichkeiten kreisen.*

☐ *Innen: Kerngefühl, Zentrum; warm, gefüllt, dicht; Uterus; die Eingeweide, der Bauch, das Hara; eher kinästhetische Wahrnehmung, Gefühle.*

☐ *Außen: luftiger, dünner, kälter; hell, eher visuelle und auditive Wahrnehmung; Grenzen, Haut; Orte des Austausches, Sinnesorgane; Kommunikation; Wahrnehmung des Du.*

3

Der Mann, der sein Becken verlor

1. Die Feldenkrais-Methode und NLP

1.1 Die Körperarbeit in der Psychotherapie

In den nächsten Kapiteln geht es um mehr als eine Aneinanderreihung von NLP und Körpertherapien. Vielmehr entsteht hier am Beispiel der Feldenkrais-Methode ein umfassender Ansatz, der NLP und Körperarbeit sinnvoll in Verbindung bringt und zu einer neuen Form verschmelzen läßt.

Es eignen sich zahlreiche Körpermethoden als Ergänzung von NLP, jedoch wenige sind den Grundgedanken von NLP so verwandt wie jener der Feldenkrais-Methode. War es doch Dr. Moshé Feldenkrais (1904-1984), Physiker und Begründer dieser Lernmethode, der seine genialen Problemlösungsstrategien Richard Bandler und John Grinder für deren Forschungen zur Verfügung stellte. Wie sich nun diese zwei Methoden ergänzen, wird in den folgenden Kapiteln vor allem an praktischen Beispielen aufgezeigt. Vielleicht öffnet sich Ihnen dadurch die Tür zur Erweiterung Ihrer persönlichen NLP-Landkarte.

Eine Körpermethode und ein psychologisches Modell in Zusammenhang zu bringen ist keineswegs eine neue Idee (bereits die Menschen aus der Antike bemühten sich um einen „mens sana in corpore sano"), und doch gibt es einen Unterschied zu den bisherigen Körper-Geist-Kombinationen, welche in den ersten Teilen dieses Buches dargestellt wurden. Wir gehen davon aus, wir „sind" Körper und Geist:

Am Beispiel „Lernen" wird dies deutlich. Lernen gehört nicht ausschließlich zum Zuständigkeitsbereich des Gehirns. Das Lernen, so haben die Pädagogen schon längst herausgefunden, wird erfolgreich durch visuelle, auditive, taktile etc. Überlappungen (Synästhesien) unterstützt. Wir gehen noch einen Schritt weiter: Das Lernen spiegelt sich im ganzen Organismus wider: Wer bereit ist zu lernen, lernt mit seiner „Körper-Geist-Einheit".

Holen Sie sich das Bild eines einjährigen Kindes vor Augen. Es hat in die-

sem Lebensabschnitt einen immensen Lernstoff aufzunehmen: Die ersten
Schritte und Worte, die neuen Eindrücke von der Umwelt etc. Haben Sie
schon einmal ein Kind bei seinem Lernen, z.B. bei seiner Erfahrung mit dem
Aufstehen, beobachtet? Es zieht sich am Stuhlbein hoch, erlebt die Aufrichtung, sieht die Welt aus einer neuen Perspektive, die ihm ein viel
größeres Blickfeld bietet, nimmt einen tiefen Atemzug, läßt den Unterkiefer
fallen, staunt dabei mit offenem Mund und lacht. Wann haben Sie das letzte
Mal auf diese Weise gelernt? Ganzheitliches Lernen des Kindes steht hier
dem „beschränkten" Lernen des Erwachsenen gegenüber: Haben wir im
Laufe unseres Lebens letztendlich nicht das Lernen in das Gehirn – unsere
„absolute Kommandozentrale" – verbannt? Viele reden von Ganzheitlichkeit,
das Schlagwort der letzten Jahre, und meinen damit den Geist, der den
Körper mitwachsen läßt – oder den Körper, der schon irgendwie den Geist
ins Schlepptau nimmt und ihn in die Freiheit zieht. Dagegen ist nichts ein-
zuwenden. Aber findet damit nicht ebenso die Geist-Körper-Trennung statt?
Stellt sich vielmehr hier nicht die Frage nach der Möglichkeit, die Grenzen
der Psychotherapie und der Körperarbeit wahrzunehmen, um diese gemeinsam im fließenden Wechselspiel für die Erweiterung unseres Handlungs-
spielraums in Anspruch zu nehmen?

1.2 Gemeinsame Wege

NLP und die Feldenkrais-Methode, zwei Methoden mit ähnlichen Ansätzen,
weisen sicherlich keine „Rapport"-Schwierigkeiten (franz: *Übereinstimmung*)
auf. Zahlreiche Verbindungsstücke lassen sich erkennen, wenn nur ein wenig
in der NLP-Schatztruhe gesucht wird:

1. **Der Respekt vor dem Individuum, dessen Lernbereitschaft und dessen Ökologie im Vordergrund stehen.**
2. **Die Kontaktaufnahme mit dem „Unbewußten" entspricht in der
   Feldenkrais-Methode der Kommunikation mit dem Nervensystem im
   Trance-Zustand.**

3. Die Submodalitäten ermöglichen in der Körperarbeit den Vergleich zwischen dem Zustand vor und nach den Übungen.

4. Die Milton-Sprache, die durch ihre bewußt vage gehaltenen Formulierungen dem Lernenden im Körper und im Geist eigene Erfahrungen zugesteht.

5. Die Meta-Sprache, welche uns von einem globalen zu einem differenzierten Körperbild verhilft, um durch jene Aufgliederung die internen Prozesse bewußt begreifen zu können.

6. Die kinästhetischen Submodalitäten: Der Zusammenhang zwischen den Körperstellen und bestimmten Situationen in unserem Leben (z.B. ein breites Gefühl der Wärme im Bauch, während Sie sich ein kraftvolles Erlebnis aus der Erinnerung herholen; ein Druckgefühl im Brustkorb, während Sie an einen Angst-Zustand denken).

7. „Die Landkarte ist das Gebiet" und „Die Landkarte ist nicht das Gebiet" (siehe Theorie-Teil): Das innere, subjektive Erleben spiegelt sich in unserem Verhalten, unseren Fähigkeiten, den Denkvorgängen und unseren Körperbewegungen etc. wider. Das Ziel der Feldenkrais-Methode und im NLP ist die Erweiterung unserer Landkarten, um unser Ich-Bild, unser „persönliches Universum" zu vervollständigen.

8. „Magischer Realismus" (siehe Theorie-Teil): Der Eintritt des Therapeuten oder der Therapeutin in die Welt der Klienten ist Voraussetzung, um gemeinsam neue Lösungswege finden zu können:

Als Moshé Feldenkrais vor etlichen Jahren in Freiburg im Rahmen einer öffentlichen Unterrichtswoche seine Methode an einer Frau mit einer großen Wirbelsäulenverkrümmung (Skoliose) demonstrierte, sahen seine kleinen Bewegungen wie Zauberei aus. Obwohl für die Zuschauer von außen seine Vorgehensweise kaum sichtbar war, bewirkten seine Hände eine großartige Veränderung in der Haltung der Klientin. Zauberei war es keinesfalls, vielmehr entstand hier die größtmögliche Kontaktaufnahme von Moshé Feldenkrais mit jener Frau, wodurch er direkten Zugang von der äußeren Welt der Klientin zu deren Innen fand. Dadurch eröffnete er ihr neue Lösungswege für ihre Körperorganisation. Moshé Feldenkrais demon-

strierte uns eine Art „Liebesspiel": Seine eigene Haltung und seine liebevolle Art
„verkörperte" in seiner Arbeit mit jener Frau deren „Lösungsuniversum". Sein
Humor äußerte sich nicht nur in seiner Sprache, sondern in Moshé Feldenkrais
Körperausdruck und in seiner Art, jene kleinen Bewegungen auszuführen.

Infolgedessen eignen sich die Körpermethoden als *„magische Realitäten"*
bevorzugt als „Zaubermethoden", zumal sie direkt auf den körperlichen
Realismus des Klienten Einfluß nehmen und deren „Wirklichkeit" verändern
können.

Es gäbe noch eine lange Reihe von Bindegliedern zwischen NLP und der
Feldenkrais-Methode aufzuzählen. Um uns gleichwohl der Veränderungsarbeit, dem Lernen der Geist-Körper-Einheit, zu nähern, bedarf es noch einer
kurzen Einführung in die Feldenkrais-Methode.

2. Bewußtheit durch Bewegung

2.1 Die Grundthesen der Feldenkrais-Methode

Für Moshé Feldenkrais ist die Körper-Geist-Verbindung eine der wesentlichen Aussagen seiner Arbeit. Seine Theorie und praktische Arbeit befassen sich mit der Veränderung und Erweiterung gewohnter Muster, die einen Körper in seinen Bewegungen einengen oder bestimmte körperliche Beschwerden zur Folge haben. Selten stellen wir uns die Frage nach der Art und Weise, wie wir mit unserem Körper angenehm und ergonomisch umgehen können. Durch spielerisches Experimentieren mit Bewegungen lernen wir, unseren Körper auf seine ursprüngliche Art wiederzuentdecken und ihn weiterzuentwickeln. Wenn der Mensch seinen Reichtum an körperlichen Möglichkeiten wieder erfährt, wird er, wenn er dazu bereit ist, das unermeßliche Potential gleichermaßen in seinen Fähigkeiten und in seinem Handeln erkennen und nutzen lernen. Liegt es da nicht nahe, daß durch diesen Lernprozeß der Körper-Geist eine immense Lösungsvielfalt und ein breitgefächertes Verhaltensrepertoire aufweisen kann? Doch meist beenden wir diesen Lernprozeß, wenn wir den Anforderungen des Alltags entsprechen, bis körperliche und psychische Schmerzen uns auf unsere Begrenztheit aufmerksam machen. Stellen Sie sich zwei große Säle vor, getrennt durch eine prunkvolle, große Tür. Die Feldenkrais-Methode mit ihrer Vielfalt an körperlichen Möglichkeiten bereichert und schmückt den ersten Saal aus und öffnet die Tür zu jenem zweiten Raum mit der geistigen Vielfalt. NLP mit seinen kreativen Techniken, die die psychische Welt bereichern, gestaltet diesen zweiten Saal aus. Was hier noch als Ergänzung fehlt, wäre der fließende Übergang zwischen beiden Sälen, ein großes offenes Tor, das die beiden Säle zu einem einzig großen Saal verbinden kann. Das bedeutet für uns, daß Geist und Körper miteinander zur gleichen Zeit wachsen können und durch gezieltes Lernen unsere Persönlichkeit in seiner Ganzheit angesprochen wird. Diese

Körper-Geist-Einheit befindet sich auf dem Weg in ein angenehmes, reiches und erfülltes Leben.

Bevor wir in den folgenden Abschnitten beginnen, uns dieser Verschmelzung beider Methoden zuzuwenden, möchte ich Ihnen die Kernaussagen der Feldenkrais-Methode näherbringen:

Bitte verschränken Sie einmal die Arme vor Ihrem Brustkorb, und prüfen Sie, ob Ihr rechter oder linker Unterarm oben liegt. Danach verschränken Sie Ihre Arme so, daß der andere Unterarm sich oben befindet. Wie fühlt sich diese Variation an? Bei den meisten Menschen wird sich die neue Art, die Arme zu verschränken, fremd und ungewohnt anfühlen. Wir haben uns im Laufe unserer Lebensgeschichte Körpermuster angeeignet und verinnerlicht, welche sich auf unsere Haltung und auf unsere Bewegungen auswirken. Mit Hilfe der Feldenkrais-Methode werden dem Körper durch kleine Bewegungen neue Möglichkeiten angeboten. Durch Wiederholung und Vergleichen zwischen Ausgangsposition und jetzigem Zustand steht es dem Organismus frei, die bessere Wahl zu treffen, und die bessere Wahl ist für uns doch immer das Angenehmere.

Stellen Sie sich als Beispiel die Bewegungen von Menschen der Naturvölker vor, wie die aufrechte Haltung einer Inderin oder Afrikanerin, die auf einer Straße entlang geht. Kopf, Wirbelsäule und Becken bilden eine harmonische Bewegung, alles scheint in einem ausgeglichenen Spiel abgestimmt zu sein. Jetzt stellen Sie sich jemanden aus Ihrem Bekanntenkreis und dessen Bewegung vor. Vielleicht fällt Ihnen etwas Typisches auf: Wie lang sind seine Schritte? Bewegt er mehr sein Becken oder seinen Oberkörper? Wie hält er seine Schultern und den Kopf? Wie bewegt er die Arme? Sicherlich finden Sie irgendein besonderes Merkmal seiner Bewegung, an welcher Sie Ihren Bekannten unter vielen Menschen entdecken können. Er hat sein eigenes Körper-Modell der Bewegung, das er sich im Laufe der Zeit aufgrund seiner Geschichte angeeignet hat. Reduziert sich nicht bald die angeborene Bewegungsvielfalt bei Menschen westlicher Industrienationen auf eine starre Sitzhaltung vor Computern, Fernsehern und in Autos? Holen Sie sich noch einmal Ihr Bild von einer Inderin oder einer Afrikanerin ins Gedächtnis, und vergleichen Sie es mit Ihren eigenen Bewegungen als Kind. Sie werden sicherlich keine allzu großen Unterschiede feststellen: In die Hockstellung gehen, sich drehen, sich bücken, rennen, schlendern, rollen, über Hindernisse springen, zur Seite neigen, nach oben schauen, tanzen – all diese Bewegungen haben Sie als Kind noch ausgeführt. Die Inderin oder die Afrikanerin werden im Vergleich zu den meisten Menschen, die in westlichen Industrienationen leben, ihre Bewegungsvielfalt im Laufe ihres Lebens größtenteils beibehalten. Was haben aber Sie noch von all der Vielfalt, Freiheit und Leichtigkeit Ihrer kindlichen Bewegungen?

Vielleicht wird durch folgende Fabel deutlich, welche Rolle die Bewegungen und das Körperbewußtsein nun im BodyMindManagement spielen.

Die Henne und der Pfau

Eine Henne lebte in enger Nachbarschaft mit einem Pfau. Tag ein, Tag aus träumte sie davon, dem schönen, großen Vogel gleich zu sein: Sein stolzer Gang, sein hoch getragener Kopf und sein wunderschönes und farbenfrohes Rad, das er auffächerte. So wollte die Henne auch herumstolzieren. Eines Tages, als sie sich in einer Wasserpfütze betrachtete und zutiefst unzufrieden war mit ihrem unauffälligen Aussehen, begann sie ihren Hals zu recken, atmete tief ein, damit sich die schmale Hühnerbrust vergrößerte, und spreizte ihre spärlichen Schwanzfedern. Die Henne versuchte, den eleganten Schritt des Pfaus nachzuahmen, und ging auf diese Weise an den anderen Hühnern vorbei. Der Hahn und die Hennen lachten sie aus, sogar die „dummen" Enten aus der Nachbarschaft verfielen übermütig in ein lautes Geschrei. Nachdem der Henne durch die ungewohnte Haltung auch die Füße und der Hals schmerzten, wollte sie das Pfauenspiel beenden und zu ihrem gewohnten Verhalten als Henne zurückkehren. Doch wie sie sich jetzt bewegte, war dem Gang einer Henne unähnlich. Wie sie es auch versuchte, sie konnte nichts anderes, als mit langen Schritten zu stolzieren. (überliefert)

Zahlreiche Ursachen könnten wir aufspüren, wenn wir uns nach dem Grund unserer verlorengegangenen Natürlichkeit und Beweglichkeit fragen. So ist dieser Henne durch die Unzufriedenheit über ihren Körper der Kontakt zu ihrem ureigenen Körpergefühl abhanden gekommen. Diese ursprüngliche Natürlichkeit wiederzufinden war einer der Hauptgedanken von Moshé Feldenkrais. So hatte er es sich zur Aufgabe gemacht, diese ursprünglichen Bewegungen ins Bewußtsein zu holen, um sie dadurch wieder benutzen zu können.

Nehmen wir noch ein weiteres Beispiel aus der Geschichte: „Der Puppenspieler" von Heinrich Kleist, in der von einem Jüngling mit unschuldiger und graziler Anmut in dessen Bewegungen erzählt wird. Er wurde von allen bewundert, bis er eines Tages seine einzigartige Weise, sich zu bewegen, vor dem Spiegel wiederholen wollte. Es gelang ihm nicht. Das Drehen, Neigen, Armheben verlor seine fließende, harmonische Qualität. Je mehr er sich anstrengte, die gewohnte Bewegung wiederherzustellen, desto ungeschickter und plumper wurde sein Körper. Mit hochrotem Kopf wandte er sich vom Spiegel ab und stellte fest, daß es ihm auch danach nicht möglich war, freie und ungehemmte Bewegungen auszuführen. Seitdem trauerte er um seine Natürlichkeit, die er von da an verloren hatte.

Die Funktionen der Gelenke, Muskeln und Sehnen im Körper des Jünglings blieben unverändert. Vielmehr waren es Ärger und Mißfallen über seine unvollkommenen und gehemmten Bewegungen vor dem Spiegel.

Mit dieser kleinen Geschichte nähern wir uns der Körper-Geist-Einheit: Moshé Feldenkrais sprach von der Würde und dem Wert des Menschen, welche durch die Wiederentdeckung von natürlichen Bewegungen zurückgewonnen werden können. Einen Weg, unsere Würde und unseren Wert zu entdecken, zeigt uns die Feldenkrais-Methode:

2.2 Die Feldenkrais-Methode in Aktion

Lassen Sie sich nun in die praktische Arbeit einführen: Ich lade Sie ein, mit Ihrem Körper auf Entdeckungsreise zu gehen. Um den größten Nutzen aus den Feldenkrais-Lektionen zu ziehen, lesen Sie bitte die Einführung aufmerksam durch.

2.3 Der Wegweiser für die Feldenkrais-Lektionen

In der Feldenkrais-Arbeit haben wir die Wahl zwischen zwei Methoden. Der Einzelunterricht *Funktionale Integration* und die Gruppenunterweisung *Bewußtheit durch Bewegung* beruhen auf dem gleichen Lernansatz: Durch bestimmte Bewegungsangebote des Lehrers werden dem Schüler dessen alte Körpermuster bewußt, während sich ihm gleichzeitig neue Möglichkeiten eröffnen. In der Einzelmethode setzt der Lehrer durch direkte, sanfte und präzise Berührungen Impulse, die differenziertes Wahrnehmen und bessere Organisation in den Bewegungen ermöglichen. Bei der Methode „Bewußheit durch Bewegung" bewegt sich der Schüler nach verbalen Anweisungen des Lehrers. Diese Methode wird in den nachfolgenden Übungen, die in der Feldenkrais-Methode *Lektionen* genannt werden, angewandt.

Eine Feldenkrais-Lektion beginnt mit der Wahrnehmung des Körpers in seinem derzeitigen Zustand, der Bestandsaufnahme. Darauf folgen kleine Bewegungen, die von kurzen Pausen unterbrochen werden. Während der Pausen und am Ende der Lektion können Sie Veränderungen im Vergleich zur Anfangsposition wahrnehmen.

1. **Die Sprache in den Lektionen ist knapp, und die Anweisungen sind prägnant. Sie werden die Anlehnung an hypnotische Sprachmuster erkennen.**
2. **Nehmen Sie sich so viel Zeit, wie Sie dafür benötigen. Sie bestimmen Ihr eigenes Tempo. Die Lektionen sind speziell für dieses Buch kurz gehalten: Die meisten dauern zwischen zehn und zwanzig Minuten.**
3. **Legen Sie sich eine Unterlage und ein Kissen bereit.**
4. **Wenn Sie bei Beginn einer Lektion Ihren Körper auf der Unterlage spüren oder Ihre Körperhälften miteinander vergleichen, beurteilen**

und korrigieren Sie nichts, sondern freuen Sie sich über Ihre Entdeckungen und die Eigenheit Ihres Körpers.

5. Bewegen Sie sich langsam, und achten Sie dabei auf die Grenzen Ihres Körpers. Verändern Sie die Anweisungen so, daß sie so angenehm wie möglich von Ihnen ausgeführt werden können. Gehen Sie nicht bis an die Schmerzgrenze, sondern respektieren Sie sie als Signal Ihres Körpers.

6. Wiederholen Sie so oft die Bewegungen, wie sie für Sie fließend und angenehm ausführbar sind.

7. Denken Sie die Bewegungen in Ihrer Vorstellungskraft durch. Sie werden bemerken, daß Sie die tatsächliche Ausführung dadurch vereinfachen können.

8. Gönnen Sie sich während der Lektionen Pausen.

9. Während und nach einer Lektion spüren Sie die Veränderungen im Vergleich zu Ihrer Anfangssituation. Dies ist das eigentliche Lernen. Durch den Vergleich beginnt der Körper, die angenehmen Bewegungen zu behalten und die weniger günstigen umzulernen. Lassen Sie deshalb nach einer Lektion die Veränderungen nachwirken.

Es ist nicht notwendig, sämtliche Lektionen, die in diesem Kapitel vorgestellt werden, auszuführen. Es genügt, sich mit den kurzen BodyMind-Übungen zu beschäftigen. Falls Sie sich für spezielle Themen interessieren und sich darin vertiefen wollen, suchen Sie sich die zuständige Lektion aus. Es empfiehlt sich, den Text dieser Lektion mit ruhiger, langsamer Stimme auf ein Tonband zu sprechen oder von jemandem vorlesen zu lassen, damit Sie später auf der Unterlage liegend den Übungsanweisungen mühelos folgen können. Sie haben ebenso die Möglichkeit, Audio-Kassetten bei der Autorin zu bestellen. Falls Ihnen Teile in einer Lektion zunächst schwer verständlich erscheinen, kreieren Sie Ihre eigenen, Ihnen angenehmen Bewegungen. Die Feldenkrais-Methode stellt kein starres System von Übungsabfolgen dar, sondern veranschaulicht vielmehr ein Modell des körperlichen Experimentierens und Lernens.

Die kurzen BodyMind-Übungen finden Sie im Anschluß an die Fallbeschreibungen. Auf diese Kurzübungen folgen die ausführlichen Lektionen für den Selbstgebrauch oder für die Arbeit mit Klienten.

Falls Sie nun, bevor die Fallbeschreibungen vorgestellt werden, eine aus der Feldenkrais-Methode typische Lektion kennenlernen wollen, die ausschließlich körperliche Erfahrungen einbezieht, legen Sie sich mit Ihrem Rücken auf den Boden, Ihre Arme ruhen neben Ihrem Körper, und die Beine sind ausgestreckt. Führen Sie folgende Bewegungen aus:

2.4 Anfangslektion: „Die Auflagefläche verändern"

1. Spüren Sie die Auflageflächen Ihres Körpers: Ihre Beine, Ihr Becken, Ihre Rückenpartien, Ihre Arme und Ihren Hinterkopf. Jetzt gehen Sie mit Ihrer inneren Aufmerksamkeit zu Ihren Füßen und spüren nach, in welchem Abstand die Füße voneinander liegen und wie weit Ihr rechter und Ihr linker Fuß nach außen gedreht sind. Vielleicht heben Sie kurz Ihren Kopf mit Hilfe Ihrer Hände und schauen sich die Positionen Ihrer Füße an. Hat Ihre innere Wahrnehmung mit der äußeren übereingestimmt? Das innere Bild unseres Körpers entspricht meist nicht den äußeren Wahrnehmungen: „Die Landkarte ist nicht das Gebiet".

2. Spüren Sie den Abstand zwischen der Unterlage und Ihrem Lendenwirbelbereich, dort wo Ihr Rücken sich abhebt. Ertasten Sie jetzt mit der Hand den Abstand. Stimmt die tatsächliche Distanz mit dem von Ihnen erfühlten Raum überein? Es kommt nicht darauf an, was tatsächlich ist, sondern was Sie in Ihrem Innern spüren. Dies entspricht vielmehr Ihrer Ausgangslage, Ihrem eigenen Selbstbild. Beurteilungen von außen sind hier unwichtig.

3. Jetzt stellen Sie Ihre Beine auf, so daß sie bequem ohne Kraftaufwand nebeneinander stehen, Ihre Füße stehen dabei flach auf dem Boden. Spüren

Sie Ihr Gewicht am Becken und die größere
Auflagefläche Ihres Rückens. Bitte rollen Sie
Ihr Becken langsam ein wenig auf der
Unterlage entlang: Einmal kommt das
Steißbein näher zum Boden, so daß ein größerer Hohlrücken entsteht, ein
andermal liegt Ihr Lendenwirbelbereich auf der Unterlage auf.

4. Während Sie das Becken weiterhin auf diese Weise rollen, spüren Sie am
Körper die Veränderungen: Lenken Sie Ihre Aufmerksamkeit auf Ihre Füße.
Beachten Sie das Spiel zwischen Druck und Zug. Vielleicht spüren Sie eine
Veränderung an Ihren Schultern und an der gesamten Rückenauflage, und
wenn Sie den Kontakt Ihres Hinterkopfes auf der Unterlage beachten, neh-
men Sie ebenfalls eine kleine Veränderung wahr?

5. Schaukeln Sie Ihr Becken auf der Unterlage abwechselnd nach links und
nach rechts, und spüren Sie mögliche Bewegungen an Ihrem Rücken, Ihrer
Wirbelsäule und Ihren Schultern.

6. Strecken Sie Ihre Beine aus, und legen Sie sich wieder flach auf den
Rücken. Spüren Sie noch einmal den Abstand zwischen Unterlage und
Lendenwirbelbereich. Ist der Zwischenraum größer oder kleiner geworden?
Wie empfinden Sie jetzt die Auflagefläche von Ihrem Rücken und von Ihrem
ganzen Körper?

3. Fallbeispiele

Dies war nun ein kleiner Einblick in eine der zahlreichen Lektionen der Feldenkrais-Methode „Bewußtheit durch Bewegung", jene Gruppenmethode, welche verbal die Aufmerksamkeit auf das Wahrnehmen der Körperorganisation und dessen Veränderungen lenkt. Was hat dies aber nun mit dem Thema des Buches zu tun, werden Sie sich vielleicht fragen? Durch diesen Prozeß der Wahrnehmung und des Klärens des eigenen Körperbildes können auch psychische Muster entdeckt werden. Sicherlich wird Ihnen der Zusammenhang an den Beispielen aus der Praxis deutlich.

3.1 „Das schwarze Ungeheuer"

Theresa, 31, Krankenschwester
Als wir uns kennenlernten, klagte Theresa über eine Enge im Brustraum, über Atemnot und Schmerzen in der Hals- und Brustwirbelsäule. Sie kam in die Feldenkrais-Stunden, um neben einer Linderung ihrer Schmerzen auch mehr Bezug zu ihrem Körper zu bekommen. Vor einem Jahr hatte sie sich für drei Monate in einer psychosomatischen Klinik aufgehalten, um sich endlich von ihren Angstattacken zu befreien. In zahlreichen Gruppen- und Einzelsitzungen hatte sie sich dort mit den Ursachen ihrer Angst auseinandergesetzt. Nachdem sie entlassen worden war, überraschte sie nach etwa zwei Wochen ein erneuter Panikanfall. Sie hatte eine Verhaltenstherapeutin aufgesucht, die ihr zwar Sicherheit gegeben hatte und zudem eine Anlaufstelle war. Jedoch litt sie danach immer noch unter ihrer Angst.

Sie sagte, sie hätte keine Lust, noch einmal die Geschichte ihrer Angst „aufzuwärmen", weil sie sich damit bereits in allen bisherigen Therapien beschäftigen mußte. Das kam mir sehr entgegen, und ich bat sie, sich flach mit ihrem Rücken auf die Unterlage zu legen. Ich tat zwei einfache Dinge: Ich betrachtete sie und berührte sie. Dies entspricht in der Feldenkrais-Methode der Kalibrierung, dem Beobachten und dem Einstellen auf die Muster des Klienten/Patienten. Dadurch werden der Muskeltonus, die Beweglichkeit und Beschaffenheit der Gelenke, die Anordnung der Muskeln und des Skelettes erforscht. Theresas Schultern waren auffallend angespannt, ihre Unterkiefermuskulatur und ihren Nacken hielt sie fest, und ihr Brustkorb mit den Rippen war schwer zu bewegen. Sie atmete flach.

Vielleicht wollen Sie, liebe Leserin und lieber Leser, Theresas Körperhaltung mit der flachen Atmung an sich selbst überprüfen: Während Sie sich nun um eine solche Anspannung in Brustbereich, Nacken und in Ihrer Kiefermuskulatur bemühen, wird sich jetzt oder später ein Gefühl in Ihnen breitmachen, welches nicht gerade Ihrer optimistischen „Grundeinstellung" entgegenkommt.

Jetzt aber wieder zurück zu Theresa. Zunächst begann ich langsam und behutsam, ihre rechte Schulter in Richtung Zimmerdecke zu heben. Schon bald kamen Theresa die Tränen, und sie stellte dasselbe Gefühl fest, welches sie unmittelbar vor ihrer Panik spürte. Ich bat sie aufzustehen, und Theresa zog in ihrer Vorstellung einen dicken Bannkreis um sich, in welchen niemand eindringen konnte. Folgendes Gespräch entwickelte sich im Laufe der Sitzung:

MS.:   Aus welcher Richtung siehst du die Panik kommen?

Theresa: Sie ist wie ein riesiges Ungeheuer, das von vorn oben auf mich zurast. Je näher es kommt, desto dunkler wird es, und es nimmt mir die Luft zum Atmen.

MS.:   Du weißt, du bist in deinem Bannkreis, und du bist sicher und geschützt. Wir werden, damit du dich absolut sicher fühlst, noch einen zweiten Kreis um dich aufbauen. (Theresas Sicherheits-, Mut- und Kraft-Zustände aus ihrer Vergangenheit werden symbolisch in den zweiten Kreis gebracht. Die Dissoziation zu ihrem Schutz – aus der Sicht eines Beobachters – ist damit aufgebaut.) Das Ungeheuer kam bisher bei einem Panikanfall auf dich zu, dir blieb die Luft weg ...

Theresa:	... und ich werde ganz starr, und hier im Brustraum wird es ganz eng.
MS.:	Du bist ja jetzt hier im Bannkreis und fühlst dich sicher. Dieses Ungeheuer, schau es dir aus sicherer Entfernung einmal genau an, wie sieht es aus? Verändere es so, daß es die Macht über dich verliert, und möglicherweise hat es auch eine bestimmte Bedeutung in deinem Leben, daß es immer wieder kommen muß und dich auf irgend etwas hinweisen möchte ...
Theresa:	(nickt leicht ...) Das wäre schon möglich, aber ansehen möchte ich es lieber nicht so genau.
MS.:	... und du weißt, daß dieses Ungeheuer im Laufe der Zeit zu groß geworden ist, obwohl es vielleicht einmal ganz klein gewesen war. Vielleicht wäre heute ein angenehmeres Erscheinungsbild deiner Angst angebracht, nachdem du dich im Laufe der Jahre intensiv mit deinem bisherigen Leben auseinandergesetzt und dich dadurch weiterentwickelt hast.
Theresa:	(nickt leicht ...) Das Ungeheuer könnte ja nur mal sanft anklopfen, aber nein, es kommt so vehement auf mich zu, daß ich nicht mehr weglaufen kann.
MS.:	Vielleicht muß es kein Weglaufen sein, sondern eine Drehung, so daß dieses Ungeheuer an dir vorbeikommen kann und dein Brustkorb nicht angreifbar ist. Stell dir vor, die Panik kommt auf dich zu, und du drehst dich mit dem Oberkörper so, daß du mit deiner Körperseite dem Ungeheuer ausweichen kannst. Mach es jetzt!
Theresa:	(lacht) Es zischt vorbei in die Erde und verschwindet ins Nichts.
MS.:	Da fällt mit gerade die Geschichte von dem Goldschatz und dem Untier aus Überlingen ein: Am Überlinger See stehen zwei Burgruinen, einst stolze, mächtige Rittersitze. Sie waren, so ist überliefert, durch einen unterirdischen Tunnel mit zahlreichen Nebengängen verbunden. Die Bewohner beider Burgen konnten bei Belagerungen ungesehen entkommen oder Hilfe holen. Auch die

Kleinode der Burgherren, ihr Geld und ihr kostbares Gut, konnten bequem in den weiten Gewölben der Gänge in Sicherheit gebracht werden. Heute noch sollen in unterirdischen Hallen Geldschätze in Truhen verborgen liegen, die sich bislang noch niemand zu heben getraute. Denn diese werden von einem Untier bewacht, das ein fürchterliches Aussehen hat: Es ist halb Unke, halb Schlange und hat den Kopf einer Hyäne. Sein Anblick ist so abschreckend, daß jeder, der es ansieht, augenblicklich vor Schreck erstarrt. Wer es aber verstehen sollte, dem Untier einen Spiegel vorzuhalten, wird den Schatz heben und reich werden. Bis jetzt hat es noch niemand gewagt. Aber diese kleine Geschichte sei nur nebenbei erwähnt.

Stell dir die Situation vor: Die Panik kommt von vorn oben, schießt auf dich zu, und du drehst dich in diesem Moment zur Seite.

Theresa: (nachdem sie sich zur Seite gedreht hat) Das Ungeheuer ist wieder im Boden versunken. Es ist mir jetzt schon leichter, der Druck im Brustkorb hat nachgelassen. Das Gefühl im Brustkorb ist jedoch noch nicht vollständig weg.

Ich bat sie, sich wieder auf die Unterlage zu legen. Ich spürte ihre Schultern, den entspannteren Tonus in ihrer Brustkorb- und Unterkiefermuskulatur, und ich wies sie in die nachfolgende Lektion ein, um ihren Körper auf die Drehung des Oberkörpers vorzubereiten.

Vielleicht wollen Sie nun die Wirkung von Drehung an Ihrem Körper erfahren:

3.1.1 BodyMind-Übung: „Sich aus dem Problem herausdrehen"

1. Diese Übung wird im Stehen ausgeführt. Denken Sie sich eine Problemsituation Y aus, möglicherweise einen verbalen Angriff oder unangebrachte Kritik von einer Ihnen bekannten Person. Stellen Sie sich Situation Y vor,

hören Sie dabei für Y typische Geräusche oder Stimmen, und lassen Sie in Ihrem Körper das entsprechende Gefühl entstehen. Erfinden Sie für diesen Zustand ein passendes Symbol X.

2. Aus welcher Richtung könnte X, wenn es sich bewegen könnte, auf Sie zukommen? Wenn Sie die Vorstellung haben, daß X von vorn oder von hinten sich nähert, drehen Sie sich schnell zur Seite. Bewegen Sie sich auf diese Weise, daß Ihr Körper dem Symbol X keine Aufprallfläche bieten kann und es dadurch in das Weltall oder in den Boden abgelenkt wird. (Passen Sie auf, daß X keine andere Person trifft.) Bei einem „Angriff" von oben gehen Sie  einen Schritt zur Seite und lassen X wie einen Blitz in den Boden fahren. Wiederholen Sie diese Übung, bis X seine „Macht" über Sie verliert und sich in Luft aufgelöst hat oder in den Boden versickert ist.

Dieser Lösungsvorschlag ist nur bei dynamischen, räumlich identifizierbaren Problemzuständen angemessen. Je größer die körperliche oder die geistige Bewegungsvielfalt, desto kreativer und schneller sind die Lösungsmuster. Falls Sie ebenso mit Angstsituationen arbeiten möchten, wiederholen Sie diese BodyMind-Übung oder erfinden Sie Ihre eigenen Bewegungen, um Ihrer Angst die Macht zu entziehen, indem Sie sie ins „Leere" laufen lassen.

3.1.2 Lektion: Die Drehung – Ausdruck von Lebendigkeit und Freiheit

1. Denken Sie sich eine Situation X, in welcher Sie mehr Lebendigkeit und Freiheit benötigen. Holen Sie sich X ins Bewußtsein, und drehen Sie sich währenddessen mit Ihrem Oberkörper und mit Ihrem Kopf nach rechts und links. Nehmen Sie wahr, wie weit Sie die Bewegungen ausführen können.

2. Legen Sie sich auf Ihren Rücken, die Beine ausgesteckt und die Arme neben dem Körper, und spüren Sie die Auflagefläche Ihres Körpers. Benutzen

Sie den Boden als kinästhetisches Echo: Er gibt Ihnen Aufschluß über die Verteilung des Gewichtes und den Abstand bestimmter Körperteile zur Unterlage.

3. Stellen Sie Ihre Beine so auf, daß Ihre Fußsohlen flach auf dem Boden stehen, und nehmen Sie die Veränderung an Ihrer Rückenauflage wahr. Überprüfen Sie nun die Drehbewegung Ihres Beckens, indem Sie Ihr rechtes Bein so über Ihr linkes Bein schlagen, daß Ihre rechte Kniekehle auf Ihrem linken Oberschenkel ruht, so, als wenn Sie mit übereinandergeschlagenen Beinen auf einem Stuhl sitzen würden.

4. Jetzt bewegen Sie beide Beine so weit wie möglich nach links. Ihr linker Fuß hat dabei immer noch mit seiner Außenkante Kontakt zum Boden. Spüren Sie, wie weit Ihr Körper diese Bewegung Ihrer Beine zuläßt, ohne die Schmerzgrenze zu überschreiten. Welche Körperpartien hemmen die Bewegung, an welchen Stellen ist ein Zug auf die Muskeln und die Sehnen zu spüren?

5. Kehren Sie bitte wieder in Ihre Ausgangslage zurück, stellen Sie Ihre Beine wieder nebeneinander auf, und schlagen Sie diesmal das linke Bein über das rechte. Beide Beine gehen zur rechten Seite in Richtung Unterlage, und nun vergleichen Sie die Bewegung auf dieser Seite mit jener vorhergehenden Variation.

6. Stellen Sie nun Ihre Beine wieder mit *dem* Abstand voneinander auf, damit Ihre Beine ohne Kraftaufwand stehen können, und bewegen Sie Ihre rechte Hüftseite ein wenig in Richtung der  Zimmerdecke. Ihr Gewicht verlagert sich währenddessen zu Ihrer linken Beckenseite. Ihr rechter Fuß unterstützt diese Bewegung, indem er gegen die Unterlage Druck ausübt. Während Sie nun Ihre rechte Hüftseite weiterhin heben, beginnen Sie auf sanfte Weise, auch Ihre rechte Schulter in Richtung

Zimmerdecke zu bewegen. Ihre Arme lassen Sie dabei auf der Unterlage liegen. Vielleicht spüren Sie an Ihrer Auflagefläche, wie sich der Druck an Ihrem Rücken verändert.

7. Gönnen Sie sich eine kleine Pause, und strecken Sie sich aus. Spüren Sie die Gewichtsverteilung auf der Unterlage? Wie lang und schwer empfinden Sie Ihre beiden Körperhälften?

8. Drücken Sie Ihren rechten Fuß in der Weise gegen den Boden, daß sich Ihre rechte Hüftseite ein wenig von der Unterlage entfernt. Heben Sie diesmal dazu Ihre linke Schulter. Was macht Ihr Kopf? Rollt er nach links, nach rechts oder bleibt er an der gleichen Stelle? Lenken Sie Ihre Aufmerksamkeit auf die Rückenauflage. Wie verändert sie sich bei jener Bewegung? Wo spüren Sie Ihre Atmung? Ruhen Sie sich nun wieder aus, und legen Sie Ihre Beine flach auf den Boden.

9. Wenn Sie für das nächste Mal Ihre Beine wieder aufstellen und Ihre rechte Beckenseite heben, führen Sie Ihre rechte Schulter in Richtung Zimmerdecke. Ihr Kopf rollt dabei nach links. Ihr Becken, Ihr Oberkörper und Ihr Kopf bewegen sich nun „enbloc" nach 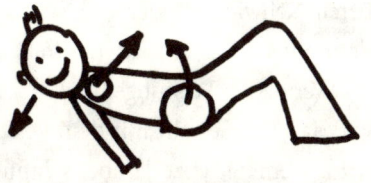 links. Wenn Sie diese Bewegung erforscht haben, ruhen Sie sich aus.

10. Heben Sie nun Ihre rechte Beckenseite gemeinsam mit Ihrer rechten Schulter, und lassen Sie den Kopf in die andere Richtung, nach rechts, rollen. Ist dies eine gewohnte oder eine ungewohnte Bewegung?

11. Strecken Sie nun Ihre Beine aus, und spüren Sie die Länge und die Auflagefläche Ihres Körpers. Vergleichen Sie Ihre rechte mit Ihrer linken Körperhälfte.

12. Schlagen Sie nun das rechte Bein über das linke Bein, und drehen Sie beide Beine nach links. Fällt es Ihnen jetzt leichter? Nehmen Sie auch Ihr linkes Bein über Ihr rechtes, und lassen Sie Ihre Beine nach rechts fallen.

13. Wir werden nun mit Ihrer linken Beckenseite arbeiten, nachdem Sie bisher Ihre rechte Seite differenziert haben. Die Feldenkrais-Methode bedient sich dabei meist einer Abkürzung: Wenn Sie nun wieder Ihre Beine aufstellen, beginnen Sie Ihre linke Hüftseite und Ihre linke Schulter immer wieder zu heben, während Sie Ihren Kopf langsam nach rechts und links rollen. Welche Kopfdrehung fällt Ihnen nun leichter? Vielleicht gewöhnen Sie sich schon langsam an diese Bewegungen, da jetzt das der Feldenkrais-Methode typische Verwirrspiel beginnt.

14. Während Sie weiterhin diese Bewe-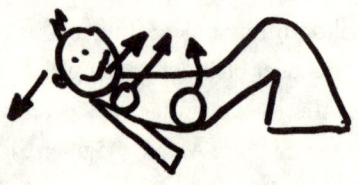
gungen mit Ihrer linken Hüftseite, Ihrer
linken Schulter und Ihrem Kopf ausführen, bewegen Sie Ihren Unterkiefer
in die entgegengesetzte Richtung der
Kopfdrehung: Wenn der Kopf sich nach links dreht, bewegen Sie den Unterkiefer zur rechten Seite. Schon beim Lesen dieser Aufgabe könnte man bereits schwindelig werden. Nehmen Sie diese Übung nicht allzu ernst, sondern nutzen Sie sie dazu, um Ihr Nervensystem ein wenig zu verwirren.

Wenn sich Leistungsdruck bei Ihnen bemerkbar macht, stellen Sie sich vor, daß Ihr Gesicht mit dem verschobenen Unterkiefer Ihr neues Paßfoto wird. Wenn Sie jetzt darüber schmunzeln können, ruhen Sie sich aus, Ihr Ziel haben Sie nun erreicht: Lachen ist bekanntlich die beste Voraussetzung für Lernen.

15. Jetzt stellen Sie beide Beine auf und heben abwechselnd Ihre rechte Hüftseite zusammen mit Ihrer rechten Schulter – und Ihre linke Hüftseite gemeinsam mit Ihrer linken Schulter. Ihr Becken und Ihr Oberkörper rollen ein wenig nach rechts und links, so, als ob Sie sich sanft wiegen würden.

16. Vielleicht testen Sie auch folgendes:
Sie heben zuerst Ihre rechte Beckenseite
zusammen mit Ihrer linken Schulter
und danach Ihre linke Hüftseite zusam-

men mit Ihrer rechten Schulter. Dadurch kommen sich Ihre Hüfte und die diagonal gelegene Schulter näher. Machen Sie diese Bewegungen so oft, bis sie leicht und angenehm ausführbar sind.

17. Jetzt strecken Sie Ihre Beine aus, und beobachten Sie den Kontakt Ihres Körpers mit dem Boden. Vielleicht spüren Sie eine größere Auflagefläche?

18. Wenn Sie jetzt ein letztes Mal Ihre Beine aufstellen, überkreuzen Sie Ihr linkes Bein über Ihr rechtes, und bringen Sie beide Beine nach rechts. Spüren Sie die Freiheit in Ihrem Becken, im Rücken, an den Rippen, die die Bewegung jetzt weicher erscheinen läßt. Überkreuzen Sie Ihre Beine auf die andere Art und bringen beide Beine nach links.

19. Strecken Sie sich wieder aus, und spüren Sie Ihre Auflagefläche der Fersen, der Waden, des Beckens, des Rückens, der Arme und des Hinterkopfes.

20. Bevor Sie nun aufstehen, strecken und rollen Sie sich auf die Seite und kommen zum Sitzen und zum Stehen. Spüren Sie nach, wie sich Ihr Körper anfühlt. Beginnen Sie, langsam Ihren Oberkörper nach rechts und links zu drehen, und nehmen Sie die Freiheit in Ihrer Bewegung wahr.

21. Erinnern Sie sich noch einmal an die Situation X. Lassen Sie nun einige Male mit jener Drehbewegung im Oberkörper den Zustand X in Ihrer Vorstellung an Ihnen „vorbeisausen". Genießen Sie dabei die Lebendigkeit und Freiheit Ihrer Bewegungen.

Nach dieser Lektion machte sich Theresa noch einmal ihre „Panik" bewußt. Theresa, im Bannkreis stehend, lenkte das Ungeheuer durch eine leichte Drehung mit dem Oberkörper in den Boden. Danach drehte sich Theresa ebenso außerhalb des Bannkreises zur Seite und spürte eine sichtliche Erleichterung. Sie lachte und sagte: „Komm doch, trau dich, du Monsterchen!"

3.2 „Der Mann, der sein Becken verlor"

Markus, 48 Jahre, Informatiker:
Markus hatte Bandscheibenprobleme im unteren Rückenbereich. Er war wochen-
lang im Bett gelegen und hatte sich kaum schmerzfrei bewegen können. Nachdem er
wieder gehen konnte, suchte er mich in meiner Praxis auf. Durch die Beobachtung
seiner Gangart und mit Hilfe von kleinen Rotationen am Hüftgelenk erkannte ich
an seinen Bewegungen, daß sein Becken sich beim Gehen und Drehen nicht mitbe-
wegte, obwohl es in seiner Funktion nicht eingeschränkt war: Seine Hüftgelenke ver-
fügten über eine große Bewegungsfreiheit. Da Markus nun sein Becken unbeweglich
hielt, mußte sein Lendenwirbelbereich die Trägheit des Beckens ausgleichen. Die
Folge davon war eine Überbelastung des unteren Rückenbereiches und der Band-
scheiben. Ich wunderte mich über sein unnötiges Festhalten im Becken. Nachdem
Markus Bewegungen am Becken nach der Feldenkrais-Methode ausgeführt hatte,
erinnerte er sich plötzlich an einen Vorfall als Vierjähriger und seinen um fünf Jahre
älteren Bruder. Bei einem Streit hatte ihm der ältere mit dem Fuß heftig gegen das
Steißbein geschlagen. Wochenlang hatte Markus Schmerzen beim Sitzen. Sein
Bruder hatte ihm zudem verboten, den Vorfall den Eltern zu erzählen, und so hatte
Markus unter Qualen beim gemeinsamen Essen ruhighalten müssen. Das Muster,
sein Becken so wenig wie möglich zu bewegen, um Schmerzen zu vermeiden, blieb
ihm, obwohl dieses Erlebnis schon Jahrzehnte hinter ihm lag und die Prellungen am
Steißbein inzwischen geheilt waren. Durch die Aktivierung und das Aufzeigen, wie
groß die Freiheit in seinen Hüftgelenken war, wurde sich Markus nach einigen
Sitzungen der ursprünglichen Bewegungen seines Beckens wieder bewußt. Er lernte,
jene neuen Erfahrungen in den Alltag zu integrieren, indem er eine angenehmere Art
des Gehens, Drehens und Beugens übte, und entlastete durch die neue Körper-
organisation seine Wirbelsäule und seine Bandscheiben.
Sein Körper hatte jene Begrenzung überwunden. Ein voller Erfolg! – Jedoch nur
für kurze Zeit.
Nach einigen Wochen klagte Markus wieder über leichte Rückenschmerzen und
meinte: „Das Becken hat es noch nicht ganz kapiert." ‚Welche Informationen sollte
sein Becken noch bekommen, damit es in vollem Maße funktionsfähig wird?', fragte

ich mich nach weiteren fünf erfolglosen Sitzungen. Körperlich war alles für die freie Beckenbewegung bereit.

Beiläufig erwähnte Markus eine seit zwei Jahren andauernde Auseinandersetzung mit seinem Vorgesetzten. Ich schickte ihn auf eine Reise in seine Vergangenheit, und interessanterweise spürte er dabei ein Stechen im Steißbein. Markus begegnete noch einmal der damaligen Situation mit seinem Bruder. Mit der NLP-„Phobietechnik" (Lösungsarbeit von Angstzuständen) verbannten wir die „bösen Geister" seiner Vergangenheit. Mit dem Symbol eines weichen Balles, der sich im Becken bewegt, kam er zurück in die Gegenwart.

Stellen Sie sich vor, Sie hätten diesen Ball im Becken. Wäre es Ihnen da noch möglich, mit einem unbeweglichen Becken durchs Leben zu gehen?

3.2.1 BodyMind-Übung: Flexibilitätsübung

1. Finden Sie eine Situation Z, in welcher Sie eine größere Flexibilität oder Toleranz zur Verfügung haben möchten, sei es im Beruf oder im Privatleben. Holen Sie sich innerlich ein entsprechendes Bild, Geräusch und Gefühl in Erinnerung, und spüren Sie im Körper jene Stellen, an welchen sich dieses Gefühl bemerkbar macht.

2. Beginnen Sie nun, in diesem Zustand langsam im Raum zu gehen, und achten Sie auf Ihre Bewegungen.

3. Setzen Sie einen imaginären weichen Ball in Ihr Becken, und spüren Sie während des Gehens die größere Flexibilität in Ihren Bewegungen.

4. In diesem Zustand lenken Sie Ihre Aufmerksamkeit auf Z, und verändern Sie jene Situation mit Ihrer erworbenen Beweglichkeit so, daß sie angenehm wird.

3.2.2 Lektion: Steigerung der Flexibilität – die Kraft im Becken

1. Vorübung: Finden Sie, bevor Sie die Lektion durchführen, eine angeneh-me Situation mit den entsprechenden Bildern, Geräuschen, Gerüchen und Gefühlen.

2. Gehen Sie im Raum umher, und beobachten Sie Ihre ureigene Art und Weise, wie Sie Ihr Becken bewegen.

3. Versuchen Sie nun, beim Gehen Ihr Becken nicht zu bewegen, indem Sie Ihre Muskeln im Beckenraum bewußt anspannen. Welches Bild, Geräusch oder Gefühl entsteht in Ihrem Innern? Nehmen Sie bewußt alle jene Körperteile wahr, in welchen Sie ebenso Anspannung spüren. Kennen Sie entsprechende Situationen in Ihrem Leben mit einer ähnlichen Körper-haltung?

4. Legen Sie sich auf Ihren Rücken, und spüren Sie die Auflagefläche von Beinen, Becken, Rücken, Armen und Hinterkopf.
Stellen Sie Ihre Beine in einer bequemen Position auf; Ihre Füße stehen flach auf dem Boden. Bewegen Sie Ihr rechtes Knie nach rechts in Richtung Unterlage, während Ihr linkes Knie in seiner Aus-gangsposition bleibt.  Wie groß ist der Bewegungsspielraum in Ihrem rechten Hüftgelenk? Überschreiten Sie dabei nicht Ihre Schmerzgrenze.

5. Vergleichen Sie die vorherige Bewegung mit jener Ihres linken Beines, während es sich nach links neigt. Diesmal bleibt Ihr rechtes Bein aufgestellt. Welches Bein nähert sich mehr der Unterlage?

6. Beginnen Sie, Ihr rechtes Bein einige Male etwa zwanzig Zentimeter nach rechts abzuspreizen, und achten Sie währenddessen auf die Bewegungen Ihres Körpers. Vielleicht spüren Sie, wie sich Ihr Gewicht an Ihrem Becken und an Ihrem unteren Rückenbereich auf der Unterlage verlagert und wie

sich Ihr rechter Fuß zur Außenkante dreht. Verändert sich auch der Kontakt Ihres linken Fußes zum Boden?

7. Bewegen Sie nun weiterhin Ihr rechtes Knie nach rechts außen und zurück zur Ausgangsposition, und versuchen Sie währenddessen Ihr Becken still zu halten. Wie wirkt sich das gehaltene Becken auf die Bewegung Ihres rechten Beines aus? Ruhen Sie sich für einen Moment aus.

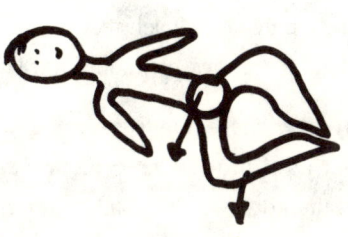

8. Wenn Sie beim nächsten Mal wieder Ihre Beine aufstellen und Ihr rechtes Knie nach rechts außen bewegen, stellen Sie sich vor, ein weicher Ball, der in Ihrem Becken liegt, rollt auf die rechte Seite. Ihre linke Beckenseite wird sich leicht von der Unterlage abheben. Für die meisten Menschen wird diese Art der Bewegung ungewohnt sein. Ihr Rücken und Ihr Brustkorb reagieren dabei auf andere Weise als in der vorhergehenden Variation. Spüren Sie währenddessen mögliche Veränderungen in Ihrem Brustkorb.

9. Strecken Sie Ihre Beine aus. Vergleichen Sie Ihr rechtes mit Ihrem linken Bein und spüren Ihre Auflagefläche von Becken und Rücken.

10. Stellen Sie Ihre Beine wieder auf. Während Sie Ihr rechtes Bein nach rechts bewegen, stellen Sie sich vor, der weiche Ball in Ihrem Becken rollt diesmal nach links. Ihre rechte Beckenseite wird sich ein wenig abheben. Spüren Sie die Qualität dieser Bewegung.

11. Gönnen Sie sich eine kleine Pause, und strecken sie Ihre Beine aus. Spüren Sie Ihre Auflagefläche.

12. Ihre Beine sind nun wieder aufgestellt. Wie weit läßt sich nun Ihr rechtes Bein nach rechts – und Ihr linkes Bein nach links bewegen?

13. Spreizen Sie Ihr linkes Bein nach links ab und lassen es in dieser Position, während Ihr rechtes Bein aufgestellt bleibt. Rollen Sie den imaginären Ball in Ihrem Becken nach rechts und links.

14. Ruhen Sie sich für einen Moment aus, und strecken Sie die Beine aus. Spüren Sie die Veränderung an Ihrer Rückenauflage?

15. Stellen Sie ein letztes Mal Ihre Beine auf, und bewegen Sie abwechselnd Ihr rechtes Knie nach rechts und Ihr linkes Knie nach links. Spüren Sie nun den Bewegungsspielraum Ihrer Hüftgelenke.

16. Stehen Sie nun langsam auf, wiegen Sie Ihr Becken nach rechts und links, vor und zurück. Gehen Sie wie zu Beginn der Lektion ein paar Schritte und spüren den weichen Ball in Ihrem Becken. Wie nehmen Sie die Qualität dieser Bewegung wahr? Finden Sie für diese angenehmen Veränderungen ein entsprechendes Symbol, welches Sie jederzeit zur Verfügung haben.

3.3 „Die Last im Rücken"

Ruth, 42 Jahre, Journalistin:
Ruth, die bereits 15 Jahre in ihrem Beruf tätig ist, hat schon seit Jahren gelegentliche Anzeichen von stechenden Schmerzen in ihrem Rücken. Diese waren einen Tag später kaum mehr zu spüren, und deshalb kümmerte es sie nicht weiter. Bis sie eines Tages beim Tragen einer Einkaufstasche mit so intensiven Schmerzen in ihren Lendenwirbeln und im hinteren Beckenbereich erstarrte, daß sie eine Woche im Bett lag. Schmerzmittel und der Chiropraktiker halfen vorübergehend, nach einigen Tagen jedoch traten die Schmerzen wieder auf. Nach und nach stellte sich eine Besserung ein, aber ein dumpfer Schmerz blieb zurück. Es fiel ihr schwer, lange Strecken zu Fuß zu gehen, da sie leicht ermüdete. Der Arzt riet, nachdem er die Röntgenbilder gesehen hatte, zu einem operativen Eingriff. Ruth wollte sich nicht operieren lassen.

Als ich Ruth kennenlernte, war sie sehr niedergeschlagen. Mit ihren 42 Jahren wirkte sie aktiv und athletisch, und sie fühlte sich jung, außer daß der Rücken sie plagte. Sie stand beruflich unter anhaltendem Streß, da Journalistenstellen bei ihrer Zeitung abgebaut wurden und dies einen harten Konkurrenzkampf unter Kollegen zur Folge hatte. Nachdem wir in unseren Sitzungen mit der Feldenkrais-Methode gearbeitet hatten, hörten die Schmerzen auf, und die Beweglichkeit der Wirbelsäule stellte sich wieder ein. Durch zahlreiche Feldenkrais-Lektionen lernte sie, für sich angenehmere und effektivere Bewegungsmuster zu gebrauchen.

Ruths Körper hatte umgelernt. Aber später sollte sich herausstellen, daß sie für die Lösung ihres körperlichen Problems andere Impulse benötigte, um ihr altes Muster aufgeben zu können.

Nach zwei Jahren meldete sich Ruth wieder und war sehr verzweifelt über das erneute Auftreten der Rückenschmerzen. In den vergangenen zwei Jahren hatte sie sich „so gut wie nie" gefühlt. Seit drei Wochen plagten sie nun morgens beim Aufstehen stechende Schmerzen. In ihrer Abteilung war sie zwar inzwischen Leiterin geworden, doch forderte dieser Job von ihr noch mehr Einsatz. Nach wenigen Feldenkrais-Stunden hatte ihr Körper wieder umgelernt: Die verstärkte Kontraktion ihrer Muskeln, die senkrecht beiderseits der Wirbelsäule entlanglaufen, ließ nach. Ruth erinnerte sich in kurzer Zeit wieder an die bereits vor zwei Jahren gelernten Bewegungsmuster, mit deren Hilfe sie ihre Wirbelsäule und die dazugehörenden Muskeln entlasten konnte.

„Der Mensch ist Körper und Geist" ist eine der im Theorieteil vorgestellten Thesen. In Ruths Fallbeispiel war freilich ihr Körper in der Lage, neue Bewegungsmuster aufzunehmen und zu benutzen. Jedoch schien es so, als zöge ihn irgendeine Kraft wie ein unsichtbares Gummiband wieder zu ihrem alten, schmerzhaften Bewegungsmuster zurück. Damit Ruth positive Veränderungen ihres Körpers für lange Zeit aufrechterhalten konnte, kam sie nicht umhin, ihr ganzes System, ihre Körper-Geist-Einheit, miteinzubeziehen. Die Bereitschaft von Körper und Geist gleichermaßen, neue Muster anzuerkennen und für sinnvoll zu halten, ist die Voraussetzung für Veränderung.

Ruth erkannte durch Focussieren mit NLP-Techniken schon bald den Zusammenhang zwischen ihren Schmerzen und ihren Anforderungen im Beruf. Es lag nahe, an ihren Glaubenssätzen zu arbeiten. Sie berichtete von unnötigen Streßsituationen im Berufsalltag: Sie organisierte alles selber, statt sich zu entlasten, indem sie Aufgaben an ihre Mitarbeiter delegiert. Ruth fand ihren Glaubenssatz: „Ich bin nicht gut genug – ich bin nichts wert." Interessanterweise wurde dabei ihre Rücken- muskulatur längs der Wirbelsäule aktiviert: Die Muskeln zogen sich zusammen und wurden hart, während sich zugleich ein größerer Hohlrücken bildete. Ruth spürte auch die Schmerzen wieder. Sie fand nach intensiver Arbeit an ihrem hemmenden Leitsatz ihren entsprechend positiven Satz: „Ich genüge mir so, wie ich bin. Ich bin wertvoll." Ruths Wirbelsäule richtete sich auf, und an der Wirbelsäule entlang konn- te ich entspannte Muskeln ertasten. Ich lenkte ihre Aufmerksamkeit auf den Stand ihrer Füße, ihre Beckenhaltung, ihre Schultern und ihren Kopf, damit Ruth sich von ihrer jetzigen Haltung ein Gefühl und ein Bild schaffen konnte, um sich auch jeder- zeit in Alltagssituationen an diese ihr angenehme Körperhaltung erinnern zu kön- nen. Ruth fand für ihre neue, angenehme Körperorganisation das Symbol einer sprudelnden Quelle, welche aus ihrem Becken entspringt und durch ihre Wirbelsäule fließt.

Nach zwei Monaten trafen wir uns, und sie berichtete über die Umstruk- turierung ihrer Abteilung, wodurch sie in einem Maße entlastet worden war, daß sie jetzt in ihrer Freizeit wieder unternehmungslustig und aktiv geworden war.

3.3.1 BodyMind-Übung: Der Muntermacher

1. Falls Sie sich müde fühlen, sich in einem antriebslosen Zustand oder in einem Gefühl von Stagnation befinden, empfiehlt sich folgende Übung: Legen Sie sich mit Ihrem Rücken auf die Unter-  lage, Ihre Beine sind aufgestellt, und rollen sich langsam wie ein Kleinkind mindestens zwanzigmal abwechselnd auf Ihre linke und rechte Seite.

2. In der Rückenlage stellen Sie Ihre Beine wieder auf. In Ihrer Vorstellung legen Sie ein Stempelkissen mit einer „belebenden" Farbe unter Ihren

Rücken. Bewegen Sie sich auf jene Weise, daß Sie Ihre Rückenfläche vollständig mit dieser Farbe bemalen können.

3. Danach richten Sie sich wieder langsam auf, und im Stehen spüren Sie Ihre Energie und Ihre wiedergewonnene Kraft.

3.3.2 Lektion: Die Kraft der Wirbelsäule aufwecken

1. Gehen Sie langsam umher, und halten Sie Ihren Rücken und Ihren Kopf so unbeweglich wie möglich, als wäre Ihr Oberkörper aus einem Stück Holz gehauen. Sie können sich dabei weder zur Seite neigen, noch drehen und beugen. Während Sie auf diese Weise weitergehen und Ihre Umwelt aus dieser begrenzten Körperhaltung wahrnehmen, lassen Sie mögliche Bilder, Geräusche und Gefühle zu Ihrer entsprechenden Bewegung erscheinen. Vielleicht gab es Erlebnisse in Ihrer Vergangenheit, in welchen Sie Ihren Oberkörper auf ähnliche Weise gehalten haben. Nehmen Sie nun wieder Ihre gewohnte Körperhaltung ein.

2. Spüren Sie im Stehen die Länge Ihrer Wirbelsäule. Welche Bereiche Ihrer Wirbelsäule spüren Sie deutlich, welche Teile sind weniger fühlbar. Drehen Sie sich mit Ihrem Oberkörper, Ihrem Kopf und Ihren Armen nach rechts und links, so daß abwechselnd Ihre rechte und Ihre linke Schulter sich ein wenig nach vorn bewegen. Vergleichen Sie die Drehung an beiden Seiten.

3. Legen Sie sich mit Ihrem Rücken auf die Unterlage, und nehmen Sie die Auflagefläche von Ihren Beinen, Ihrem Becken, Ihrem Rücken, Ihren Armen und Ihrem Hinterkopf wahr. Wo gibt es den größten, wo den geringsten Druck auf die Unterlage?

4. Drehen Sie sich auf Ihre rechte Seite, und legen Sie ein Kissen unter Ihren Kopf. Beginnen Sie, Ihre linke Hüftseite und Ihre linke Schulter gleichzeitig ein

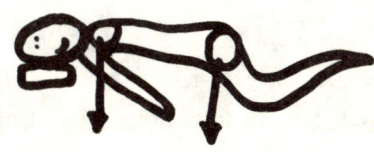

wenig nach vorn und zurück zu bewegen. Ihr Körper rollt dabei ein wenig auf der Unterlage entlang. Beachten Sie die Bewegungen Ihres Kopfes und Ihrer Beine. Ruhen Sie sich für einen Moment aus.

5. Diesmal bewegen Sie Ihre linke Schulter allein nach vorn und zurück und richten die Aufmerksamkeit auf die Veränderungen an Ihrem Rücken und Ihrem Brustkorb. Während Sie eine kleine Pause machen, richten Sie Ihre Aufmerksamkeit auf die Auflageflächen Ihres Körpers.

6. Ihre linke Schulter bleibt nun in der Ruhelage, und Ihre linke Beckenseite rollt ein wenig nach vorn und zurück. Beobachten Sie dabei die Bewegungen an Ihrer Wirbelsäule und Ihrem Brustkorb. Gönnen Sie sich Ruhe.

7. Bringen Sie Ihre linke Schulter nach vorn, und zugleich bewegen Sie Ihre linke Hüftseite zurück – und wenn Sie Ihre linke Schulter wieder zurückbringen, rollen Sie Ihre linke Hüftseite ein wenig in die entgegengesetzte Richtung nach vorn. Ihre Wirbelsäule wird dabei eine kleine Drehbewegung ausführen.

8. Rollen Sie diesmal Ihren Oberkörper nach vorn und zurück. Ihre linke Schulter und Ihre linke Hüftseite bewegen sich wieder zusammen. Spüren Sie die Qualität der Bewegung. Halten Sie den Körper wieder in der Ruhestellung.

9. Drehen Sie sich langsam auf Ihren Rücken, und vergleichen Sie die Auflagefläche Ihres Körpers mit derselben am Anfang der Lektion.

10. Wenn Sie sich jetzt auf Ihre linke Seite drehen, spielen Sie mit den Variationen von Ihren Schulter- und Hüftbewegungen auch auf dieser Seite. Ihre rechte Hüftseite und Ihre rechte Schulter bewegen sich separat, zusammen und in entgegengesetzten Richtungen. Achten Sie dabei wieder auf die Hintergrundbewegungen von Wirbelsäule und Brustkorb. Unterbrechen Sie die Bewegungen mit kleinen Pausen, und spüren Sie dabei die Auflagefläche.

11. Drehen Sie sich auf Ihren Rücken und, nachdem Sie Ihre Aufmerksamkeit auf die Auflagefläche Ihres Körpers gerichtet haben, rollen Sie sich auf eine Seite, und stehen Sie langsam auf. Wie nehmen Sie Ihre Wirbelsäule in ihrer Länge wahr? Drehen Sie sich langsam mit Ihrem Oberkörper nach rechts und links und spüren die Freiheit und Lebendigkeit Ihrer Wirbelsäule.

12. Finden Sie für Ihre neue Art, Ihre Wirbelsäule zu bewegen, ein entsprechendes Symbol, an welches Sie sich später jederzeit erinnern können. Gehen Sie ein paar Schritte, und achten Sie auf die neue Art Ihrer Bewegung.

13. Stellen Sie sich vor, eine schwierige Situation in Ihrer nahen Zukunft befindet sich hier irgendwo vor Ihnen am Boden in einem Kreis. Mit Ihrem leichten, freien Gefühl in Ihrer Wirbelsäule und in Ihrem Becken – und mit Ihrem Symbol – gehen Sie durch diesen Kreis. Wiederholen Sie den Schritt so lange, bis Sie sich in jener Situation angenehm fühlen.

3.4 „Die Roboterfinger"

Franz, 43 Jahre, Gitarrist:

Ein halbes Jahr vor unserem ersten Treffen hatte Franz an einem Workshop für Gitarristen bei einem angesehenen Lehrer in Frankreich teilgenommen. Dort war ihm neben Körperspürübungen eine ihm gänzlich ungewohnte Haltung seiner rechten Hand beigebracht worden. Durch die ihm ungewohnte Handhaltung gelang es Franz, durch Zupfen der Saiten einen volleren Klang als bisher zu erzeugen. Kurze Zeit nach seiner Rückkehr begann seine rechte Schulter zu schmerzen und sein rechter Mittelfinger wurde gefühllos. Vergeblich bemühte er sich, die alte, gewohnte

Position seiner Hand wiederzufinden. Schließlich blieb ihm nichts anderes übrig, als
mit dem Gitarrespielen einen Monat lang auszusetzen. Nachdem das Taubheits-
gefühl im Mittelfinger wieder nachgelassen hatte und seine rechte Schulter schmerzfrei war, holte er die Gitarre wieder hervor, mußte jedoch nach kurzem Spiel feststellen, daß die Schmerzen in seiner Schulter wiedergekehrt waren.

Franz zeigte mir auf der Gitarre seine Handhaltung. Er war sehr erstaunt, als
ich feststellte, daß diese neu erlernte Drehung seiner Hand eine freiere Bewegung
seines Ellenbogens und seiner Schulter ermöglichte. Die neue Spielweise war im
Gegensatz zur alten lebendiger und aktiver, und dennoch hielt er seine rechte
Schulter und seinen Nacken dabei ungewöhnlich angespannt.

Nachdem ihm die Verbindungen von rechter Hand, Schultern, Wirbelsäule und
Becken nach einigen Feldenkrais-Sitzungen deutlich geworden waren, fühlte er sich
im Nacken frei, und die Verspannungen der Schulter ließen nach. Nach vier Wochen
jedoch spürte Franz nach dem Gitarrenspiel den Schmerz in der Schulter wieder.

Beiläufig erwähnte er, daß er als Jugendlicher jene neue Handhaltung bereits
benutzt hatte. Damals spielte er als Amateur noch Beatles-Songs im Gegensatz zum
derzeit klassischen Repertoire.

In der nächsten Sitzung machte er sich seinen hemmenden Glaubenssatz „Ich
darf keine Fehler machen" bewußt. Damals, als Jugendlicher, hatte sich Franz eine
gewisse Art von Lebendigkeit beim Spielen erlaubt, die er sich später nicht zugeste-
hen wollte. Er veränderte seinen alten Glaubenssatz in einen mehr angenehmen
neuen, der da hieß: „Fehler machen mich menschlich. Ich bin liebenswert."

Ich stellte ihm als Aufgabe, mir ein klassisches Stück mit vielen Fehlern vorzu-
spielen. Anfangs fiel es ihm nicht leicht, aber mit der Zeit fand er Wohlgefallen am
Falschspielen und erfreute sich am klaren, vollen Klang der Töne. Seine Schultern,
sein Brustkorb und seine Wirbelsäule waren im Gegensatz zum ersten Vorspiel
„lebendiger" und bewegten sich mehr mit der Musik.

In diesem Zustand der Lebendigkeit machte sich Franz seine Körperbewegungen
bewußt, um jederzeit auf seine wiederentdeckte freie Spielweise zurückgreifen zu
können.

3.4.1 BodyMind-Übung: Der Körper-Swish

1. Finden Sie eine Situation X mit dem hemmenden Glaubenssatz: „Ich darf keine Fehler machen", „Ich muß perfekt sein" etc., wodurch Sie sich in Ihrer Lebendigkeit oder Kreativität eingeschränkt fühlen.

2. Beachten Sie indes Ihre entsprechende Körperhaltung, und übertreiben Sie sie. Sie werden dabei Ihr Haltungsmuster verstärken: Wenn Sie als Beispiel Ihre Schultern nach vorn ziehen, verstärken Sie dieses Muster, indem Sie Ihre Schultern übertrieben nach vorn halten.

3. Erinnern Sie sich jetzt an eine Situation Y, in welcher Sie Gelassenheit und innere Ruhe fühlten. Nehmen Sie wahr, wie sich Ihr Zustand von Y auf Ihre Körperhaltung auswirkt. Verstärken bzw. übertreiben Sie nun diese Haltung.

4. Nehmen Sie noch einmal Ihre „übertriebene" Körperstellung von X ein, und verändern Sie sie schnell in jene verstärkte Haltung von Y. Verwandeln Sie Ihre Körperorganisation so lange von Körperhaltung X auf diese von Y, bis Sie diese Bewegungen leicht und fließend ausführen können.

5. Nehmen Sie nun Ihre Körperhaltung wahr, und erforschen Sie, wie Sie jetzt in der Zukunft ähnlichen X-Situationen auf neue Weise begegnen können.

3.4.2 Lektion: Leichte Schultern und Freiheit im Nacken

1. Suchen Sie sich eine Situation X, in welcher Sie sich mehr Leichtigkeit und Freiheit im Nacken und in den Schultern wünschen. Richten Sie währenddessen Ihre Aufmerksamkeit auf Ihre Schultern und Ihren Nacken, und drehen Sie Ihren Kopf langsam nach rechts und links.

2. Legen Sie sich auf Ihren Rücken, und spüren Sie die Auflagefläche Ihres Körpers. Wieweit sind Ihre Schultern von der Unterlage entfernt? Rollen Sie

Ihren Kopf langsam nach rechts und links, und beachten Sie den Bogen, den Ihr Hinterkopf auf dem Boden zeichnet. Wie reagieren Ihre Schultern auf jene Kopfdrehung?

3. Legen Sie sich auf Ihre rechte Seite, und bewegen Sie Ihre linke Schulter in Richtung Ihres linken Ohres und zurück. Spüren Sie dabei, wie Ihre linke Brustkorbseite länger wird und sich wieder verkürzt.

Bewegen Sie ebenso, wenn Sie sich auf Ihre linke Seite drehen, Ihre rechte Schulter in Richtung Ihres rechten Ohres. Welche der beiden Schulterbewegungen nehmen Sie als angenehmer und fließender wahr?

4. Drehen Sie sich nun wieder auf Ihren Rücken, Ihre Beine sind aufgestellt, und Ihre ausgestreckten Arme befinden sich im Abstand von etwa 45° an Ihrem Körper. Rollen Sie Ihre beiden Arme zusammen auf der Unterlage entlang in  Richtung Ihres Körpers. Ihre Handinnenflächen zeigen dabei nach unten. Heben sich gleichzeitig Ihre Schultern ein wenig von der Unterlage ab, während sich der Kontakt Ihres Rückens mit dem Boden verändert.

5. Rollen Sie Ihre beiden Arme gleichzeitig nach außen; Ihre Handrücken drehen sich diesmal nach unten, und Ihre Schultern werden sich jetzt dem Boden nähern. Spüren Sie die Veränderungen an Ihrer Wirbelsäule. Gönnen Sie sich einen Moment lang Ruhe, und legen Sie sich flach auf die Unterlage.

6. Beim nächsten Mal, Ihre Beine sind wieder aufgestellt, rollen Sie Ihre Arme nach innen und nach außen, so daß sich abwechselnd Ihre Handrücken und Ihre Handflächen nach oben drehen.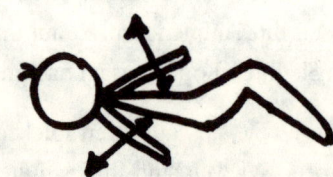

Während Ihre Arme nach innen rollen, bewegen Sie Ihren Kopf in der
Weise, daß Ihr Kinn sich Ihrem Brustkorb nähert – bei der Drehung Ihrer
Arme nach außen entfernt sich Ihr Kinn

von Ihrem Brustkorb. Unterbrechen Sie diese Bewegung, und ruhen Sie sich
gern etwas aus.

7. Beginnen Sie nun wieder, Ihre Arme
nach innen und außen zu rollen. Diesmal bewegen Sie Ihr Kinn in Richtung
Ihres Brustkorbes, wenn Sie Ihre Arme
nach außen drehen – und entfernen Ihr
Kinn von Ihrem Brustkorb, wenn Ihre
Arme nach innen in Richtung Ihres
Körpers rollen. Ist Ihnen diese Bewe-
gungsmöglichkeit vertraut, oder bevorzugen Sie die vorhergehende Variation?

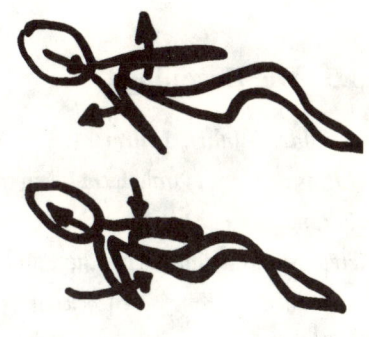

8. Beim nächsten Mal werden Becken-
bewegungen mit Ihrer Armdrehung und
Ihrer Kopfhaltung kombiniert: Rollen
Sie Ihr Becken auf der Weise auf der

Unterlage entlang, daß sich Ihr Lendenwirbelbereich abwechselnd von der
Unterlage hebt und senkt. Wenn sich währenddessen am Rücken mehr
Hohlraum bildet, rollen Sie Ihre Arme ein wenig von Ihrem Körper weg. Die
Handrücken berühren zugleich die Unterlage. Wenn Ihr unterer Rücken mit
der Unterlage wieder Kontakt hat, drehen Sie Ihre Arme wieder in Richtung
Ihres Körpers.

9. Wenn sich mehr Abstand am unteren
Rücken bildet und die Arme von Ihrem
Körper wegrollen, entfernt sich diesmal
Ihr Kinn von Ihrem Brustkorb – Ihr Kinn

nähert sich Ihrem Brustkorb, während sich Ihr unterer Rücken auf die Unterlage ablegt und Ihre Arme zu Ihrem Körper rollen. Führen Sie diese Bewegungen so lange aus, bis sie sich fließend und harmonisch anfühlen. Gönnen Sie sich eine kurze Pause, und spüren Sie Ihren Kontakt mit der Unterlage.

10. Rollen Sie sich auf Ihre Seite, und richten Sie sich langsam auf. Spüren Sie im Stehen die Organisation Ihrer Schultern und Ihres Nackens. Drehen Sie abschließend langsam Ihren Kopf nach rechts und nach links.

3.5 „Die Hexenjagd"

Harald, 33 Jahre, Lehrer:
Nachts hält sich Harald nicht allein im Freien auf. Schon seit Jahren dauerte dieser Zustand an, und er hatte sich damit zu seinem eigenen Gefangenen gemacht. Das letzte Mal, als ihn nachts die Panik gepackt hatte, hatte er Schweißausbrüche bekommen, die Knie waren weich geworden, und er war starr vor Angst. Glücklicherweise war ihm eine Bekannte entgegengekommen – ohne diese Frau hätte er jene Situation niemals gemeistert. Seitdem vermied er es, nachts im Freien allein zu sein.

In unserer ersten Sitzung sagte er, er könnte kaum atmen, wenn er auch nur davon erzählte. Seine Schultern waren währenddessen nach vorn gezogen, und er atmete auffallend schnell.

Mit der transderivationalen Suche (ein Prozeß, in dem ein Gefühl in die Vergangenheit zurückgeführt wird) versetzte sich Harald in seine Kindheit zurück, und er erinnerte sich an einen nächtlichen Alptraum als Fünfjähriger, in welchem ihn eine Hexe verfolgt hatte, was ihm einige Nächte lang Angst bereitet hatte.

Harald veränderte sein Bild von der Hexe mittels der Submodalitäten*, der Phobie-Technik** und der mehrfachen Dissoziationen***: Er sah die Hexe im rosa

* Eine Modalität bezieht sich auf alle fünf Sinne. Die Submodalität ist ein Bestandteil einer Modalität. Zum Beispiel beinhaltet visuelle Submodalität Schärfe, Helligkeit und Größe eines Bildes.
** NLP-Vorgehensweise in der Arbeit mit Phobien mit integrierten Submodalitätsveränderungen
*** Dissoziiert: aus der Sicht eines Beobachters. Die Erinnerung wird aus einer anderen als der damals gegebenen Situation gesehen.

Schlafanzug rückwärts mit entsprechend komischer Musik im Kreis hüpfen. In seiner Vorstellung ließ er der Hexe Luft ab, so daß sie immer kleiner wurde, um sich schließlich in ein „Nichts" aufzulösen. Alles klassisches NLP! Doch danach saß Harald immer noch mit nach vorn gezogenen Schultern da und atmete flach.

Sicherlich würde der NLP-Kenner eine Reihe von Techniken hervorzaubern, um auf das „wohlgeformte" Ende der Sitzung zu stoßen. Haralds Physiologie zeigte mir einen anderen Weg.

Ich bat Harald, seine Schultern so aufzurichten, daß sich sein Brustkorb entfalten konnte. Sogleich nahm er eine freie Atmung wahr. Mit diesem Körpergefühl, so stellte sich Harald nun vor, ging er nachts durch die Straßen. Er spürte dabei die Stütze seines Atems und die Weite in seinem Brustraum. Der Bann der Hexe war gelöst.

3.5.1 BodyMind-Übung: Der Angst begegnen

1. Stellen Sie sich vor, es gäbe noch irgend etwas in Ihren Leben, wovor Sie Angst hätten: Zum Beispiel das Sprechen vor Gruppen, vor Prüfungssituationen, vor Gesprächen mit bestimmten Personen oder ähnliches. Finden Sie, nachdem Sie sich dazu eine ähnliche Situation X aus Ihrer Vergangenheit wieder in Erinnerung gebracht haben, entsprechende Bilder, Geräusche und Gefühle, und nehmen Sie dazu Ihre Körperhaltung wahr.

2. In Ihrer Vorstellung befestigen Sie nun wie bei einer Marionette imaginäre von der Zimmerdecke herabfallende Gummibänder an Ihren Schultern und an der höchsten Stelle Ihres Kopfes. Mit jeder Einatmung werden Sie nun an Ihren Schultern und Ihrem Kopf durch diese unsichtbaren Fäden ein wenig nach oben gezogen.

3. Beginnen Sie, Ihr Becken ein wenig zu Ihren Seiten, nach vorn und nach hinten zu bewegen, und lenken Sie die Aufmerksamkeit auf die jeweiligen Veränderungen in der Länge der Gummibänder.

4. Gehen Sie nun mit diesen Bändern, welche Sie leicht nach oben ziehen, durch Ihre Situation X, und erleben Sie sie mit Ihrer neuen Körperhaltung.

3.5.2 Lektion: „Stabilität"

1. In welchen Situationen wünschen Sie sich mehr Stabilität und Standfestigkeit? Suchen Sie sich von jenen eine konkrete Situation X aus, und nehmen Sie die entsprechende Körperhaltung ein.

2. Richten Sie Ihre Aufmerksamkeit auf den Kontakt Ihrer Fußsohlen mit dem Boden. Spüren Sie Ihr Gewicht mehr auf Ihren Fersen oder Ihren Zehenballen? Stehen Sie auf der Außenkante oder auf der Innenkante Ihrer Fußsohle? Vergleichen Sie nun die beiden Fußauflagen miteinander.

Halten Sie Ihren Oberkörper ein wenig nach vorn geneigt, oder ist Ihre Haltung eine Nuance nach hinten ausgerichtet? Vielleicht testen Sie beide Variationen jener Körperhaltungen aus, indem Sie Ihren Oberkörper ein wenig nach vorn und zurück wiegen. Stellen Sie ebenso fest, welche Seitenneigung für Sie angenehmer ist, indem Sie Ihren Oberkörper zur rechten und zur linken Seite bewegen.

3. Legen Sie sich mit Ihrem Rücken auf den Boden, und spüren Sie die Auflageflächen Ihrer Beine, Ihres Beckens, Ihres Rückens, Ihrer Arme und Ihres Hinterkopfes. In Ihrer Vorstellung ziehen Sie längs Ihrer Körpermitte eine imaginäre Linie, so daß Sie Ihre rechte und Ihre linke Körperhälfte vergleichen können: Welchen Abstand hat Ihr rechtes und Ihr linkes Bein zu dieser Mittellinie? Vergleichen Sie ebenso Ihre rechte und Ihre linke Hüfte, Ihre Schultern und Ihre Arme. Wie spüren Sie die Lage Ihres Oberkörpers und Ihres Kopfes im Verhältnis zu Ihrer Mittellinie?

4. Stellen Sie Ihre Beine so auf, daß Ihre Füße flach auf dem Boden stehen. Beginnen Sie, Ihre rechte Hüftseite ein wenig von der Unterlage zu heben und zu senken. Ihr

rechter Fuß übt nun mehr Druck auf die Unterlage aus, während sich Ihre rechte Beckenseite abhebt. Beobachten Sie die Veränderungen an Ihrem Rücken: Organisiert sich die Auflagefläche Ihres Rückens auf neue Weise? Spüren Sie Ihr Hüftbewegen an Ihren Schultern und Ihrem Kopf?

5. Strecken Sie Ihre Beine aus, und ruhen Sie sich für einen Moment aus. Wie ist jetzt die Auflagefläche Ihres Körpers? Vergleichen Sie nun wieder Ihre beiden Körperhälften mit der imaginären Linie an Ihrem Körper.

6. Stellen Sie wieder Ihre Beine auf, heben Sie Ihre rechte Hüftseite, und beobachten Sie dabei Ihre Atmung. Atmen Sie ein oder aus, während Sie Ihre rechte Beckenseite heben? Wechseln Sie nun in die Ihnen ungewohnte Atmung, derweil sich Ihre rechte Hüfte von der Unterlage entfernt. Vielleicht geraten Sie dabei in Verwirrung. Nach Moshé Feldenkrais erleichtert dieser Zustand das Lernen von neuen Bewegungsmustern.

Achten Sie nun auf Ihre rechte Hüfte, wenn sie sich von der Unterlage hebt und senkt. Fällt Ihnen die Bewegung im Vergleich zu der Anfangssituation leichter?

7. Strecken Sie Ihre Beine wieder aus, und beachten Sie die Auflageflächen Ihrer beiden Körperhälften.

8. Heben Sie Ihre rechte Hüfte, und nachdem Sie die rechte Hüftseite wieder auf den Boden abgesetzt haben, vergleichen Sie die Bewegung mit jener von Ihrer linken Hüfte. Spüren Sie den Unterschied zwischen Ihren beiden Seiten?

9. Verfahren Sie jetzt auf die gleiche Weise mit Ihrer linken Beckenseite: Während des Hebens Ihrer linken Hüfte richten Sie Ihre Aufmerksamkeit auf die Veränderungen an Ihrem Rücken, Ihren Schultern und Ihrem Kopf. Heben Sie sowohl mit der Einatmung als auch mit der Ausatmung jeweils Ihre linke Hüftseite.

10. Strecken Sie sich wieder aus, und beobachten Sie nun Ihre beiden Körperhälften.

11. Jetzt stellen Sie sich vor, unter Ihrem Becken befindet sich eine liegende 8. Ihr Becken bewegt sich etwa fünfzehnmal auf dieser liegenden 8 entlang. Dabei hebt sich einmal Ihre  rechte, das andere Mal Ihre linke Beckenseite ein wenig von der Unterlage. Beachten Sie gleichzeitig die Veränderungen an Ihrem Rücken, Ihrer Wirbelsäule und Ihren Schultern.

12. Wenn Sie Ihre Bewegungen fließend ausführen können, strecken Sie sich aus und beobachten wieder Ihre beiden Körperhälften und Ihre gesamte Körperauflage. Stehen Sie langsam wieder auf.

13. Wie spüren Sie jetzt die Auflagefläche Ihrer Fußsohlen? Wie fühlt sich der Boden an? Wie ist Ihr Stand und Ihre Körperhaltung? Machen Sie eine Art „inneren Schnappschuß" von Ihrer gewonnenen Stabilität und Ihrer Körperhaltung.

14. Versetzen Sie sich mit Ihrer Körperhaltung in Ihre Anfangssituation X, und erfahren Sie sich dort auf eine neue Weise.

3.6 „Der Schmalfuß"

Dieter, 39 Jahre, Architekt:
Seit fünf Jahren hatte Dieter häufig wiederkehrende Schmerzen am rechten Knie und am rechten Fuß. Das vom Arzt empfohlene Aufbautraining hatte er erst eine Woche durchgehalten, mußte es aber, weil die Schmerzen zunahmen, abbrechen.
Er zeigte mir seinen Fuß, welcher mir auffallend zierlich erschien, obwohl Dieter von großer Statur war. Nachdem er sich auf die Unterlage gelegt hatte, spürte ich den hohen Muskeltonus an seinem rechten Fuß. Ich zeigte ihm durch kleine Bewegungen die Verbindungen zwischen seinem Fuß, seinem Becken und seiner Wirbelsäule. Nach der Feldenkrais-Stunde beobachtete ich Dieters Schuhe und riet ihm beiläufig zum Abschied, größere Schuhe auszutesten.

Bereits in der nächsten Woche trug er neue, größere Schuhe. Er hatte sie unmittelbar nach unserer letzten Sitzung gekauft. Die Schmerzen in seinem Knie und seinem Fuß hatten während der einen Woche ein wenig nachgelassen. Beim Abtasten seiner Füße konnte ich eine verringerte Muskelanspannung feststellen. Als ich den kleinen Zeh am rechten Fuß ein wenig drehte, weckte dies in ihm ein sehr unangenehmes Gefühl, welches ihm im Laufe seines Lebens häufig begegnet war. Ich begleitete ihn mit diesem Gefühl in seine Kindheit, und er erinnerte sich an eine Zeit als Fünfjähriger, als seine berufstätigen Eltern beschlossen hatten, ihren Sohn, der damals bei seinem Großvater lebte, wieder ins Elternhaus zurückzuholen, um für „die richtige" Erziehung zu sorgen. Der Großvater hatte Dieter nach der Meinung der Eltern zu große Freiheiten gelassen. Er wurde beim Turn-, Sing- und Schwimmunterricht angemeldet. Seine Wochentage waren restlos mit Terminen ausgebucht. Dieter erinnerte sich an eine bestimmte Situation während jener Umbruchzeit in seiner Kindheit, in welcher er die Qual von zu engen Sonntagsschuhen erdulden mußte. Ich führte ihn mit der Re-Imprinting-Technik* in seine Vergangenheit, und Dieter fand zahlreiche Ressourcen**, die er symbolisch seinen Eltern in die damalige Zeit schickte. So war es ihm möglich, seinem Vater und seiner Mutter zu verzeihen und diese auch mit ihren Fehlern und Schwächen zu würdigen. Noch immer hatten Dieters Schmerzen nicht restlos aufgehört. Er lernte durch Lektionen eine angenehmere Becken-, Knie- und Fußhaltung kennen, wodurch sein rechter Fuß die Möglichkeit hatte, seinen hohen Muskeltonus aufzugeben. Zwei Monate kam Dieter noch regelmäßig zu mir, nicht weil er Schmerzen hatte – diese hörten schon bald durch seine neu erworbene Körperhaltung auf – sondern weil er fasziniert war über das „geheimnisvolle Ausbreiten seiner Füße". Er beklagte humorvoll seinen hohen Schuhverbrauch. Durch sein „Fußwachstum" hatte er eigenen Aussagen nach „mehr Standvermögen und Sicherheit" erlangt. In seiner Firma hatte er gekündigt. Mit „er läßt sich doch nirgends mehr hineindrängen, weder in Schuhe noch in Firmen, in welchen es ihm nicht gefällt", verabschiedete er sich mit seinen um zwei Nummern größeren Füßen von mir.

---

* Re-Imprinting: NLP-Technik, welche ursprüngliche Problem-Situationen in der Vergangenheit durch inzwischen erworbene, positive Fähigkeiten des Klienten bearbeitet.

** Quelle von positiven Eigenschaften und die Fähigkeit, von guten Erfahrungen zu profitieren.

3.6.1 BodyMind-Übung: Der Schuh-Anker

1. Haben Sie sich bereits Ihre Lieblingsschuhe beankert? Falls nicht, nehmen Sie Ihre Schuhe, lassen die „bösen Geister" durch kleine Zeremonien oder Zaubersprüche aus den Schuhen entweichen, um Platz zu machen für Ihre „Stärke-Quellen".

2. Ziehen Sie nun Ihre Schuhe an, und im Stehen suchen Sie sich Fähigkeiten und Zustände, wie z.B. Standfestigkeit, Leichtigkeit, Sprungkraft etc., welche Sie gerne zur Verfügung haben würden. Finden Sie zu jeder erwünschten Fähigkeit oder zu jedem Zustand X eine entsprechende Situation aus Ihrer Vergangenheit, und lassen Sie sie durch Bilder, Geräusche und Gefühle wieder aufleben.

3. Intensivieren Sie die jeweiligen Gefühle in Ihrem Körper, und schieben Sie diese in Ihrer Vorstellung nacheinander durch Ihre Füße in Ihre Schuhe.

4. Nehmen Sie nun Ihre Körperhaltung und die Auflagefläche Ihrer Füße in den Schuhen wahr.

5. Suchen Sie sich zukünftige Situationen mit Ihren „beankerten" Schuhen, und malen Sie jene in Ihrer Phantasie aus.

3.6.2 Lektion: Fußlektion – das Standvermögen

1. Spüren Sie im Stehen die Auflagefläche Ihrer Füße: Ist der Druck stärker auf Ihren Zehenballen, auf Ihren Fersen, auf der Innen- oder Außenkante Ihrer Fußsohlen? Auf welchem Ihrer Füße bemerken Sie mehr Gewicht?

2. Setzen Sie sich so auf die Unterlage, daß Ihre Knie nach außen gekippt sind und sich Ihre Füße vor Ihrem Körper befinden. Betrachten Sie Ihre Füße: Welcher von ihnen erscheint Ihnen größer, welcher ist breiter, sind Ihre Zehen am rechten und linken Fuß gleich angeordnet. Vergleichen Sie die Hornhaut, falls vorhanden, an Ihrem rechten mit

jener am linken Fuß. Sie gibt uns Aufschluß über unsere Art und Weise zu stehen und zu gehen.

3. Nehmen Sie Ihren rechten Fuß in Ihre Hände, und drücken Sie ihn ein wenig von beiden Seiten. Jetzt beginnen Sie an Ihrem rechten Fuß, die einzelnen Zehen ein wenig zu bewegen und sie zu drehen.

4. Mit Ihren Händen stützen Sie sich hinter Ihnen auf. Schieben Sie Ihren rechten Fuß auf seiner Außenkante nach vorn und wieder zurück, und spüren Sie die Veränderungen in Ihrem Becken und an Ihrem Rücken. Nachdem diese Bewegungen einige Male auf der Außenkante ausgeführt wurden, gleitet nun Ihr rechter Fuß auf seiner Innenkante nach vorn und zurück. Gönnen Sie sich eine Pause, und legen Sie sich flach auf Ihren Rücken. Vergleichen Sie Ihre Beine miteinander.

5. Stellen Sie Ihre Beine auf, und drücken Sie Ihre rechte Fußsohle gegen die Unterlage, Ihre rechte Hüftseite wird sich ein wenig von der Unterlage heben. Spüren Sie den Druck auf Ihrem rechten Fuß an Ihrer Ferse, Ihren Zehenballen, Ihren Innen- oder Außenkanten? Wie reagiert Ihr Rücken darauf?

6. Stellen Sie Ihren rechten Fuß ein wenig weiter nach rechts, und üben Sie wieder Druck auf Ihren rechten Fuß aus. An welchen Stellen Ihrer rechten Fußsohle spüren Sie nun den Druck? Wie verändert sich Ihre Rückenauflage?

7. Bringen Sie Ihren rechten Fuß wieder einige Zentimeter nach rechts, und drücken Sie mit Ihrer rechten Fußsohle auf die Unterlage. Fahren Sie mit dieser Bewegung fort: Der Abstand zwischen Ihrem rechten und Ihrem linken Bein vergrößert sich nach jedem Druck auf

Ihren rechten Fuß. Überschreiten Sie nicht Ihre Schmerzgrenzen. Wie organisiert sich Ihre Wirbelsäule?

8. Nehmen Sie Ihren rechten Fuß nach und nach wieder in die Ausgangsposition zurück, indem Sie nach jedem Positionswechsel ein wenig Druck auf Ihren rechten Fuß geben. Strecken Sie sich aus, und vergleichen Sie Ihre beiden Körperhälften.

9. Im Sitzen gleitet Ihr rechter Fuß auf seiner Außen- und Innenkante wieder nach vorn und zurück. Spüren Sie die Qualität dieser Bewegung.

10. Erforschen Sie nun Ihren linken Fuß, indem Sie Ihre Zehen bewegen und drehen. Bewegen Sie Ihren linken Fuß auf seiner Außen- und Innenkante auf der Unterlage entlang. Ruhen Sie sich für einen Moment aus, und legen Sie sich flach auf Ihren Rücken.

11. Stellen Sie Ihre Beine auf, und drücken Sie diesmal mit Ihrer linken Fußsohle gegen die Unterlage. Setzen Sie Ihren linken Fuß nach jedem Druck weiter nach links, so daß Ihr linkes Bein sich von Ihrem rechten entfernt. Spüren Sie die Reaktion jener Bewegungen an Ihrem Rücken?

12. Strecken Sie Ihre Beine aus, und gönnen Sie sich eine kurze Pause. Richten Sie Ihre Aufmerksamkeit auf Ihre Auflageflächen.

13. Ihre Beine bitte wieder aufstellen. Malen Sie sich in Gedanken aus, Ihre Füße wären in Farbe eingetaucht und Sie würden nun auf der Unterlage einen Abdruck von Ihren Fußsohlen herstellen. Spüren Sie die Auswirkungen dieser Fußbewegungen auf Ihr Becken und auf Ihren Rücken?

14. Strecken Sie Ihre Beine aus, und spüren Sie die Beschaffenheit Ihrer Füße. Rollen Sie sich langsam auf Ihre Seite, und im Sitzen bewegen Sie jeweils die Außen- und Innenkanten Ihrer Füße auf der Unterlage entlang.

15. Im Stehen lassen Sie diese Lektion nachwirken. Wie spüren Sie nun den Kontakt Ihrer Fußsohlen mit dem Boden?

3.7 „Das Schwein"

Alexandra, 34 Jahre, Sozialpädagogin:
Alexandra hatte seit langer Zeit keine Menstruationen mehr. Sie ist verheiratet und arbeitete neben ihrer Tätigkeit als Sozialpädagogin im Geschäft ihres Mannes mit. Vor zwölf Jahren war die Menstruation von einem Monat auf den anderen ausgeblieben. Sie hatte einige Ärzte aufgesucht, und nachdem sich kein Erfolg einstellt hatte, hatte sie sich damit abgefunden und war schließlich froh darüber gewesen, daß sie von den „unliebsamen Nebenerscheinungen" eines Zyklus verschont bleiben sollte. Aber in letzter Zeit hatte sie sich Sorgen über ihren Zustand gemacht, zumal ihr Mann und sie in naher Zukunft Kinder haben wollten.

Bei unserer ersten Begegnung waren ihre Becken- und Bauchmuskulatur und ihr unterer Rückenbereich stark angespannt. Ihre Atmung war flach und nur am Brustkorb sichtbar. In Seitenlage bewegte ich ein wenig Alexandras Becken. Sie hatte Mühe, meinen Händen die Bewegungen ihres Beckens zu überlassen. Ich drückte ihre obere Hüfte in Richtung Unterlage, damit ihr Becken einen Impuls bekam, die Anspannung zu lockern. Anstatt nachzugeben, drückte Alexandra mit großem Kraftaufwand mit dem Becken gegen meine Hand. Nachdem ich sie auf ihre Reaktion hingewiesen hatte, sagte sie nur, daß sie im Becken immer Schwierigkeiten gehabt hätte, loszulassen. Sie wollte immer Kontrolle über ihren Körper behalten, da sie schon zu oft ihre Kontrolle als Kind hatte abgeben müssen. Sie war damals als Siebenjährige von einem 60jährigen Nachbarn sexuell mißbraucht worden und später als Elfjährige vom damaligen Lebensgefährten ihrer Mutter belästigt worden. Alexandra erzählte: „Als die Mutter eines Abends nicht da war, überfiel mich das Schwein. Ich kann mich nur noch an die geblümte Bettwäsche erinnern, alles andere habe ich aus der Erinnerung gelöscht."

In einem angenehmen Zustand reiste Alexandra in ihrer Vorstellung in ihre Kindheit. Sie „schickte" ihren Eltern starke Beschützer-Ressourcen, um dadurch ihre Vergangenheit aus einer neuen Perspektive betrachten und sich davon befreien zu können. Als sie wieder in die Gegenwart zurückkehrte, empfand sie eine große Erleichterung. Sie sah dabei ein Bild von einem großen Berg, Alexandras Symbol für ihre unangenehme Vergangenheit. Er fiel in sich zusammen und wurde zu feiner

Erde, aus jener nun herrliche Blumen wuchsen. Eine Woche später kam sie, wie sie sagte, „von der großen, schwarzen Vergangenheit befreit", in unsere Sitzung; ihre Menstruation hatte sich jedoch nicht eingestellt. Ich tastete ihr Becken ab und spürte rechts und links neben der Kreuzbeingegend harte, großflächige Muskelverspannung. Alexandra verwandelte mit Hilfe von NLP-Techniken ihre negativen Erfahrungen aus ihrer Vergangenheit in einen wertvollen Erfahrungsschatz, welcher ihr Leben nun bereichert. Eine Menstruation setzte aber nicht ein. Durch bestimmte Beckendrehungen und das Bewußtmachen des Zusammenwirkens zwischen Wirbelsäule, Becken, Brustbein und der Atmung lockerte sich ihre schon seit Jahren festgehaltene Beckenmuskulatur. Alexandra lernte eine neue Art, ihr Becken zu bewegen. Nach wenigen Tagen setzte ihre Menstruation ein. Wir kreierten noch eine Art Bauchtanz mit ihrem neuen Leitsatz „Mein Körper gehört mir", so daß sie sich jederzeit an ihre neue Lebensqualität erinnern konnte.

3.7.1 BodyMind-Übung: *Abschied von Verletzungen*

1. Finden Sie eine Situation X, in welcher Sie von Mitmenschen verletzt worden sind. Nehmen Sie die entsprechende Körperhaltung wahr.

2. Legen Sie sich auf Ihren Rücken, und wählen Sie eine Farbe, welche Sie für Ihren imaginären Schutzmantel benutzen können, und hüllen Sie sich in Ihrer Vorstellung in diesen Mantel ein.

3. In dieser Schutzhülle beginnen Sie nun wie nach einem langen Schlaf, sich langsam und ein wenig zu bewegen. Nehmen Sie danach ein imaginäres, handgroßes Zifferblatt unter Ihr Becken, und kreisen Sie Ihr Becken  an jenem Zifferblatt entlang in Richtung des Uhrzeigers. Ihre Einatmung bzw. Ausatmung findet dabei während einer ganzen Kreisbewegung statt.

4. Nehmen Sie währenddessen die Bewegungen an Ihren Füßen, Ihrem Rücken, Ihren Schultern und Ihrem Hinterkopf wahr.

5. Bewegen Sie Ihr Becken in Richtung entgegen dem Uhrzeiger, auch diesmal finden Ein- oder Ausatmung in der Zeit eines Vollkreises statt. Führen Sie die Bewegungen so lange aus, bis Sie sie fließend und leicht anfühlen. Beachten Sie wieder die Auswirkungen jener Kreisbewegung auf Ihre Füße, Ihren Rücken, Ihre Schultern und Ihren Hinterkopf.

6. Im Stehen hüllen Sie sich in Ihren Schutzmantel ein, und beachten Sie Ihre jetzige Körperorganisation. Gehen Sie ein paar Schritte, und finden Sie ein entsprechendes Symbol für Ihr Körpergefühl.

7. Holen Sie sich eine mögliche Verletzungssituation in der nahen Zukunft vor Augen, und erleben Sie sich dort in Ihrer Vorstellung mit Ihrem Schutzmantel und Ihrem Symbol.

3.7.2 Lektion: Die Freiheit des Beckens – „die Stärke in mir"

1. Spüren Sie im Stehen die Berührungsflächen Ihrer Füße mit der Unterlage. Halten Sie Ihre Knie angebeugt oder sind sie durchgestreckt? Nehmen Sie an Ihrem unteren Rückenbereich mehr oder weniger Hohlrücken wahr?

2. Legen Sie nun Ihre Hände an Ihren unteren Rücken, und kippen Sie Ihr Becken leicht nach vorn und nach hinten. Spüren Sie mit Ihren Händen mögliche Veränderungen an Ihrer Muskulatur am unteren Rückenbereich. Vielleicht können Sie die „Neutralstellung" Ihres Beckens herausfin-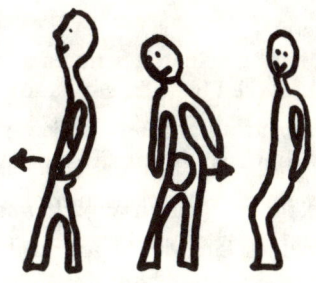den: Ihre Muskulatur unter Ihren Händen wird sich dabei entspannt anfühlen. Spüren Sie, während Sie Ihr Becken nach vorn und zurück bewegen, die Veränderungen an Ihrer Wirbelsäule, Ihren Schultern und Ihrem Kopf.

3. Legen Sie sich mit Ihrem Rücken auf die Unterlage, und beobachten Sie die Auflageflächen Ihrer Beine, Ihres Beckens und Ihres Rückens. Wieviel

Raum spüren Sie zwischen der Unterlage und Ihrem unteren Rücken? Wie liegen Ihre Schultern, Ihre Arme und Ihr Kopf auf?

4. Stellen Sie Ihre Beine in einem angenehmen Abstand auf, Ihre Fußsohlen stehen flach auf dem Boden. Achten Sie darauf, daß Ihre Beine mit einer möglichst geringen Muskelanspannung stehen: Stellen Sie dazu Ihre Füße zunächst im engen, danach im weiten Abstand auf. Ihre Knie kippen dabei je nach Fußposition entweder nach außen oder nach innen. Ihre Neutralposition befindet sich zwischen jenen Abständen.

5. Rollen Sie Ihr Becken auf der Unter-  lage entlang, so daß an Ihrer Lenden- wirbelgegend der Hohlrücken sich vergrößert und sich wieder verkleinert. Richten Sie Ihre Aufmerksamkeit auf Ihre Füße, und spüren Sie, wie sich abwechselnd Druck und Zug an Ihren Füßen bemerkbar machen, während Sie Ihr Becken weiterhin auf der Unterlage entlangrollen.

Reagieren Ihre Schultern ebenso auf diese Beckenbewegungen, indem Sie sich ein wenig von der Unterlage heben und senken? Vielleicht bemerken Sie, wie Ihr Kinn sich Ihrem Brustkorb nähert und sich wieder von ihm entfernt.

6. Stellen Sie sich ein handgroßes Zif-  ferblatt unter Ihrem Becken vor. Wenn sich Ihr Steißbein der Unterlage nähert, befinden Sie sich auf Ziffer sechs; ver- kleinert sich der Bogen an Ihrem Len- denwirbelbereich, bewegen Sie sich auf Ziffer zwölf.

Strecken Sie Ihre Beine aus, und spüren Sie die Auflagefläche Ihrer Beine, Ihres Beckens und Ihres Rücken auf der Unterlage.

7. Ihre Beine sind nun wieder aufgestellt. Schaukeln Sie Ihr Becken auf der Unterlage ein wenig hin und her. Das Gewicht an Ihrem Becken und Ihrem

unteren Rückenbereich verlagert sich abwechselnd zu Ihrer linken und rechten Seite. Damit bewegen Sie sich zwischen den Ziffern drei und neun.

Ruhen Sie sich für einen Moment gerne etwas aus, und spüren Sie den Kontakt Ihres Beckens auf der Unterlage.

8. Das nächste Mal, wenn Sie Ihre Beine aufstellen, rollen Sie Ihr Becken auf direktem Weg zwischen der Ziffer zwölf und der Ziffer sechs. Beobachten Sie Ihre Bewegungen, und vergewissern Sie sich, daß sie fließend –

ohne Unterbechungen – sind. Anschließend bewegen Sie Ihr Becken zwischen der Ziffer eins und der gegenüberliegenden Ziffer sieben. Wenn gleichfalls jene Verbindung der beiden Ziffern mit Leichtigkeit ausführbar ist, bewegen Sie Ihr Becken zwischen den Ziffern zwei und acht, den Ziffern drei und neun, den Ziffern vier und zehn und den Ziffern fünf und elf.

Strecken Sie Ihre Beine aus, und spüren Sie die Auflagefläche Ihres Beckens und Ihres Rückens. Nehmen Sie die Breite und die Organisation Ihres Beckens wahr.

9. Stellen Sie Ihre Beine auf, und kreisen Sie Ihr Becken nunmehr in Richtung des Uhrzeigers von der Ziffer zwölf über die Ziffern eins, zwei …, bis Sie wieder bei der Ziffer zwölf angekommen sind. Spüren Sie, wie Ihre anderen Körperteile auf diese Kreisbewegung reagieren:

Wie sich der Druck auf Ihre Füße und Ihren Rücken verändert, wie sich jene Kreisbewegung in Ihrem Becken gleichfalls an Ihren Füßen, Ihren Knien, Ihren Schultern und Ihrem Hinterkopf widerspiegelt. Vergewissern Sie sich, daß diese Bewegung gleitend und mühelos ausgeführt wird.

Erlauben Sie sich eine Pause, und strecken Sie sich aus. Beobachten Sie, inwiefern sich Ihr Becken und Ihr Rücken verändert hat.

10. Stellen Sie Ihre Beine auf, und bewegen Sie Ihr Becken in Richtung entgegen dem Uhrzeiger von Ziffer 12 über Ziffer 11 ... Gibt es einen Unterschied in der Qualität dieser beiden Kreisbewegungen? Ist Ihr Beckenkreis unterbrochen oder gleitend? Spüren Sie die Verbindung zwischen Ihrem Becken und Ihrem Hinterkopf. Ihre Beckenbewegungen wirken sich gleichfalls auf Ihre Wirbelsäule und Ihre Schultern aus. Räumen Sie sich eine kurze Pause ein.

11. Stellen Sie wieder Ihre Beine auf. Ihr Becken befindet sich nun in seiner „Neutralposition", welche zugleich der Zeigermitte entspricht. Von jenem Ausgangspunkt bewegen Sie sich auf die Ziffer zwölf und kehren wieder zur 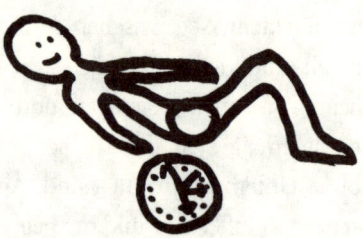 Mitte zurück. Im Anschluß daran steuern Sie die Ziffer eins und wieder die Neutralstellung an. Auf dieselbe Weise verfahren Sie allmählich mit allen Ziffern. Vielleicht spüren Sie jene Beckenbewegungen gleichsam verkleinert an Ihrem Hinterkopf.

Strecken Sie Ihre Beine aus, und beachten Sie, wie sich infolge dieser Übung der Kontakt Ihres Beckens mit der Unterlage verändert hat. Spüren Sie die Länge Ihres Körpers und die Art und Weise, wie Ihre Beine, Ihr Rücken, Ihre Arme und Ihr Hinterkopf aufliegen.

12. Stellen Sie Ihre Beine auf, und kreisen Sie Ihr Becken in beide Richtungen entlang dem Ziffernblatt, und achten Sie auf die fließende und gleichmäßige Qualität Ihrer Bewegungen. Beginnen Sie zunächst sehr langsam, und werden Sie in Ihrem Beckenkreisen immer schneller.

13. Stellen Sie sich nun ein Stempelkissen mit einer Farbe Ihrer Wahl unter Ihrem Becken vor. Färben Sie Ihre hintere Beckenseite ein, indem Sie Ihr Becken auf jenem Stempelkissen rollen, drehen und schaukeln.

14. Legen Sie sich abschließend flach auf den Boden und lenken Ihre Aufmerksamkeit auf die Berührungsflächen Ihres Körpers mit der Unterlage. Rollen Sie zu einer Seite, und stehen Sie sehr langsam auf.

15. Im Stehen spüren Sie den Kontakt Ihrer Füße mit dem Boden. Beachten Sie die Veränderungen Ihrer Körperhaltung. Wie nehmen Sie jetzt Ihr Becken, Ihre Wirbelsäule und Ihren Kopf wahr? Wie hat sich die Position Ihres Beckens verändert?

Verlagern Sie das Gewicht Ihres Beckens zu beiden Seiten, nach vorn und zurück, und gehen Sie einige Schritte. Spüren Sie die Verbindungen zwischen Ihrem Becken, Ihrem Rücken und Ihrem Kopf.

Erdenken Sie sich eine konkrete Zukunftssituation X, in welcher Sie bewußt Ihr neues Körpergefühl einsetzen könnten. In Ihrer Vorstellung malen Sie sich Situation X aus und bewegen zugleich ein wenig Ihr Becken. Nehmen Sie nun Ihre Empfindungen wahr.

3.8 „Ich kotze mich frei"

Dorothea, 24 Jahre, Studentin:
Dorothea war wohlbehütet aufgewachsen. Mit ihrem Vater kam sie ausgesprochen gut aus, nur mit der Mutter, „die sich immer noch gerne in alles einmischen möchte", hatte sie große Auseinandersetzungen. Ihre Mutter stammte aus einer sehr wohlhabenden schweizerischen Familie. Als sie seinerzeit Dorotheas Vater, einen jungen Arzt aus einer Bauernfamilie stammend, heiraten wollte, hatte sich Dorotheas Großmutter vehement gegen diese Verbindung Fabrikanten-Bauernfamilie gestellt, mit der Begründung, daß dieser Mann nicht in diese Familie passe. Dorotheas Mutter hatte sich durchgesetzt und war mit ihrem Mann nach Deutschland gezogen. Sie hatte in kurzen Abständen zwei Töchter geboren, die sich nicht nur in ihrem Aussehen sehr voneinander unterschieden. Dorothea hörte ihre Mutter immer wieder sagen, daß sie durch ihre große Gestalt, die dunklen Haare und Augen und ihr aufbrausendes Temperament nach der Bauernfamilie ihres Vaters „schlägt". Die zierliche, blonde Schwester dagegen stand mit ihrem „sanften" Wesen der Schweizer Familie näher.

In der Pubertät hatte Dorothea begonnen, nachts in der Speisekammer Unmengen von Vorräten zu verspeisen, und hatte sich danach sehr elend gefühlt. Sie nahm stetig zu. Bis sie sich eines Tages nach einem Eßanfall vorsätzlich mit Hilfe ihres Fingers übergeben hatte. Dies war der Beginn ihrer Bulemie-Erkrankung. Dorothea hatte auch schon eine Selbsthilfe-Gruppe aufgesucht, hatte aber nach wenigen Wochen enttäuscht den Kontakt abgebrochen.

Ich zeigte Dorothea einige NLP-Veränderungstechniken, und in ihrer Phantasie verwandelte sie ihre zierliche Mutter in ein übergewichtiges, äußerst unästhetisches Monstrum, was Dorothea äußerst amüsant fand. Ihre Unzufriedenheit über ihren Körper schien der Vergangenheit anzugehören, nachdem sie zudem mit ihrem Glaubenssatz: „Ich bin häßlich und fett" gearbeitet hatte. Ihrer Mutter konnte sie seitdem wieder freundlich begegnen. Doch ihr Muster: „Essen und sich unmittelbar danach übergeben müssen", gab Dorothea, so wurde es schon bald deutlich, nicht auf. Sie hielt sich immer noch für viel zu dick. Auch nach dem Re-Imprinting, Strategiearbeit, New Behaviour Generator usw. setzte kein Erfolg ein.

Dorothea konnte ihren Bauchraum nicht spüren und somit ein Sattheitsgefühl von einem Hungergefühl nicht unterscheiden. Ich tastete eine große Anspannung in der Bauch-Magengegend. Auch der Brustkorb war auffallend festgehalten. Mit der Hand leitete ich ihren Atem in den Bauch- und Beckenraum. Es dauerte einige Feldenkrais-Stunden, bis Dorothea den langen Atemweg in den Bauchraum fand und sich aus ihrem alten Muster befreien konnte. In einer der letzten Sitzungen hielt Dorothea einen amüsanten Vortrag über ihre Familie und deren Eigenheiten. Eine Woche später kam sie in einem T-Shirt mit der selbstgezeichneten Karikatur ihrer Familie samt Großeltern in die Sitzung und sagte: „Ich habe mich ausgekotzt."

3.8.1 BodyMind-Übung: In Kontakt mit mir:

1. Finden Sie eine Situation X, in welcher Sie sich einen intensiveren Kontakt zu Ihrem „Innern" wünschen, z.B. bei Entscheidungen oder wenn Sie das Bedürfnis nach Ruhe haben.

2. Setzen Sie sich auf die Vorderkante des Stuhles, und achten Sie darauf, daß Ihr Unterkiefer, welcher zugleich die Anspannung in Ihrem Zwerchfell wider-

spiegelt, entspannt wie bei einem staunenden Kind nach unten fällt. Ihr Mund wird dadurch leicht geöffnet. Legen Sie Ihre beiden Hände entspannt mit den Handflächen nach oben auf die Oberschenkel.

3. Mit der Ausatmung krümmen Sie Ihre Wirbelsäule, während Ihr Brustkorb kleiner wird. Das Gewicht an Ihrem Becken verlagert sich dadurch nach hinten. Mit der Einatmung richten Sie wieder Ihre Wirbelsäule und Ihren Kopf auf. Ihr Mund und Ihre Augen bleiben dabei geöffnet. Wiederholen Sie diese Bewegungen mindestens fünfzehnmal in Ihrem eigenen Tempo.

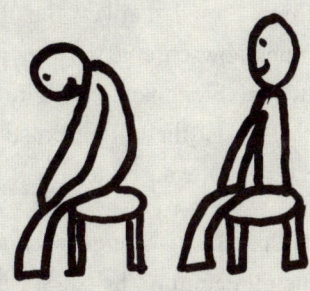

4. Lehnen Sie sich zurück, und lenken Sie Ihre Aufmerksamkeit auf Ihre Füße und Zehen, Ihre Hände und Finger. Beachten Sie ebenso mögliche Veränderungen an Ihrem Mundbereich. Vielleicht nehmen Sie ein leichtes Prickeln oder sonstige Veränderungen an Ihrem Körper wahr.

5. Tragen Sie dieses Körpergefühl in Ihrer Phantasie in jene Situationen, in welchen Sie diese Qualität gebrauchen können.

3.8.2 Lektion: Die Atmung – die Verbindung zur Außenwelt

1. Legen Sie sich mit Ihrem Rücken flach auf die Unterlage, und lassen Sie Ihren Kopf auf einem kleinen Kissen ruhen. Ihre Aufmerksamkeit richten Sie auf die Auflagefläche Ihres Körpers und auf Ihre Atmung im Brust- und Bauchraum.

Mit Ihren Händen fühlen Sie an verschiedenen Stellen Ihres Oberkörpers Ihre Atembewegungen. Wo sind diese deutlich zu spüren, wo findet kaum Bewegung statt? Atmen Sie Ihrem Gefühl nach vor allem in Ihre rechte oder in Ihre linke Lunge?

2. Stellen Sie Ihre Beine auf, und
legen Sie eine Hand flach auf Ihren
Brustkorb und Ihre andere Hand auf
Ihren Bauch. Lenken Sie Ihre Atmung abwechselnd zu Ihrer rechten

und zu Ihrer linken Hand, Ihre Hände werden sich nacheinander heben und
senken. Ist Ihnen Ihre Brustkorb- oder Ihre Bauchatmung vertraut? Ruhen
Sie sich bitte aus.

3. Ihre Hände befinden sich auf Ihrem Brustkorb und Ihrem Bauch. Atmen
Sie nun ein, und halten Sie für einen Moment den Atem an. Während nun
Ihre Lungen mit Luft gefüllt sind, heben und senken Sie abwechselnd in
einer Wellenbewegung Ihren Brustkorb und Ihren Bauchraum.

4. Wenn Sie wieder ausatmen wollen, unterbrechen Sie die Lektion und
beginnen wieder, mit Ihrer gehaltenen Einatmung abwechselnd Ihren
Brustkorb und Ihren Bauch zu bewegen. Gönnen Sie sich gerne etwas Ruhe,
und strecken Sie sich aus.

5. Legen Sie Ihre Hände wieder auf Ihren Bauch und Ihren Brustkorb, Ihre
Beine sind dabei aufgestellt. Atmen Sie aus, und in diesem Zustand heben
und senken Sie abwechselnd Ihren Bauch und Ihren Brustkorb.

6. Ruhen Sie sich aus, und beobachten Sie Ihre Atmung. Wie groß ist Ihr
Atemraum? Spüren Sie die Art und Weise, wie sich jetzt bei Ihrer Ein- und
Ausatmung Ihr Brustkorb und Ihr Bauch bewegt. Welche Bereiche Ihres
Rückens liegen auf der Unterlage auf? Beobachten Sie Veränderungen an
Ihrer Rückenauflage während Ihrer Ein- und Ausatmung.

7. Drehen Sie sich auf Ihre rechte
Seite, und verfolgen Sie in dieser
Lage Ihren Atemweg. Ihre linke
Hand legen Sie auf Ihr linkes

Hüftgelenk, und in Ihrer Vorstellung schicken Sie Ihre Atmung in Ihre linke Hüftseite. Wiederholen Sie dies mehrmals.

8. Ruhen Sie sich auf Ihrem Rücken wieder aus, und vergleichen Sie Ihre rechte mit Ihrer linken Körperseite: Ihre Beine, Ihre Beckenauflage, Ihren Rücken, Ihren Brustkorb und Ihren Atemraum.

9. Drehen Sie sich auf Ihre linke Seite, Ihre rechte Hand ruht auf Ihrem rechten Hüftgelenk, und atmen Sie in Ihrer Vorstellung an jene Stelle unter Ihrer rechten Hand.

10. Rollen Sie sich auf Ihren Rücken, und spüren Sie Ihre Atembewegungen. Mit Ihren Händen erforschen Sie die Bewegungen in Ihrem Bauch- und Brustraum. Wie ist nun die Auflagefläche Ihres Rückens und Ihres Beckens?

11. Ihre Beine sind nun wieder aufgestellt. Legen Sie Ihre Hände auf Ihren Brustkorb und auf Ihren Bauch und – wie bei einer der Anfangsbewegungen – heben und senken Sie abwechselnd Ihren Brustkorb und Ihren Bauch. Wie nehmen Sie jetzt diese Bewegungen wahr? Gönnen Sie sich eine Pause.

12. Wenn Sie mit Ihrem Rücken auf der Unterlage liegen, spüren Sie beim Atmen eine Veränderung in Ihrer Auflagefläche?

13. Atmen Sie wechselseitig in Ihren Brustkorb und in Ihren Bauchraum, und beachten Sie unterdessen den jeweiligen Druck an Ihrer unteren und an Ihrer oberen Rückenauflage. Führen Sie diese Atembewegungen so lange aus, bis sie mit Leichtigkeit realisierbar sind.

14. Spüren Sie die Größe Ihres Atemraumes in Ihrem Brustkorb und Ihrem Bauch. Wieviel Freiheit und Spielraum befinden sich nun in Ihren Lungenflügeln? Nehmen Sie schließlich den Kontakt Ihres Körpers auf der Unterlage wahr.

3.9 „Die Versteifung"

Elke, 37 Jahre, Soziologin:
Mit 15 Jahren hatte sie die ersten Anzeichen einer Polyarthritis bemerkt. Als sie in die erste Sitzung zu mir kam, waren ihre Fuß- und Handgelenke, ihre Finger- und Zehengrundgelenke angeschwollen. Ihre Ernährung hatte sie wegen ihrer Krankheit inzwischen auf eine spezielle Diät umgestellt, und die Symptome der Polyarthritis hatten sich somit nicht verstärkt.

Elke war es wichtig, daß sie selber über ihren weiteren Behandlungsfortgang entscheiden konnte; schon an zu viele Ärzte, Heilpraktiker und deren verschiedenste Therapien hatte sie sich ausgeliefert gefühlt. Sie hatte sich nun für die Feldenkrais-Methode entschieden. Seit geraumer Zeit nahm sie an einem Tai Chi-Kurs teil, und aus eigener Erfahrung war sie davon überzeugt, daß Methoden, die sie zur Ruhe bringen konnten, einen Stillstand ihrer Krankheit zur Folge hatten.

In den Feldenkrais-Sitzungen arbeiten wir mit dem Thema: Verbindungen ihrer Wirbelsäule zu ihren Gelenken, um diesen Zusammenhang zu klären und dadurch einen größeren Bewegungsspielraum von Hand- und Fußgelenken zu erzielen. Elke fühlte sich während der nächsten Woche ausgeglichen und wohl, trotz der vielen Arbeit, die sie gerade in ihrem Beruf zu bewältigen hatte. Ihrer Meinung nach stellte sie an sich selbst zu hohe Ansprüche und überforderte sich damit. Sie bräuchte eine „Portion" Gelassenheit und Gleichgültigkeit. Was auch immer sie begann, mußte perfekt zu Ende gebracht werden. Wir arbeiteten mit NLP-Techniken. Es ging ihr danach auch körperlich besser, in ihrem Büro konnte sie inzwischen Arbeit unerledigt liegen lassen, doch ihre Versteifungen an ihren Händen und Füßen blieben.

Elkes „Heilung" blieb aus, aber als wir uns später einmal wieder trafen, war sie im sechsten Monat schwanger. Ihre Fuß- und Handgelenke waren auffallend beweglicher geworden. Zwei Ärzte hatten, so berichtete sie mir, von einer Schwangerschaft abgeraten, weil das Risiko einer Verstärkung ihrer Erkrankung bestand. In unserem Gespräch stellte sich heraus, daß Elke in den ersten Schwangerschaftsmonaten durch die hormonelle Umstellung ein Gleichgültigkeitsgefühl ihrer Umwelt gegenüber feststellte: Sie hatte gelernt, sich „gehen zu lassen", sich nur um das Nötigste zu kümmern und auf sich selbst und ihren Körper zu hören. Inzwischen hatte zwar die-

ses für sie neue Gefühl wieder nachgelassen, doch Elke konnte sich genau an diesen Zustand erinnern, und sie hatte sich vorgenommen, dieses Gefühl der Gelassenheit, welches sie während ihrer Schwangerschaft so intensiv erfahren konnte, mit in ihr zukünftiges Leben zu nehmen.

3.9.1 BodyMind-Übung: Gelassenheit und innere Zufriedenheit

1. Denken Sie an eine Situation X, in welcher Sie mit sich unzufrieden waren: „Fehlerhaftes" Verhalten oder Auseinandersetzungen. Holen Sie sich die entsprechenden Bilder, Geräusche und Gefühle herbei.

2. In diesem Zustand gehen Sie zunächst langsam, danach immer schneller rückwärts, bis Ihnen der Rückwärtsgang vertraut und mühelos erscheint.

3. Denken Sie nun wieder an Ihre Situation X und spüren deren momentane Wirkung.

4. Wiederholen Sie das Rückwärtsgehen so lange, bis Sie über Ihre Situation X lächeln können.

3.9.2 Lektion: Zentrierung

1. Legen Sie sich mit Ihrem Rücken auf den Boden, und spüren Sie die gesamte Auflagefläche Ihres Körpers. Wie nehmen Sie den Kontakt Ihres Beckens mit der Unterlage wahr?

2. Stellen Sie Ihre Beine auf, und in Ihrer Vorstellung malen Sie mit einem Pinsel und einer Ihnen angenehmen Farbe Ihren Beckenraum aus.

3. Verschränken Sie nun Ihre Finger, und strecken Sie Ihre Arme in Richtung Zimmerdecke aus. Rollen Sie Ihr Becken auf der Unterlage entlang. Ihr unterer Rückenbereich wird sich dabei abwechselnd heben und senken. Beachten Sie währenddessen die Bewegungen Ihrer Arme.

4. Während sich bei diesem Beckenrollen der Abstand zwischen Ihrem unteren Rücken und der Unterlage verkleinert, nehmen Sie Ihre ausgestreckten Arme ein wenig in Richtung Ihrer Füße (unten). Wenn sich ein größerer Abstand zwischen Ihrem unteren Rücken und der Unterlage bildet, zeigen Ihre Arme in Richtung Ihres Kopfes (oben). Wiederholen Sie diese Bewegungen einige Male, und ruhen Sie sich im Anschluß daran für einen Moment aus.

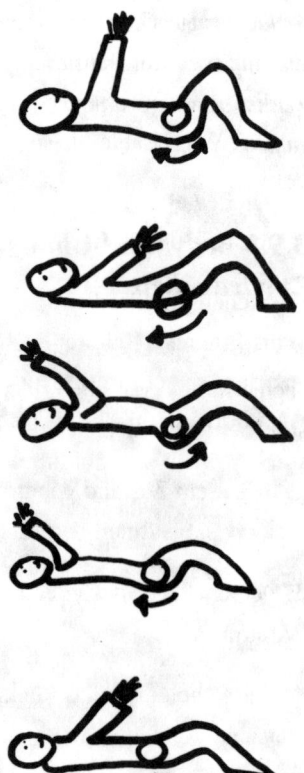

5. Ihre Beine sind aufgestellt, und Ihre ausgestreckten Arme mit verschränkten Fingern zeigen diesmal nach oben, während sich Ihr Rücken der Unterlage anpaßt. Dagegen bewegen sich Ihre Arme nach unten, wenn sich Ihr unterer Rückenbereich wölbt.

6. Strecken Sie sich aus, und spüren Sie den Kontakt Ihres Körpers mit der Unterlage.

7. Drehen Sie sich auf Ihre rechte Seite, legen Sie Ihre linke Hand auf Ihre linke Hüftseite, und beginnen Sie, Ihre linke Hüfte langsam zu kreisen. Beobachten

Sie die Veränderungen an Ihrer Wirbelsäule, an Ihrer linken Brustkorbseite und an Ihren Schultern. Kreisen Sie Ihre Hüfte ebenso in die Gegenrichtung.

8. Rollen Sie sich wieder auf Ihren Rücken, strecken Sie Ihre Beine aus, und ruhen Sie sich gerne etwas aus. Vergleichen Sie Ihre rechte Körperhälfte mit Ihrer linken.

9. Drehen Sie sich nun zu Ihrer linken Seite. Diesmal ruht Ihre rechte Hand auf Ihrer rechten Hüftseite. Kreisen Sie Ihre rechte Hüfte in beide Richtungen, und spüren Sie die entsprechenden Bewegungen an Ihrem Rücken, an Ihrer Wirbelsäule, Ihrem Brustkorb und Ihren Schultern.

10. Drehen Sie sich auf den Rücken, und gönnen Sie sich wieder Ruhe. Wie nehmen Sie den Kontakt Ihres Körpers mit der Unterlage wahr?

11. Stellen Sie Ihre Beine auf, und heben Sie ein wenig Ihre rechte Hüfte. Die ausgestreckten Arme mit den verschränkten Fingern bewegen sich währenddessen nach links. Beachten Sie, wie Ihr Körpergewicht sich auf Ihre linke Rückenseite verlagert. Wie reagiert Ihr Kopf auf diese Bewegungen? Bitte wieder ausruhen.

12. Wenn Sie jetzt wieder die rechte Hüftseite heben, nehmen Sie Ihre ausgestreckten Arme nach rechts. Wie spüren Sie nun Ihre Wirbelsäule, Ihren Rücken und Ihren Kopf?

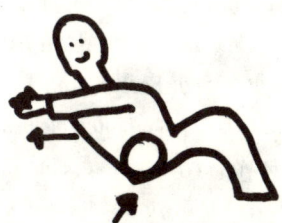

13. Legen Sie sich flach auf die Unterlage, und vergleichen Sie Ihre beiden Körperhälften.

14. Beginnen Sie diesmal lediglich in Ihrer Vorstellung, Ihre linke Hüfte zu heben und zu senken. Bewegen Sie imaginär Ihre ausgesteckten Arme dazu abwechselnd nach rechts und links. Wie würde Ihre Wirbelsäule bei jenen Bewegungen reagieren?

15. Strecken Sie Ihren Körper aus, und nehmen Sie die Veränderungen an Ihrer Körperauflage wahr.

16. Schließlich kreisen Sie Ihr Becken auf der Unterlage in beide Richtungen, und beachten

Sie die Bewegungen an Ihrem Hinterkopf. Malen Sie wieder wie zu Beginn der Lektion Ihr Becken mit einer Farbe aus.

17. Rollen Sie sich auf Ihre Seite, und stehen Sie langsam auf. Genießen Sie Ihren Körperzustand.

3.10 „Unkontrollierte Augen"

Joachim, 36 Jahre, Steuerberater:
Eigentlich hätte Joachim einen älteren Bruder gehabt, aber dieser war kurz vor seiner Geburt bei einem Autounfall gestorben. Joachim wurde zu früh geboren und konnte dank künstlicher Beatmung überleben. Mit beiden Augen hatte er immer Schwierigkeiten gehabt, besonders mit seinem linken Auge konnte er nur schlecht sehen, und zudem bewegte sich dieses Auge oft unkontrolliert und in großer Geschwindigkeit hin und her.

Kurz nach dem Abitur hatten Ärzte den Beginn einer Netzhautablösung festgestellt. Durch Beobachtung und Ruhigstellung der Augen konnte die Sehkraft seines rechten Auges erhalten bleiben. Daraufhin studierte er Betriebswirtschaft. Mitten in die Vorbereitungen auf eine Zwischenprüfung schlugen die Ärzte wieder Alarm: Die Netzhaut begann sich abzulösen. Joachim wollte auf jeden Fall eine Operation vermeiden und arbeitete an sich mit Entspannungsübungen und speziellen Augen-Seminaren. Mit der Unterstützung seiner Schwester, die ihm zahlreiche Gesetzesbücher und Skripte vorgelesen hatte, damit Joachim seine Augen schonen konnte, bestand er sein Abschlußexamen mit Erfolg. Inzwischen arbeitete er in einer Kanzlei und hatte seitdem auch wieder mehr Zeit, sich mit seinem Körper zu beschäftigen.

Mit seinen Augen arbeitete ich zunächst nicht, denn diese hatten schon zu oft „arbeiten" müssen. Durch seine Sehschwäche hatte er sich eine nach vorn geneigte Kopfhaltung angewöhnt: Sein Nacken und seine Muskulatur entlang der Wirbelsäule waren sehr angespannt. Nachdem durch die Feldenkrais-Sitzungen der hohe Muskeltonus nachgelassen hatte, tat sich auch im oberen Rückenbereich ein größerer Bewegungsspielraum auf. Doch für die Augen war trotz vieler Lektionen keine Veränderung absehbar. Wir focussierten und arbeiteten an seinem hemmen-

den Glaubenssatz: „Ich habe kein Recht, hier zu sein – mein Bruder hatte auch nicht die Berechtigung gehabt, hier zu leben." Joachim stellte fest, daß er sich wohl vorzugsweise auf das Steuerrecht spezialisiert hatte, um eine Be-Rechtigung für sein Leben zu bekommen. Wir arbeiteten an seinem „Recht", „da" zu sein, und seine Augen veränderten sich dabei derart, daß die schnellen Hin- und Herbewegungen seines linken Auges nach und nach aufhörten.

3.10.1 BodyMind-Übung: Die Sinne erweitern durch Augenbewegungen

Im NLP werden durch die Augenbewegungen Hinweise auf das innere Erleben der Menschen in bezug auf ihre visuellen, auditiven und kinästhetischen Ebenen (den „Sinneskanälen") gegeben. Oft machen wir zu wenig Gebrauch von allen Sinnen, stattdessen verhaften wir in unseren primären Sinnes-Repräsentationssystemen. Um größere Flexibilität und Kreativität in unserem Verhalten zu erhalten, benötigen wir ein reges Wechselspiel unserer Sinne.

1. Kreisen Sie langsam Ihre Augen in Richtung des Uhrzeigers. Der Kreis sollte möglichst groß sein. Beachten Sie die Augenstellungen, welche Sie in jener Kreisbewegung als stockend oder ungewohnt empfinden. Bewegen Sie Ihre Augen in derselben Weise in die entgegengesetzte Kreisrichtung.

2. Richten Sie einige Male Ihre Augen an eine Ihnen „unbekannte" und stockende Stelle, und führen Sie währenddessen Ihre Zunge im Mund auf eine den Augen gegenüberliegende Position. (Wenn Sie nun mit Ihren Augen nach rechts unten sehen, bewegen Sie Ihre Zunge im Mund nach links oben etc.)

3. Wiederholen Sie mehrmals diese Augen- und Zungenbewegungen, und wechseln Sie gegebenenfalls zu der nächsten ungewohnten Stellung der Augen: Die Augen und die Zunge bewegen sich auch diesmal in entgegengesetzte Richtungen.

4. Kreisen Sie Ihre Augen in beide Richtungen, und beachten Sie die Qualität der Bewegungen.

3.10.2 Lektion: Augen – das Blickfeld erweitern

1. Im Stehen halten Sie Ihre Arme in Schulterhöhe ausgestreckt nach rechts und links; Ihre Daumen zeigen in Richtung Zimmerdecke. Ihr Gesicht ist nach vorn gerichtet, und nun nehmen Sie zugleich Ihre beiden Daumen wahr. Während sich nun Ihre beiden Daumen in Ihrem Sicht-  feld befinden, prägen Sie sich den größtmöglichen Winkel Ihrer Arme ein. Mit welchem Auge sehen Sie Ihren Daumen deutlicher?

2. Legen Sie Ihren Rücken auf die Unterlage, Ihre Beine sind während der Lektion angewinkelt, und Ihre Füße stehen flach auf dem Boden. Beachten Sie Ihre Körperauflage, und richten Sie Ihre Aufmerksamkeit auf Ihren Kopf: Welches Auge erscheint Ihnen größer? Messen Sie in Ihrer Vorstellung den Abstand zwischen Ihrem rechten Ohrläppchen und Ihrem rechten Augen-winkel. Wie spüren Sie die Entfernung zwischen Ihrem linken Ohrläppchen und Ihrem linken Augenwinkel? Vergleichen Sie diese Abstände miteinander. Spüren Sie das Gewicht Ihrer Augen? Drehen Sie sich für kurze Zeit auf Ihren Bauch, und beachten Sie in dieser Lage das Gewicht Ihrer geschlossenen Augen.

3. Auf der Rückenlage rollen Sie langsam Ihren Kopf nach rechts und links. Spüren Sie die bogenförmige Linie, wel-che nun Ihr Hinterkopf auf der Unter-lage zeichnet. Ihr Kopf befindet sich nun wieder in seiner Ausgangsposition. Stel-  len Sie sich einen sehr kleinen Lichtpunkt in Ihrem rechten Auge vor. Dieser

Punkt bewegt sich auf der Mittellinie Ihres rechten Augapfels nach oben und nach unten. Ihre Augen halten Sie während der Übung geschlossen. Ihr Kopf wird möglicherweise diese Augenbewegungen widerspiegeln. Ruhen Sie sich aus, bevor Sie dies beschwerlich finden.

4. Stellen Sie sich diesmal vor, der Lichtpunkt in Ihrem rechten Auge bewegt sich langsam zwischen Ihrem rechten und linken Augenwinkel. Gönnen Sie sich wieder ein wenig Ruhe.

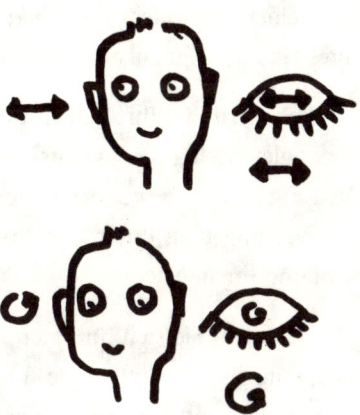

5. Hernach lassen Sie den Lichtpunkt in Ihrem rechten Auge kreisen. In welche Richtung beginnt er zu kreisen? Lenken Sie den Punkt gleichermaßen in die Gegenrichtung. Welche Ihrer Kreisbewegungen fällt Ihnen leichter?

Unterbrechen Sie diese Bewegungen und ruhen für einen Moment aus. Vergleichen Sie das Gewicht und die Größe Ihrer beiden Augen. Spüren Sie den Kontakt Ihres Körpers in seiner Gesamtheit und in seinem Detail auf der Unterlage.

6. Stellen Sie sich jetzt vor, es gäbe eine Sehgeschwindigkeit: Welches Ihrer Augen könnte nun schneller in Richtung Ihrer aufgestellten Knie blicken? Halten Sie indessen Ihre Augen ge-

schlossen und tun Sie so, als ob Sie Ihren Blick auf Ihre Knie richten würden. Nehmen Sie die verschiedenen „Geschwindigkeiten" Ihrer beiden Augen wahr.

7. Setzten Sie den Lichtpunkt in Ihr linkes Auge, und bewegen Sie den Punkt auf Ihrer vertikalen und horizontalen Augenmittellinie. Schließen Sie diese Übung mit einem Kreisen des Lichtpunktes in Ihrem linken Auge ab.

8. Nachdem Sie sich wieder ausgeruht haben, spüren Sie Ihre „Geschwindigkeit des Sehens", indem Sie mit geschlossenen Augen den Blick auf Ihre Knie richten. Beachten Sie die Qualität dieser Augenbewegungen?

9. Rollen Sie Ihren Kopf langsam nach rechts und nach links, und nehmen Sie die Freiheit und Leichtigkeit Ihrer Bewegungen wahr. Wie ist nun der Bogen Ihres Hinterkopfes auf der Unterlage im Vergleich zu seiner Anfangssituation?

10. Beginnen Sie, Ihre Augen und Ihren Unterkiefer gleichzeitig nach rechts und wieder in die Ausgangslage zu bewegen. Achten Sie auf kleine Veränderungen an Ihrem Gesicht, Ihrem Hinterkopf und Ihrem Nacken.

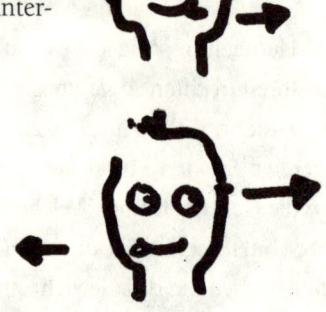

11. Nachdem Sie sich für einen Moment ausgeruht haben, drehen Sie Ihre Augen nach rechts, und diesmal bewegt sich Ihr Unterkiefer nach links. Welche Ihrer Kieferbewegungen ist Ihnen, wenn Sie zur rechten Seite sehen, angenehmer? Vergleichen Sie Ihre Augenbewegung nach rechts mit jener zu der linken Seite.

12. Vervollständigen Sie die Lektion, indem Sie nun nach links sehen, während sich Ihr Unterkiefer abwechselnd nach rechts und nach links bewegt. Wiederholen Sie diese Bewegungen einige Male. Gestehen Sie sich jetzt eine kleine Pause zu.

13. Rollen Sie Ihren Kopf auf der Unterlage langsam nach rechts und nach links, und verfolgen Sie die Veränderung Ihrer Körperorganisation. Richten Sie Ihre Aufmerksamkeit auf die Größe Ihrer Augen, auf die Leichtigkeit Ihres Sehens. Nehmen Sie mögliche Veränderungen in Ihrer Körperauflagefläche wahr. Rollen Sie sich auf Ihre Seite und stehen langsam auf.

14. Im Stehen breiten Sie, wie gehabt, Ihre Arme ausgestreckt auf Schulterhöhe zur Seite aus. Peilen Sie – Ihr Gesicht bleibt unterdessen nach

vorn gerichtet – Ihre Daumen an. In welchem Abstand voneinander befinden sich nun Ihre Arme, um Ihre Daumen gerade noch wahrnehmen zu können?

3.11 „Die Schweißhand"

Erik, 38 Jahre, Techniker:

Ich begrüßte Erik mit einem Händedruck. Seine Hand zögerte, als ich ihm meine entgegenstreckte, doch im nächsten Moment spürte ich sein Problem: Er hatte schweißtriefende Hände.

Erik war bei einem Kraftfahrzeughersteller beschäftigt, und er kam mit all seinen Mitarbeitern gut aus, bis auf seinen Vorgesetzten: Bei Besprechungen mit diesem rannen ihm die Schweißtropfen von seiner Haut. Ebenso hätte er in unvorhergesehenen Situationen ein „Schwimmbad füllen" können. Mit Autogenem Training hatte er sein Problem auch nicht in den Griff bekommen. Als wir auf der Reise in seine Vergangenheit seinem Vater mit dessen Aussage „Aus dir wird nie etwas" begegneten, reagierte er körperlich mit heftigen Schweißausbrüchen. Lassen Sie mich in einem Zeitraffer auf das Ende dieser NLP-Sitzung kommen: Er badete seinen Vater liebevoll in einem wohlduftenden Bad seines Schweißes. Wohl kaum ein Bild könnte die Verzeihung und Würdigung dem Vater gegenüber noch deutlicher machen. Sichtlich erfreut und erleichert verabschiedete sich Erik mit trockener Hand. Doch nach wenigen Tagen rief er wieder an und berichtete von erneuten Schweißausbrüchen.

Als er bei unserem nächsten Treffen von der letzten „schweißnassen" Begegnung mit seinem Vorgesetzten sprach, zog er währenddessen die Schultern nach vorn; seine Wirbelsäule krümmte sich. Seine Stimme nahm eine monotone Färbung an. Nachdem er sich das Bild mit dem badenden Vater in Erinnerung gebracht hatte, vergrößerte sich sein Brustkorb, die Wirbelsäule schien zu wachsen, und er begann zu lächeln. Eigentlich war die Lösung des Problems ganz einfach: Erik mußte nur einen Zugang zu seinem selbstgeschaffenen Bild finden, um es jederzeit in alltäglichen Situationen wieder abrufen zu können. Diese Fähigkeit hatte er sich bis zum Ende unserer Stunde angeeignet, der „Transfer" in die Außenwelt schien hergestellt zu sein. Wir beendeten also unsere Sitzung. Es dauerte keine drei Tage, da telefo-

nierten wir wieder miteinander: Seine Schweißausbrüche waren nicht mehr so intensiv wie vorher, jedoch hatte Erik eine junge Frau kennengelernt und mit ihr ein Treffen vereinbart. Bei ihrem Wiedersehen war sein Hemd innerhalb von Sekunden naßgeschwitzt. Während er von dieser Begegnung erzählte, fiel die Schulter nach vorn, sein Rücken krümmte sich, und seine Stimme hörte sich abermals monoton an. Das Bild mit seinem badenden Vater, welches er sich wieder in Erinnerung holte, half ihm, seinen Körper wieder aufzurichten. Mir wurde jetzt deutlich, wie sehr er dieses Haltungsmuster mit seinem Schweißausbruch verband und es in seinem Körper verankert war. Er konnte sich zwar mental mit Hilfe seines Vaterbildes auf die „schweißtreibenden" Situationen einstellen. Sein Körper jedoch kannte keine adäquate Körperhaltung, weshalb er wieder in sein altes psychosomatisches Muster zurückfiel. Um solch festgefahrene Muster aufzulösen und zu verändern, empfiehlt sich folgende Lektion:

3.11.1 BodyMind-Übung: *Lernen durch Verwirrung*

1. Darf ich Sie für kurze Zeit wieder in Ihre Problemwelt begleiten? Nehmen Sie irgendeine problematische Situation X, zum Beispiel Auseinandersetzungen mit Kollegen, Streit mit Ihrer Partnerin oder mit Ihrem Partner. Holen Sie sich eine entsprechende Problemsituation vor Augen, vielleicht können Sie dabei auch noch etwas hören, riechen und fühlen.

2. In diesem für Sie unangenehmen Zustand testen Sie nun folgendes aus: Drehen Sie Ihr Gesicht nach rechts und links. Ihre Augen bewegen sich gleichzeitig in die entgegengesetzte Richtung Ihres Kopfes: Während Ihr Kopf nach rechts dreht, sehen Sie zugleich nach links. Zudem kreisen Sie Ihre Zunge im Mund. Falls Sie noch nicht in Verwirrung geraten sein sollten, bewegen Sie zudem Ihren Unterkiefer zusammen mit Ihren Augen zur rechten und zur linken Seite.

Diese typischen Musterbrecher werden in der Feldenkrais-Methode bewußt eingesetzt, um Menschen effektives und schnelles Umlernen von Bewegungsmustern zu ermöglichen. Diese Technik ist gleichermaßen mit Milton Ericksons verbalem Verwirrspiel in seiner hypnotischen Arbeit mit Klienten zu vergleichen.

3. Nachdem Sie nun etliche Male jene Bewegungen mit Ihrem Kopf, Ihren Augen, Ihrer Zunge und eventuell mit Ihrem Kiefer ausgeführt haben, denken Sie noch einmal an Ihre problematische Situation X. Vielleicht stellen Sie inzwischen bereits fest, daß Ihr „Problem" nicht mehr existiert.

3.11.2 Lektion: Den Spielraum erweitern durch Verwirrung

1. Diese Lektion beginnt im Stehen. Bitte legen Sie Ihre Handflächen zusammen, und strecken Sie Ihre Arme ausgestreckt auf Schulterhöhe nach vorn aus. Dies ist die Grundposition der Lektion.

2. Ihr linker Arm verweilt nun in derselben Haltung, während sich Ihr rechter Arm und Ihr Oberkörper zusammen nach rechts drehen. Bitte bewegen Sie sich lediglich so, daß Sie Ihre Schmerzgrenze nicht überschreiten. In dieser Drehung nach rechts verharren Sie einen Moment an Ihrer „Drehgrenze". Denken Sie sich eine Linie entlang Ihrem ausgestreckten,  rechten Arm, und verlängern Sie sie in Richtung Zimmerwand. Merken Sie sich die entsprechende Stelle an Ihrer Wand.

Wiederholen Sie die Drehung mit Ihrem rechten Arm einige Male, und achten Sie auf deren Qualität: Nehmen Sie die Bewegungen fließend oder unterbrochen wahr?

3. Nehmen Sie wieder Ihre Grundposition ein. Diesmal bleibt Ihr rechter Arm nach vorn ausgestreckt, und Ihr linker Arm entfernt sich von Ihrem

rechten durch eine Drehung Ihres Oberkörpers nach links. Erkennen Sie hier einen Unterschied im Vergleich mit Ihrer Drehung nach rechts? Welche Seite ist angenehmer? Nachdem Sie diese Bewegungen einige Male ausgeführt haben, lassen Sie Ihre Arme sinken.

4. Drehen Sie nun Ihren Kopf auf angenehme Weise nach rechts und wieder zurück. Spüren Sie möglicherweise einen Zug auf Ihre linke Schulter oder eine kleine Bewegung an Ihrem oberen Rückenbereich? Ruhen Sie einen Moment etwas aus.

5. Gleiten Sie nun mit Ihrer Zunge an Ihren Zähnen der rechten Ober- und Unterkieferseite entlang. Erforschen Sie die Innenseiten und die Außenseiten Ihrer Zähne. Tasten Sie mit Ihrer Zunge ebenfalls den Mundraum hinter Ihrem letzten, rechten Backenzahn ab.

6. Währenddessen richten Sie Ihre Aufmerksamkeit auf Ihre Augen. In welche Richtung
bewegen sie sich, sobald Ihre Zunge Ihren rechten Kieferbereich erforscht? Um Sie ein wenig zu
verwirren, bringen Sie Ihre Augen nach links,
während Sie weiterhin Ihre Zunge in Ihren rech-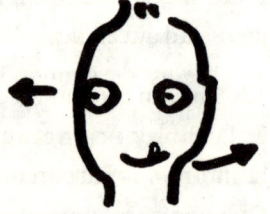
ten Mundraum schieben. Insofern Sie immer noch nicht verwirrt sind, bewe-
gen Sie auch Ihre Augen nach rechts, während Ihre Zunge in Ihrer
Mundhöhle kreist. Gönnen Sie sich gerne etwas Ruhe.

7. Stellen Sie sich wieder in Ihrer Grundposition auf, Ihre Arme halten Sie wieder ausgestreckt. Ihr linker Arm bleibt nach vorn gerichtet, und Sie dre-hen sich mit Ihrem rechten Arm nach rechts. Beachten Sie, wie Sie sich jetzt drehen.

8. Ihre Arme ruhen entspannt neben Ihrem Körper.
Diesmal lassen Sie Ihren Kopf ein wenig nach rechts
gedreht, während Sie Ihre linke Schulter etwa zehnmal
nach vorn und zurück bewegen.

9. Mit Ihren ausgestreckten Armen – Ihre Handflächen berühren sich dabei – nehmen Sie die Grundposition ein, und drehen Sie sich mit Ihrem rechten Arm nach rechts. Wie nehmen Sie neuerdings diese Bewegung wahr? Bringen Sie sich auf dieselbe Weise mit Ihrem linken Arm nach links, und vergleichen Sie Ihre beiden Drehbewegungen miteinander.

10. Überlassen Sie Ihre Arme der Schwerkraft. Bewegen Sie nun Ihre Zunge in Ihren linken Mundraum, während Sie zugleich nach links sehen. Räumen Sie sich eine kleine Pause ein.

11. Halten Sie Ihren Kopf nach links geneigt, so daß sich Ihr linkes Ohr und Ihre linke Schulter nähern. Bewegen Sie diesmal Ihre rechte Schulter in Richtung rechtes Ohr und wieder zurück. Nehmen Sie gleichzeitig die Veränderungen an Ihrer rechten Brustkorbseite und an Ihrer Wirbelsäule wahr.

12. Strecken Sie nun wieder Ihre Arme ausgestreckt nach vorn aus. Ihr rechter Arm bleibt nach vorn gerichtet. Drehen Sie sich mit Ihrem linken Arm nach links, und spüren Sie die Möglichkeit, welche Ihnen jetzt bei Ihrer Drehung zur Verfügung steht. Wie weit erfahren Sie nun Ihr Blickfeld? Bewegen Sie Ihren Oberkörper langsam nach rechts und links, und spüren Sie die Freiheit in Ihrer Drehung.

3.12 „Der Stotterer"

Thomas, 35 Jahre, Tontechniker:

Als ich vor ein paar Monaten auf der Fahrt nach Frankfurt in einem Radiointerview den Sänger „Scatman" sprechen hörte, bewunderte ich seinen Mut, sich trotz seines Sprachfehlers in der Öffentlichkeit so selbstbewußt zu präsentieren: Er stotterte. Laut des Radio-Reports war er schon seit geraumer Zeit der begehrteste Interview-Partner und Schauspieler in den USA. Ich malte mir die „Katastophe" aus, wenn Scatman seinen Sprachfehler plötzlich verlieren würde.

Thomas hatte sich mit seinem Stottern noch nicht abgefunden. Zahlreiche Stunden hatte er mit Logopädinnen, Sprachheillehrerinnen und Neurologen verbracht. Erfolgreich hatte er sich spezielle Techniken für seine Atmung und seinen Sprechrhythmus angeeignet, die ihm über viele Wortsilben beinahe stotterfrei hinweghalfen. Doch in zahlreichen Situationen wie dem Telefonieren, bei Auseinandersetzungen und dem Sprechen vor Gruppen versagte sein jahrelanges Sprechtraining.

Mit der NLP-Technik „Six-Step-Reframing"* nahm Thomas mit seinem selbstgeschaffenen „Stotter-Teil" Kontakt auf, würdigte ihn und fand anstatt des bisherigen Sprechverhaltens neue, angenehmere Wege. Für Thomas hatte sein Stottern den Vorteil, daß er vor seinen Bekannten und Freunden immer der „süße und liebenswerte Kumpel" war, der durch sein „kind-ähnliches" Sprechverhalten niemand „etwas zuleide tut". Dies hatte Thomas vor den – von ihm allzu sehr gefürchteten – Aggressionen seiner Mitmenschen bewahrt. Obwohl Thomas während der NLP-Sitzung sein neues Verhalten aufnehmen und in Zukunftssituationen transferieren konnte, veränderte sich sein Sprechen nicht.

Eine Rückschau in Thomas früheste Kindheit deckte einen sexuellen Mißbrauch seines Onkels ihm gegenüber bei einem gemeinsamen Spaziergang auf. Zudem holte sich Thomas einen Unfall in Erinnerung, als er als Zweijähriger ein Bodenreinigungsmittel aus einer Flasche getrunken hatte, worauf er wochenlang im Krankenhaus liegen mußte. Da die Entfernung zum Krankenhaus für seine Eltern zu weit war, hatten sie Thomas nur selten besucht. In seiner Vorstellung veränderte Thomas seine unerfreulichen Lebensgeschichten in für ihn angenehmere, worauf er sich mit seiner Vergangenheit aussöhnen konnte. In seiner Fantasie gestaltete er sich ein personifiziertes „Stottermännchen", welches hastig um ihn herumtanzte und mit hektisch hoher Stimme „Das klappt ja nie" kreischte.

Versuchen Sie einmal, während Sie sich dieses Bild vorstellen und dabei die Stimme des hüpfenden Männchens hören, mit ruhiger ausgeglichener Stimme zu sprechen.

---

* Six-Step-Reframe: Ein Prozeß, in dem die positve Absicht, der sekundäre Gewinn herausgearbeitet wird. Neue Wahlmöglichkeiten werden etabliert, und das ursprüngliche Verhaltensrepertoire wird dadurch erweitert.

Das unangenehme Männchen verwandelte Thomas letztendlich in einen weisen Schamanen, welcher ihm in einer tiefen, ruhigen Stimmlage Zauberworte zuflüsterte und Thomas damit ein Gefühl von Schutz und Sicherheit vermitteln konnte.

Nach sechs Wochen berichtete er mir, daß sein Stottern auffallend weniger zum Vorschein gekommen war. Manchmal jedoch hatte ihn sein Stottern in langen Gesprächen und während des Telefonierens überrascht. Dabei hatte er Verkrampfungen in seiner Kiefermuskulatur und in seinem Hals gespürt. Thomas lernte durch Feldenkrais-Lektionen, eine bewußte Entspannung seiner Kiefer- und Halsmuskulatur so herbeizuführen, daß es ihm gelang, stotterfrei am Telefon und in Gesprächen sich mitteilen zu können. Wenn er sehr müde war, so berichtete er mir später, sei sein Sprachfehler wieder zum Vorschein gekommen, aber „diese Ausnahme" hatte er „mit Vergnügen" seinem Stottermännchen zugestanden, zumal es sonst nicht mehr in Erscheinung tritt.

3.12.1 BodyMind-Übung: Anspannung – Entspannung

1. Spannen Sie Ihre Kiefermuskulatur an, und spüren Sie die Veränderungen in Ihrem Körper. Welche Teile des Körpers spiegeln diese Kieferanspannung? Finden Sie die dazu entsprechende Situation X aus Ihrer Vergangenheit (z.B. Durchsetzungs-, Aggressionsthemen etc.)

2. In Ihrer Vorstellung verwandeln Sie sich nun in einen Tiger und zeigen Sie nach allen Richtungen Ihre Zähne, indem Sie Ihren Mund weit öffnen und mögliche Feinde „anfauchen".

3. Legen Sie sich flach auf Ihren Rücken, und rollen Sie Ihr Becken auf der Unterlage entlang. Ihr unterer Rückenbereich wird sich dabei abwechselnd ein wenig von der Unterlage heben und senken.

4. Während Ihr Becken auf diese Weise rollt, legen Sie eine Hand auf Ihre Stirn und die andere Hand auf Ihr Kinn. Kreisen Sie nun einige Male Ihre Stirn in Richtung des

Uhrzeigers und Ihr Kinn in die entgegengesetzte Richtung. Wechseln Sie danach die Kinn- und Stirnbewegungen jeweils in die anderen Kreisrichtungen.

5. Stehen Sie nun langsam auf, und spüren Sie die Nachwirkungen dieser Übung.

6. Denken Sie sich eine Situation in der Zukunft aus, in welcher Sie in dieser entspannten Kieferhaltung auf angenehmere Art handeln können.

3.12.2 Lektion: Entspannung der Kiefermuskulatur

1. Setzen Sie sich bequem auf einen Stuhl, und nehmen Sie wahr, ob Ihr Kinn genau in der Mitte Ihres Gesichtes ist oder eher etwas links oder rechts davon. Drehen Sie Ihr Gesicht langsam nach rechts und nach links.

2. Mit Ihren Händen ertasten Sie die Muskulatur Ihres Unterkiefers. Spüren Sie all jene Stellen mit der ausgeprägten Muskulatur.

3. Beginnen Sie, Ihren Unterkiefer nach rechts und nach links zu schieben. Zu welcher Seite erfahren Sie Ihre Kieferbewegung fließender und angenehmer? Bringen Sie Ihren Unterkiefer nach vorn und zurück, und spüren Sie die Qualität dieser Bewegungen. Öffnen und schließen Sie Ihren Mund und ertasten währenddessen mit Ihren Fingern die Bewegungen Ihrer Kiefergelenke.

4. Legen Sie Ihre rechte Hand auf Ihr Kinn, während Ihre linke Hand auf Ihrer Stirn ruht. Bewegen Sie nun mit Hilfe Ihrer Hände Ihren Unterkiefer nach links und zugleich Ihre Stirn ein wenig nach rechts. Atmen Sie dabei aus, und sobald Ihr 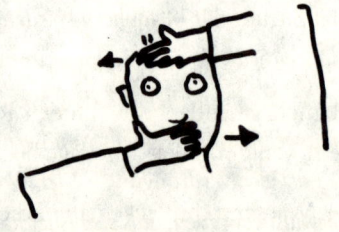 Unterkiefer und Ihre Stirn in ihre ursprünglichen Positionen zurückkehren, atmen Sie ein. Prüfen Sie gleichermaßen die entgegengesetzte Atmung: Ihr Unterkiefer bewegt sich nach links, Ihre Stirn nach rechts, und gleichzeitig

atmen Sie ein. Unterbrechen Sie diese Bewegungen, und ruhen Sie sich wieder aus.

5. Ihre linke Hand berührt Ihr Kinn, und Ihre rechte Hand liegt auf Ihrer Stirn. Während sich Ihr Unterkiefer mit Ihrer Hand nach links bewegt, wird simultan Ihre Stirn nach rechts geführt. Diese Bewegungen unterstützen Sie zunächst mit Ihrer Ausatmung, danach mit Ihrer Einatmung. Ruhen Sie gerne wieder aus.

6. Legen Sie Ihre rechte Hand auf Ihr Kinn und Ihre linke Hand auf Ihre Stirn. Beginnen Sie, Ihr Kinn und Ihre Stirn zusammen mit Ihren Händen in Richtung des Uhrzeigers zu kreisen. Ändern Sie danach die Richtung. Um Sie nun zu verwirren, kreist Ihr Unterkiefer in Richtung des Uhrzeigers, während sich Ihre Stirn entgegengesetzt bewegt.

7. Bringen Sie, wie am Anfang der Lektion, Ihren Unterkiefer nach rechts, links, vorn und zurück. Öffnen Sie Ihren Mund und spüren die Leichtigkeit und Freiheit Ihres Unterkiefers. Drehen Sie anschließend Ihren Kopf in beide Richtungen.

3.13 „Der Stein der Faulheit"

Eva, 29 Jahre, Lehrerin:
Jahrelang hatte Eva diesen Stein mit sich herumgetragen. Er war ihr, als wir in unserer Sitzung mit Metaphern spielten, regelrecht am Bauch angewachsen. Vor einigen Jahren war sie schon einmal unmittelbar vor den Prüfungen des ersten Staatsexamens in meiner Praxis gewesen. Der Stein, ihr symbolisierter Motivationsmangel, hatte sie damals vom Lernen abgehalten. Eva war Meisterin in der „hohen Kunst der Verdrängung". Vier Wochen vor ihrer ersten Prüfung war es Eva erst bewußt geworden, daß sie bisher kaum dafür gelernt hatte. Seitdem hatte sie nachts stundenlang wach gelegen und war am nächsten Morgen mit Kopfschmerzen und Herzrasen aufgewacht. Sie hatte deswegen starke Beruhigungstabletten genommen, doch war es ihr nicht möglich gewesen, in diesem Zustand zu lernen. Kurzum,

damals hatte Eva den großen Stein am Bauch in einen Schwamm verwandelt und
so den Lernstoff sinnbildlich in sich „aufsaugen" können. Die beiden Staatsexamen
hatte sie bestanden. Ihr Problem der mangelnden Motivation jedoch war immer
noch nicht gelöst. Vorbereitungen für die Schule, ihre Hausarbeit und Verpflichtungen jeglicher Art hatte sie so lange vor sich hergeschoben, bis sie auf den großen
„Druck" mit Kopfschmerzen und Schlafstörungen reagierte. Den „Stein" empfand
sie in diesem Zustand als unendlich schwer.

In den darauffolgenden Sitzungen veränderte sich „der Stein" in einen Opal, den
sie symbolisch an ihrem Finger trug. Nach kurzer Zeit „wuchs" allerdings ein zweiter Stein an ihrem Bauch, und Eva verharrte weiterhin in ihrem Zustand der
Trägheit. Die NLP-Techniken der Motivationsstrategien*, Glaubenssätze** und der
Timeline-Arbeit*** hatten ebenso wenig Erfolg. Durch die Feldenkrais-Methode
wurde ihr ihre Körperhaltung bewußt. Sie hatte einen starken Hohlrücken am
Lendenwirbelbereich. Es schien fast so, als würde sie von ihrem unsichtbaren Stein
nach vorn gezogen. Wir arbeiteten an der Aufrichtung ihrer Wirbelsäule und ihrer
Beckenstellung. Der „Stein" konnte durch die Veränderung ihrer Körperhaltung
Evas Bauch nicht mehr nach vorn ziehen. Sie ließ ihn in ihrer Phantasie mühelos zu
Boden fallen. Ihr Motivationsproblem verlor an Wichtigkeit. Sie gönnte sich mit
Vergnügen „Tage der Faulheit" und erledigte anstehende Arbeiten zur rechten Zeit.

3.13.1 BodyMind-Übung: Druck-Experiment:

1. Stellen Sie sich vor, eine schwere Last drückt auf Ihre Schultern. Vielleicht
erinnern Sie sich an eine entsprechende Situation X mit einer ähnlichen Be-
„lastung"?

---

* Strategie: Im NLP werden in der Strategiearbeit vorrangig spezifische Abfolgen von Repräsentationssystemen (z.B. Bilder, Geräusche, Gefühle) und die Werte herausgearbeitet, um effizienter ein Ziel zu
erreichen.
** Glaubenssätze, welche sich im Laufe des Lebens manifestieren und dadurch unser Denken beein-
flussen.
*** Timelines: Imaginäre Lebenslinien, welche uns in unsere Vergangenheit und in unsere Zukunft
führen können.

2. Lassen Sie nun ein imaginäres Gewicht an Ihren Schultern oder an Ihrem Nacken während der nächsten Minute schwerer und unangenehmer werden. Spüren Sie die Veränderungen in Ihrer Körperhaltung, Ihrer Atmung und Ihrer Muskulatur.

3. Sobald Sie Ihr Gewicht kaum mehr ertragen können, werden Sie sich sicherlich gegen diesen immensen Druck wehren wollen. Richten Sie Ihre Aufmerksamkeit an diejenigen Körperstellen, an welchen jener Impuls der Gegenwehr in Erscheinung tritt.

4. Atmen Sie einige Male in Ihren Bauchraum, und mit jeder Einatmung richtet sich Ihr Oberkörper nach und nach auf.

5. Im Stehen legen Sie Ihre rechte Hand auf das Gewicht an Ihrer rechten Schulter, und mit Ihrer linken Hand berühren Sie die Last an  Ihrer linken Schulter. In Ihrer Vorstellung entfernen Sie nun das Gewicht von Ihren Schultern, indem Sie jenes mit Ihren Händen in einem großen Bogen in Richtung Unterlage bewegen. Lassen Sie Ihre Last vor Ihren Augen in den Boden versickern. Führen Sie diese Übung so lange aus, bis Sie sich von Ihrer Last erleichtert haben.

6. Anschließend legen Sie Ihre Hände auf Ihren Nacken und gleiten mit Ihren Handflächen über Ihren Hinterkopf, über Ihre Stirn, Ihr Gesicht, Ihre Schultern, Ihren Brustkorb, Ihre Hüftseiten, Ihre Beine bis zu Ihren Füßen, so als ob Sie sich von einer Hülle um Ihren Körper befreien wollten. Wiederholen Sie jenes Abstreifen an Ihrem Körper einige Male.

7. Erinnern Sie sich wieder an Ihre Situation X, und erleben Sie diese mit Ihrem neuen Körpergefühl.

3.13.2 Lektion: Die Aufrichtung der Wirbelsäule

1. Die Lektion beginnt im Stehen. Richten Sie Ihre Aufmerksamkeit auf Ihre Füße und spüren deren Positionen. Wieviel Abstand nehmen Sie zwischen Ihren Fersen wahr? Stehen Ihre Füße exakt in derselben Breite wie Ihre Schultern, oder nehmen Sie einen weiteren oder engeren Stand wahr? Wie sind Ihre Füße gedreht? Zeigen Ihre Zehen nach innen, außen oder nach vorn?

Welche Stellen Ihrer Wirbelsäule sind Ihnen bewußt, welche Ihrer Wirbel sind Ihnen unbekannt? Neigen Sie sich mit Ihrem Oberkörper auf Ihre rechte und Ihre linke Seite, und vergleichen Sie diese Bewegungen miteinander.

2. Setzen Sie sich auf die Mitte des Stuhles, Ihre Hände ruhen bequem auf Ihren Oberschenkeln, und rollen Sie Ihr Becken ein wenig nach vorn und zurück, zur rechten und zur linken Seite. Verfolgen Sie die Auswirkungen dieser Bewegungen an Ihrer Wirbelsäule und Ihrem Kopf.

3. Verlagern Sie Ihr Gewicht an Ihrem Becken nach rechts. Den Druck spüren Sie nun auf Ihrem rechten Sitzbeinhöcker. Beginnen Sie, um Ihren Sitzbeinhöcker zu kreisen. Ihre Aufmerksamkeit richten Sie währenddessen auf Ihre Wirbelsäule und Ihren Brustkorb mit den Rippen. Ruhen Sie sich ein bißchen aus.

4. Ihr Gewicht ist wieder auf Ihrer rechten Beckenseite. Bewegen Sie sich ein wenig nach vorn und zurück und zur Seite. Verfolgen Sie auch diese Bewegungen an Ihrem Oberkörper. Gönnen Sie sich einen Moment Pause, und spüren Sie die Auflagefläche Ihres Beckens auf dem Stuhl.

5. Bringen Sie Ihr Gewicht wieder auf Ihre rechte Beckenseite, und umkreisen Sie in einer immer größer werdenden Spirale Ihren rechten Sitzbeinhöcker.

Ruhen Sie sich gerne etwas aus, und beachten Sie den Kontakt Ihres Körpers mit dem Stuhl.

6. Verfahren Sie nun mit Ihrer linken Beckenseite auf dieselbe Weise: Sie bewegen Ihr Becken mit dem Gewicht auf seiner linken Seite im Kreis, nach vorn, zurück, zu beiden Seiten und in einer immer größer werdenden Spirale um Ihren linken Sitzbeinhöcker. Nehmen Sie währenddessen die Bewegungen an Ihrer Wirbelsäule, Ihrem Brustkorb und Ihrem Kopf wahr. Kehren Sie in Ihre Ausgangsposition zurück, und spüren Sie die gesamte Auflagefläche Ihres Beckens, die Länge Ihrer Wirbelsäule und Ihre Kopfhaltung.

7. Im Stehen beachten Sie, wie zu Beginn der Lektion, die Positionen Ihrer Füße. Wieweit spüren Sie deren Abstand? Mit Ihrem anfänglichen Bild Ihrer Wirbelsäule verglichen, wird es nun vollständiger und genauer sein. Richten Sie Ihre Aufmerksamkeit auf die angenehme Aufrichtung Ihrer Wirbelsäule. Befestigen Sie in der Phantasie an der höchsten Stelle Ihres Kopfes ein imaginäres Gummiband. Wie bei einer Marionette wird Ihr Band nun von oben gezogen. Nehmen Sie sich Zeit, die Länge Ihrer Wirbelsäule zu erfahren und das Gefühl Ihrer Aufrichtung in sich aufzunehmen. Gehen Sie etwas umher, und nehmen Sie die Veränderungen wahr.

4

BodyMindManagement

Wie schon früher gesagt wurde: Das BodyMindManagement geht von der Einheit von Körper, Seele und Geist aus. Körper, Seele und Geist sollen im BodyMindManagement als Bezeichnungen für bestimmte Lebenbereiche ersetzt werden durch die drei Ebenen der Verwirklichung, die ich aus Gründen einer ersten „geographischen" Orientierung in der Landschaft der vielen verschiedenen Wirklichkeiten zunächst als untere, mittlere und obere Welt benennen möchte.

Auf der untersten Ebene, der Basis-Ebene, haben wir es mit grundlegenden Voraussetzungen zu tun, die es ermöglichen, daß überhaupt irgend etwas sich verwirklichen kann. Das ist die Ebene der Kräfte und der grundlegenden Energie. Auf der mittleren Ebene finden wir uns in der Wirklichkeit, so wie wir sie kennen, vor: wir sind immer schon mittendrin. Hier spielt sich das Drama des Lebens mit seinen vielen Teilnehmern, Produzenten, Konsumenten, Konkurrenten und Beobachtern ab; hier findet Auseinandersetzung und Kommunikation, Anziehung und Abstoßung, Austausch im allgemeinen statt. Das ist die Ebene der vielen Lebensgestalten, die uns in der eigenen Innenwelt und natürlich auch draußen, in der „objektiven" Wirklichkeit begegnen. In der oberen Ebene hingegen finden wir Zugang zu Begabungen und Fähigkeiten, die wir vielleicht bislang uns selbst nicht zugetraut oder nicht zugestanden haben, nämlich Intuition, Kreativität und Vision. In der Erfahrung und Verwirklichung dieser oberen Wirklichkeit, die oberhalb des Alltäglichen, Gewohnten und Gewöhnten angesiedelt ist und die eine Erweiterung unserer gewöhnlichen Wirklichkeitsvorstellung bewirkt, entdecken wir Ressourcen, die über die Kräfte des reinen Überlebens hinausgehen. Wir werden auch erstaunt feststellen, daß sie nicht einigen Genies vorbehalten sind, sondern zum Schatz des allgemein zur Verfügung stehenden kollektiven Unbewußten und des überpersönlichen Bewußtseins gehören.

Diesen drei Ebenen entsprechen drei Management-Bereiche mit den dazugehörigen Aufgaben:

I.   **Energiemanagement,**
II. **Streßmanagement,**
III. **Intuitives, kreatives und visionäres Management.**

Jedem Management-Thema ist ein Glaubenssatz unterlegt, der als Hypothese angenommen werden soll, bis er durch die persönliche Erfahrung am eigenen Leibe ersetzt worden ist. Aus dem Glauben ist dann ein Wissen aus eigener Erfahrung geworden. Diese Ausrichtung an einer Hypothese ist unsere Methode.

Wir werden experimentell Übungen anbieten und dazu einladen, sich an dem Prozeß zu beteiligen, soweit dies mit dem persönlichen Weltbild vereinbar ist. Auch dort, wo ein Experiment gegen die gewohnte Einstellung wirkt, schlagen wir vor, weiterhin den eingeschlagenen Weg unserer Methode zu gehen, um dem neuen Weg eine Chance zu geben, wirken zu können und somit eine neue Wirklichkeit zu erschaffen.

Wir gehen dabei davon aus, daß diese neue Wirklichkeit besser ist als die alte, gewohnte. Wir handeln aus diesem Glauben heraus.

I. Das **Energiemanagement** hat mit den Basiskräften von Lust, Freude, Motivation, neuen Impulsen, Appetit, Aggression, Energie, Kraft, Ausdauer, überzeugender Ausstrahlung, Präsenz zu tun.

Energie wird nicht als Linie empfunden, und zunächst auch nicht als Raum oder Kraftfeld, sondern meist als Punkt. Die Metapher dafür ist: auf den Punkt kommen. Dieser Punkt ist die Gegenwart des Augenblicks. In ihm sammelt sich alles Potential und drängt zur Verwirklichung. In diesem Sinne ist der Satz wahr: Was nicht jetzt geschieht, geschieht niemals.

Glaubenssatz: Der Organismus ist so aufgebaut, daß er im Wechsel der polaren Gegensätze von Anspannung und Entspannung sich rhythmisch auf die Anforderungen der Außenwelt einschwingt und diesen nachkommen kann. Dem Organismus steht immer genügend Energie zur Verfügung, wenn er sich selbst regulieren kann, d.h., die Beachtung seiner dualen Grundausstattung gegeben ist. Er ist nämlich fähig, sich extrem anzuspannen, um einer Anforderung gewachsen zu sein, und gleichzeitig kann er Phasen extremer Entspannung zulassen, um die Produktion/Kreation durch Regeneration/Rekreation zu ermöglichen. Die Beachtung dieser natürlichen Ordnung gewährleistet ein reibungsloses Funktionieren auf energetischer Ebene.

Erschöpfung, Lustlosigkeit, chronische Müdigkeit und Überlastung sind Signale einer grundlegenden Störung: Chronische Schwäche kann sich durch falsche Ernährung, schlechte Lebensgewohnheiten, emotionale und mentale Belastungen ergeben. Energieverlust kann durch innere Konflikte und unbewußte Aufrechterhaltung alter Einstellungen, die nicht mehr der Gegenwart angemessen sind, verursacht werden. Energetisierung ist möglich durch gezielte Nahrungsumstellung, Atem- und Bewegungsübungen, neue Ausrichtung an Lust, Lebensfreude und inneren Werten, die sich als wertvoll erweisen, indem sie die Persönlichkeit stärken, unterstützen und aufbauen.

Energiezuwachs entsteht aber auch durch Beseitigung der schwächenden Faktoren. Diese sind, abgesehen von den äußeren Umständen, in den inneren Konflikten zu finden, die den Gesamtorganismus einer chronischen Zerreißprobe aussetzen. Hier ist der Übergang zum Streßmanagement, insofern Streß immer der Streß ist, den man sich selber macht und der von innen her kommt, da er durch ungelöste Probleme und innere Konflikte zustande kommt. Streßmanagement ist also Konfliktmanagement.

II. Das **Streßmanagement** hat auf körperlicher Ebene mit jenen Schlacken und Abfallprodukten zu tun, die notwendigerweise durch einen gesunden Stoffwechsel entstehen. Körperliche Techniken der Entlastung und Entgiftung gehören dazu. Auch auf seelisch-geistiger Ebene geht es um diejenigen Vorstellungen, Vorurteile, Gewohnheiten, Konditionierungen, Sorgen, kurzum Altlasten und Belastungen, die natürlicherweise im Austausch und in der Auseinandersetzung mit der Außenwelt entstehen.

Wir befinden uns jetzt auf dem ganz alltäglichen Schauplatz des Lebensdramas, auf dem sich die Dynamik von Auseinandersetzung, Entwicklung, Krise und Katharsis abspielt.

Glaubenssatz: Der Organismus ist so eingestellt, daß er mit vorübergehenden Belastungen fertig werden kann. Voraussetzung für das Funktionieren der angemessenen Anpassung an die jeweiligen Lebenslagen und Anforderungen ist eine Perspektive der Veränderung, die ein baldiges Ende der Belastung in Aussicht stellt. Chronische Frustration, Hoffnungslosigkeit, Ausweglosigkeit sind Faktoren, die den Organismus auf Dauer überfordern. Das Streßmanagement, im Gegensatz zum Energiemanagement, vollzieht sich auf einer Linie, auf der die Streßfaktoren aufgereiht werden bzw. „auf die Reihe gebracht" werden sollen. Diese ist hauptsächlich die persönliche Lebenslinie, eine Zeitlinie, die sich von Geburt zum Tode hin erstreckt. Natürlich können auch einzelne Zeitlinien für bestimmte und spezifische Zielvorstellungen eingetragen werden. Allen diesen Linien einschließlich der Lebenslinie ist gemeinsam, daß sie sich in der Horizontalen ausbreiten. Sie können also im Raum durch gezeichnete Striche, auf dem Boden als Stricke ausgelegt und abgegangen werden. Entlang dieser Striche und Stricke gibt es Markierungen, Einschnitte, Abschnitte, Grenzübergänge, die ebenfalls in der Horizontalen angelegt sind. So entsteht eine Geographie unseres Lebens, die von uns selbst vermessen und bewußt begangen werden kann. Dadurch eröffnen sich dem Bewußtsein neue Gebiete. Ebenso können die Verhältnisse zwischen den einzelnen Lebensbereichen und deren Bewohnern, den Teilpersönlichkeiten, bewußtgemacht werden.

Streßmanagement befaßt sich vor allem mit inneren unbewußten Konflikten, die unlösbar erscheinen und somit eine chronische Belastung darstellen. Durch das Ausdrücken und Ausspielen werden sie bewußtgemacht und dramatisiert. Sie werden in den Raum gestellt (systemische Aufstellung der inneren Familie, des MultiMind etc.). Umstellungen, Veränderungen werden experimentell durchgeführt, so daß neue Verhaltensweisen erprobt werden können.

Die Frage ist: Was sind die Bedingungen für eine positive Veränderung, was müßte geschehen, welches sind die notwendigen Schritte? Durch die Dramatisierung vollzieht sich spielerisch schon eine Auflösung des „Stuck"-Status.

III. **Das Management, das sich mit Intuition, Kreativität und Vision befaßt**, kann erst jetzt wirklich greifen. Ohne Energiemanagement und Streßmanagement ist weder Körper noch Seele und Geist im Zustand, Zugang zu den sogenannten übersinnlichen Fähigkeiten zu finden.

Fehlende oder unausgeglichene Energie ebenso wie ein festgefahrener Zustand (stuck-state) fixieren „falsche", d.h. hinderliche Vorstellungen über Möglichkeiten und Grenzen des Ego. Intuition droht sich in diffusen Ahnungen zu verlieren, Kreativität bekommt etwas Gekünsteltes, Gemachtes, und Visionen können sich auf „eigen-sinnige" Phantasmagorien beschränken.

Diese Art von Management vollzieht sich in der Vertikalen. Sie läuft als virtuelle Linie durch den Körper jedes Individuums und kann insofern nicht im Raum ausgelegt werden. Jeder ist mit seiner Verbindungslinie zwischen Himmel und Erde allein.

Natürlich kann diese Verbindung graphisch dargestellt werden, um die Unterscheidung zwischen Oben und Unten, Himmel und Erde und Mittelpunkt besser nachzuvollziehen und sich bewußtzumachen, aber letztlich geschieht Kreativität und Vision im Unsichtbaren und ist unüberprüfbar. Es ist ein Prozeß, der sich im Unbewußten vollzieht.

Erst die Ergebnisse kommen an die Oberfläche des Bewußtseins und können also bewußt wahrgenommen werden, auch von anderen. Das macht diese Form von Management besonders schwierig. Sie erfordert Geduld und Vertrauen und baut auf den anderen Formen des Managements auf.

In vielen Fällen ist der Kanal, der den Menschen sowohl mit seiner eigenen überpersönlichen Ebene (höheres Selbst) als auch mit anderen Menschen und dem kollektiven Unbewußten verbinden könnte, verstopft. Dadurch gehen wertvolle Informationen, die auf normalem, sinnlichen Weg nicht zu erhalten sind, verloren bzw. kommen einfach nicht durch.

Für Intuition, Kreativität und Vision braucht es einen klaren Geist, ein gelassenes Gemüt und einen durchlässigen Körper. Es bedarf der Erfahrung von grundlegender geistiger Gesundheit, „basic soundness", was eine gewisse Nüchternheit mit einschließt.

Die Ausbildung von Intuition, das Kreativitätstraining und das visionäre Management wird sich vor allem mittels effektiver und intensiver konzentrativer, meditativer Mental- und Trance-Techniken bemühen, einen Kontakt zum Unbewußten und Überbewußten herzustellen. Die Mittel können sich auch auf künstlerische Medien erstrecken, um gestalterisch in Bild, Ton, Ritual etc. die Vision Wirklichkeit werden zu lassen.

Bei einem integrierten BodyMindManagement-Training müssen immer alle die hier erwähnten drei Ebenen vertreten sein. Probleme müssen in der hier beschriebenen Reihenfolge bearbeitet werden.

I. Energiemanagement

Der Begriff Energie leitet sich vom Altgriechischen ab und bedeutet „Kraft, die wirkt".

Wir können beim Energiemanagement direkt von den wirkenden Kräften oder von von kräftigenden Wirkungen ausgehen. Energie, das sollte jedoch nicht vergessen werden, ist nie nur einfach Kraft, sondern immer schon Kraft, die wirkt, das heißt: Kraft, zu der ich Zugang habe und die ich einsetzen kann. Energiemanagement im üblichen Sinne befaßt sich mit der Aufteilung von Kraft, die mir zur Verfügung steht. Wenn ich viel Kraft in meine Familie stecke, mag weniger davon für den Beruf übrigbleiben. Wenn der größte Teil meiner Kraft in meinen Beruf geht, ist es schwer, zu gleichen Teilen in eine Beziehung zu investieren oder außerhalb des Berufs noch auf einem anderen Gebiet tätig zu sein. Selbst wenn die Kraft zur Verfügung stünde, fehlt vielleicht die Motivation. Die Kraft verzettelt sich, wird abgelenkt, verliert sich. Es fehlt an Sammlung, um mit vereinten Kräften eine Wirkung zu erzielen. Kraft ist dann ein Potential, das aber nicht genutzt wird. Es fehlt der Zugang dazu. Kraft ist also nicht nur quantitativ zu beurteilen, sondern auch qualitativ. Es ist ähnlich wie mit der Zeit: Ich mag zwar Zeit haben, aber sie dennoch nicht nutzen können. Es fehlt das Motiv, der Impuls. Auch die Kraft bedarf, um wirklich wirken zu können, einer inneren Verfassung, die sich stimulierend auswirkt und Kräfte freisetzt. Der Zugang zu meiner Kraft, die Freisetzung und Umsetzung von Energie geschieht durch Stimulation, durch Motivation. Irgendwie muß ich überhaupt in Bewegung kommen, um mich dann irgendwann einmal in die richtige Richtung wenden zu können. Am Anfang ist also die Bewegung. Die Ausrichtung, wie sie mir vielleicht empfohlen oder befohlen wird, genügt nicht, um den entscheidenden Anfangsschritt in die eigene Dynamik zu tun, denn hier geht es ja nicht um meine eigene Erfahrung, sondern um die Vorstellung, die mir andere zu vermitteln versuchen. Motivation entsteht aber nicht dadurch, daß andere mich anschieben, sondern indem ich mir selbst den Anstoß gebe, um überhaupt in Bewegung zu kommen.

Dabei kann die Bewegung am Anfang chaotisch, sinnlos, nutzlos, zwecklos sein und als eine Verschwendung von Kraft erscheinen. Aber jedes Investment in diese Anfangsphase zahlt sich hundertfach aus, weil hier an dem Fundament der eigenen, durchlebten, durchfahrenen Erfahrung gebaut wird.

Wie diese Bewegungserfahrung angeleitet werden kann, soll nun beschrieben werden.

1. Energiemanagement durch Bewegungsimprovisation

Die Person oder auch die Gruppe, die sich zu einem Energiemanagement zusammengefunden hat, beginnt sich zu bewegen. Idealerweise steht ein großer, geheizter und heller, ein einladender, leerer Raum zur Verfügung, zusammen mit ausreichend Zeit. Minimum ist eine halbe Stunde, aber jedoch nur für Geübte. Wer sich schon lange nicht mehr bewegt hat, hat einen Nachholbedarf und muß erst warm werden, um über die Bewegung einen Weg zu finden. Die Einstiegsphase wird möglicherweise begleitet von anheizender Musik. Nicht nur die Muskeln werden warm. Auch die Lust, nicht auf dem Alten sitzenzubleiben, sondern sich in neue Erfahrungsbereiche zu wagen, entwickelt sich gleichzeitig mit dem zunehmenden Interesse an der Bewegungsimprovisation. Viele verschiedene Bewegungen werden ausprobiert. Besonders stimulierend ist natürlich die Animation durch einen Mimen, einen Schauspieler, einen Clown oder auch einen Tänzer, durch die sogenannten Go-Go-Girls. Es kommt Stimmung auf. Die Stimmung soll jedoch nicht ablenken von den eigenen inneren Prozessen, wie dies im Freizeitvergnügen, zum Beispiel in der Disco oder auf dem Jahrmarkt, der Fall ist. Als Einstieg kann diese Animation jedoch nützlich sein, ebenso wie ein Spaziergang, eine Wanderung, eine Beschäftigung mit Sport- und Spielarten sich eignet, um den Einstieg in die eigene Bewegungs-freude zu finden. Dann aber geht es weiter in die eigentliche Bewegungs-improvisation, die darin besteht, immer wieder während der Bewegung sich bewußtzumachen, was eigentlich die Kraft hinter der Bewegung ausmacht. Wie fühlt sie sich an? Wann ist sie stärker, wann schwächer? Welche Bewegungen eignen sich besser, welche Haltungen, Gesten und Gebärden bringen mich mehr in Fahrt, welche weniger? Ich kann eine lange Weile auf diese Art suchend mich bewegen. Meine Bewegung ist ein Schlendern oder Schleudern, ein Eiern, Taumeln, Zögern, Stolpern, Springen. Es ist wie das Mäandern eines Flusses, der ungehemmt sich seinen Weg an Hindernissen vorbei und hindurch sucht, der sich seinen Weg erst bahnen muß. Das kann ein Zickzack-Kurs sein, ein Vor und Zurück, ein Hin und Her, ein Gehen in Schlangenlinien und Kreisläufen. Das kann alles sein. Ich gehe „der Nase nach" und beobachte mit meinem Bewußtsein, wohin mich der Weg führt. Der Weg entwickelt sich durch die Bewegung. Er ist nicht vorgezeichnet, er entsteht jetzt. Ich kann ihn aufzeichnen, um später ihn nachzeichnen zu können. Aber wenn ich ihn nachgehen will, wird er sich neu gestalten und ganz anders sein. Der Weg ist immer neu, genau wie die Bewegung. Ist der Weg einmal gefunden, bin ich schon am Ziel, denn der Weg ist das Ziel. Es geht um eine bestimmte Bewegungsqualität, ein bestimmtes Körpergefühl, das vermittelt: Das ist es. Genau. Das will ich. Jetzt bin ich da, wo ich immer schon sein wollte. Im nächsten Augenblick kann aber alles schon wieder ganz anders sein.

Zuerst geht es nur um diese Erfahrung der Befriedigung und inneren Gewißheit. Sie zeichnet das Schwarze in die Zielscheibe. Sie ist das Ziel, sie ist aber auch der Weg dorthin. Nun kann ich das Ziel einkreisen. Ich kann mich wie die Katze um den heißen Brei herumdrücken, ich kann aber auch direkt das Ziel angehen. Ich kann in Spiralen mich hineinschrauben, ich kann die Fluglinie wählen. Und nun kommt eine paradoxe Erfahrung: Um das Ziel zu treffen, reicht es nicht, das Ziel anzupeilen. Es reicht auch nicht, munter darauflos zu gehen und sich auszurechnen, wann ich dort ankommen müßte, wenn es mit rechten Dingen zugeht. Es geht nicht mit rechten Dingen zu. Ich muß mich mit dem Ziel innerlich verbinden, eins mit ihm werden, mit ihm verschmelzen, um ins Schwarze zu treffen. Erst dann erreiche ich jene Hundertprozent, die mir das Gefühl eines Jahrhundertsieges vermitteln. Und um diesen Sieg geht es, denn er wiederum gibt mir die Bestätigung, daß ich selbst bestimme, ob ich ein Ziel im Leben habe und ob ich das Ziel treffe. Ich erhalte Selbstwert und Selbstvertrauen dadurch. Ich kann es üben. Ich muß nicht auf Anhieb alles gewinnen. Aber immer öfter und immer mehr. Ich nähere mich der Hundertprozentgrenze, ich bewege mich auf das Schwarze in der Mitte der Zielscheibe zu, und das motiviert mich, in Bewegung zu bleiben. Die Bewegung selbst hat nun ein Ziel: Bewegung. Dranbleiben am Ball. Dranbleiben am Leben.

Die Bewegungsimprovisation führt mich in Schlingen und Schlieren durch den Raum. Innerlich gewinne ich das Gefühl, daß sich etwas in mir aufbaut, das ich nicht anders als „Sinn" bezeichnen kann. Wie gesagt – oft braucht es ziemlich lange, bis ich an dieses Gefühl drankomme. Vorher möchte ich mich austoben, oder vielleicht abblocken, oder vielleicht möchte ich von vornherein aufgeben. Deshalb ist es wichtig, ein Setting zu haben und diese Übung mit anderen zusammen zu machen.

Im Grunde ist diese Bewegungsimprovisation eine Variante des Trancetanzes, wie er in vielen Kulturen zur Heilung eingesetzt wird. Ich tanze mir die Seele in den Leib, indem ich alles Hinderliche, Störende austanze und mich davon befreie. Ich mache mich frei für Neues, für die Kraft, die nun gesammelt und gerichtet einschießen kann. Im Trancetanz, den die wirbelnden Derwische praktizieren, um Gott so nahe wie möglich zu kommen, geht es darum, durch das Wirbeln um die eigene Achse zwei Wirkungen zu erzielen. Durch die Aufrichtung des Menschen und das Drehen um die eigene Achse wird die Vertikale betont. Je mehr die Wirbelbewegung um die eigene Achse sich verselbständigt und ihre Eigenbewegung erhält, desto mehr wird die eigene Achse als ruhender Pol erlebt. In der Mitte ist es still wie im Auge des Wirbelsturms. Zwei Kräfte zerren am Menschen und heben sich durch die Zentrierung auf. Da ist die Zentrifugalkraft, die den Menschen auseinander zu ziehen scheint. Ihr wird reinigende Wirkung zugeordnet, denn sie läßt alles fortfliegen, was überflüssig geworden ist. Der Mensch wird frei. Gleichzeitig aber wirkt die Zentripedalkraft auf den Menschen und scheint ihn in der Mitte zu halten. Durch sie bleibt der Mensch bei sich selbst. Durch die Zentrierung und Konzentration auf die eigene Achse stellen sich die Derwische vor, die Vereinigung von Himmel und Erde herbeizuführen. Die Einheit wird im Körper des Menschen erlebt und gefeiert.

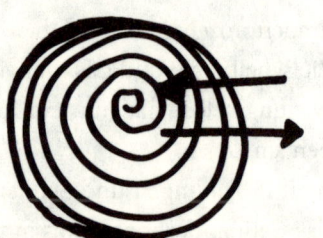

zentrifugale Kräfte: Heilung durch Austreibung des Überflüssigen, Reinigung, Katharsis

zentripetale Kräfte: Heilung durch Zusammenfassung des Wesentlichen, Integration, Zentrierung

Im Trancetanz, der im therapeutischen Kontext eingesetzt wird, geht es ebenfalls um die zwei Kräfte. Das Austanzen wirkt kathartisch und befreiend. Die Balance kann ruhig verloren werden. Der Körper wird ein neues Gleichgewicht finden und sich darin einrichten. Diese neue Körperordnung wird oft also heilsamer und besser erlebt als die alte, die irgendwie nicht mehr stimmte. Daß aber eine neue Ordnung und ein neues Gleichgewicht sich einstellen kann, geschieht dank einer Kraft, die uns im Körper und auf der Erde hält. Es ist die Schwerkraft, die erdet, und der Zusammenhalt der Körperkonturen, der Auflösung verhindert, Transformation aber ermöglicht.

Das Körpergefühl kann sich radikal ändern, ohne daß die Einheit des Leibes verletzt wird.

Insofern ist Trancetanz einer der ursprünglichsten und ältesten Formen von Energiemanagement. Die Neuordnung geschieht organisch ganz von selbst und vollzieht sich auf der Ebene des Körpers.

2. Energiemanagement mit dem „Körperorakel"

Wem der Trancetanz zu anstrengend und zu aufwendig ist, kann einen ähnlichen Prozeß in Miniatur ausführen. Auch hier ist wieder der Körper der Schauplatz des Geschehens, und wieder geht es um Körpergefühle, die durch den Prozeß ausgelöst werden und ihn begleiten.

Die Person, die das Körperorakel spielt, stellt sich aufrecht in die Mitte eines unsichtbaren Kreises, an dessen Peripherie in den vier Himmelsrichtungen vier Gestalten vier Energien repräsentieren. Die Person schließt die Augen und läßt die Energie des Kräftefeldes auf sich wirken. Sehr bald wird sich ein leichtes Pendeln und Schwanken des Körpers einstellen, und der Körper selbst wird, ohne daß das Bewußtsein eingreift, steuert, lenkt oder dirigiert, die Neigungen des Moments im wörtlichen Sinne verkörpern. Die Person wird eine Anziehung spüren, die aus einer der Richtungen kommt. Manchmal kann die Anziehung gleichmäßig aus allen Richtungen erfühlt werden, so daß eine Art Energie-Netz oder Energie-Gewebe entsteht. Es wird nun einerseits darum gehen, den Zuwachs an Energie in das momentane Körpergefühl (das bis zu diesem Augenblick durchaus Mangel, Wertlosigkeit, Schwäche, Erschöpfung, Vergiftung und andere negative Zustände verkörpern konnte) zu integrieren und so das Energieniveau der Person anzuheben. Andererseits kann sich mit dieser Übung die Beobachtung verbinden, wo besonders viel Mangel, Schwäche, Nachholbedarf oder auch Angst, Zweifel, Trauer und Taubheit gespürt wurde, wo am meisten Unterstützung gebraucht wird. In diesem Fall werden die Gestalten zu inneren Instanzen, die helfend und heilend wirken und von denen Rückendeckung, Wärme, Halt, Motivation, Begeisterung, Überblick, intellektuelle und intuitive Hilfestellung erwartet werden kann. Vor der Übung wurde abgesprochen, wer wie im Rücken für was stehen soll, wer wie vor der Person was repräsentiert, und ebenso wird abgesprochen, welche Bedeutung beiden Seiten – zur Linken und zur Rechten – zugeordnet werden soll. Je nach Fragestellung bzw. der Art des Problems können die vier Gestalten verschieden benannt und gedeutet werden. Wichtig ist auch, ob Körperkontakt erwünscht ist oder ob die Person unberührt in der Mitte ihres magischen Schutzkreises steht. Wichtig ist die Vereinbarung, die die Person mit sich selbst und mit den Mitspielern trifft: Es soll hier um einen Idealfall gehen und nur das Beste angestrebt werden.

Management des Innenlebens:

- hinten: Vergangenheit, Mond, Motive und Motivationen
- vorn: Zukunft, Sonne, Attraktionen und Visionen
- rechts: männlich, trennend und unterscheidend, Intellekt, analytisch, linear/chronologisch
- links: weiblich, verbindend und vereinigend, Intuition, kreativ auf Synthese ausgerichtet, Feld-Charakter und Synchronizität

❏ Im Rücken finden wir oft die Vergangenheit, die im Idealfall motivierend, haltend, nährend und aufbauend in die Gegenwart und darüber hinaus in die Zukunft hinein wirkt.

❏ Vorn finden wir oft die Zukunft, die im Idealfall mit attraktiven Vorstellungen lockt und winkt, die Visionen aufleuchten läßt und Begeisterung auslöst.

❏ Zur Rechten finden wir meist die männliche Seite, und natürlich nur in stilisierter, idealisierter Form das Beste davon. Das kann der linken Gehirnhemisphäre entsprechen und logischen Verstand, analytische

Vorgehensweise, linear-kausal geordnete Reihenfolge und intellektuelle Hochleistungen versprechen.

❏ Zur Linken finden wir meist die weibliche Seite, und natürlich nur in stilisierter, idealisierter Form das Beste davon. Das kann der rechten Gehirnhemisphäre entsprechen und ganzheitliche Zusammenschau, Synthese durch Intuition, Kreativität und Eros versprechen.

Schon während Sie dies lesen, mag es sein, daß Sie sich vorstellen können, wie angenehm es ist, die Unterstützung dieser vier Energien zur Verfügung zu haben. Und während Sie sich dies vorstellen, kann es sein, daß Ihr Körpergefühl sich allein durch das Lesen verändert, zum Besseren, zum Besten. Sie können diese Übung also durchaus variieren und auch allein, im Sitzen oder im Liegen machen.

Geben Sie den vier Gestalten Namen. Lassen Sie die guten Geister, die leuchtenden Engel oder auch die magischen Kraft-Tiere an Ihrem Leben teilhaben, lassen Sie Ihre hilfreichen heilenden Energien in Ihrem Leben sich auswirken, und wenden Sie sich, sooft Sie wollen, an Ihre Begleiter. Sie werden sehen – sie sind immer da. Nur ansprechen müssen Sie sie schon selbst.

Viele Fragen, die Sie an das Orakel haben, beantworten sich auf diese Weise von selbst.

3. Energiemanagement durch automatisches Zeichnen

Eine andere Möglichkeit, Ihre Energien sich neu ordnen zu lassen, besteht durch das sogenannte automatische Zeichnen. Natürlich geht es nicht automatisch von selbst, da Sie ja kein Automat sind. Aber wiederum werden Sie erstaunt feststellen, daß eine bestimmte Bewegung, sobald Sie sie einmal begonnen haben, eine Tendenz zur Verselbständigung aufweist und Sie führt. Nicht Sie führen die Feder, den Griffel, den Stift, sondern Sie werden geführt. Beginnen Sie mit der Vorstellung, nichts Besonderes zu wollen, und lassen Sie den Stift über das leere Papier wandern. Es geht nicht einmal darum, bestimmte Formen zu malen, bestimmte innere Bilder auszudrücken im Zeichnen. Es geht nur darum, den Linien des Stifts zu folgen und dabei eine kindliche Lust am Kritzeln zu empfinden.

Legen Sie einen ganzen Stapel einfaches großes Papier (z.B. alte Tapeten) neben sich bereit, und machen Sie sich an diese Arbeit, die keine Arbeit ist. Oft wird genau das Ihnen vielleicht am Anfang schwerfallen, aber geben Sie nicht auf. Ertasten Sie mit dem Stift das Neuland des leeren Papiers. Ziehen Sie Ihre Spuren. Lassen Sie die innere Bewegung Wege im Außen aufzeichnen. Der übliche Verlauf zeigt, daß nach einer Zeit gerader Linien und abgesetzter Striche das Zeichnen immer gewundener, geschwungener und verbundener wird. Die Verbindung des durchgängigen Strichs schwingt sich ein auf Kurvenlinien, die eine Tendenz haben, sich bei beschleunigter Strichführung immer mehr zu einem Kreis schließen zu wollen. Ist der Kreis einmal geschlossen, entsteht fast so etwas wie ein Strudel, der unweigerlich auf sein Zentrum zustrebt, dieses jedoch nicht geradlinig, sondern in immer engeren Spiralen erreicht. Schließlich wird die Spirale so eng, daß sie den Punkt erreicht. Wo auch immer der Punkt liegen mag, er wird nun zum Mittelpunkt, aus dem heraus ein einziger Strich, einem Pfeil gleich, herausschießt.

Sich auf den kreativen Prozeß einlassen durch zufälliges Kritzeln, das dem Brainstorming entspricht. Auf den Punkt kommen. Von dort aus mit einer direkten Linie einen Pfeilstrich ziehen.

Die ganze Energie der Zentripedalkraft sammelt sich und kehrt sich um in diesem Punkt, wird zur Zentrifugalkraft. Diese führt heraus aus dem chaotischen Wirrwarr. Die Bewegung von Innen nach Außen wird oft als äußerst befreiend und klärend empfunden, ohne daß genau gedeutet wird, was im Leben nun dem Chaos entspricht und was die neue, richtungweisende Linie bedeutet. Wichtig ist bei der Übung allein, einen Sinn für diese Dynamik zu entwickeln, das Körpergefühl, das sich damit verbindet, wahrzunehmen und im Körper zu speichern. Es kann dann in anderen Situationen, die ähnlich chaotisch und sinnlos empfunden werden, erinnert, vergegenwärtigt und damit als eine weitere Handlungsmöglichkeit in die Auswahl zur Verfügung stehender Gewohnheitsmuster einbezogen werden. So wird Befreiung, Erweiterung und Neuordnung geübt – wenngleich auch zuerst nur auf dem Papier.

Labyrinth-Muster auf einem Türschloß, Yoruba, Nigeria; indirekter Weg hinein durch Einkreisen, geschwungene Linie;
direkter Weg hinaus durch Ausstoßen, gerade Linie

4. Energiemanagement durch Mandala-Meditation

Mandala heißt im Sanskrit Kreis oder Rad. Der Kreis ist die ausgewogenste Form in der Geometrie, weil jeder Punkt auf der Peripherie gleich weit entfernt ist von dem Punkt der Mitte. Ein Mandala zu malen bedeutet, sich kraft der Formen, Farben und Gestalten, die im Kreis angeordnet sind, zu vergegenwärtigen, wie die Ganzheit, die von der Seele angestebt wird, im Alltag gelebt wird. Dabei geht es nicht um eine logische Analyse, sondern mehr um einen Ausdruck, der direkt vom Unbewußten stammt.

Es gibt zwei Herangehensweisen.

Die erste besteht darin, wieder ungehemmt auf ein leeres Blatt Papier zu malen. Farben können als Farbstifte gewählt werden, Formen und Muster entwickeln sich aus einer durchgängigen Strichführung, die so wenig wie möglich den Stift absetzt. Es können viele übereinander gelagerte Schichten entstehen. Die vorgehenden Zeichen, die gesetzt wurden, sind immer noch als Energie vorhanden und meist auch durch die Überlagerungen hindurch erkennbar. Irgendwann einmal stellt sich das Körpergefühl ein, das Bild sei ganz. Es ist ein Gefühl der Sättigung, der Fülle, nicht unbedingt der Zufriedenheit. Dennoch ist jetzt der Augenblick gekommen aufzuhören. Ein letzter Strich umrahmt das Bild mit einem Kreis, auch wenn vieles des Gezeichneten außerhalb des Kreises geblieben sein mag. In einer stillen Phase der Betrachtung kann ich nun dazu assoziieren, was alles in meinem Leben als gelebtem Kraftfeld enthalten ist. Wie verhalten sich die einzelnen Segmente des Kreises zueinander? Sind sie gleichmäßig gefüllt oder leer geblieben? Was bedeuten die einzelnen Zeichen – wofür stehen sie? Ich kann dieses Lebensbild als Sinnbild meines Lebens sehen, wobei der Sinn jedoch noch nicht dechiffriert ist. Ich mache mich daran, ihn zu entschlüsseln. Die Assoziationen werde ich mir notieren. Ich weiß, daß sich mein Mandala und meine Energie-Gewichtung verändern kann. Um so schonungsloser konfrontiere ich mich mit einem möglichen Ungleichgewicht. Ich weiß, daß es vorläufig ist. In einer Gruppe des Energiemanagements können die Assoziationen in Partner-Übungen ausgetauscht oder auch der Gruppe mitgeteilt werden. Auf keinen Fall sollte jedoch hier eine Bewertung, Belehrung oder Auswertung im Sinne einer analytischen Diskussion der Symbole geschehen.

Die zweite Herangehensweise kann sich an die erste anschließen und die gewünschte Veränderung auf das Papier bannen. Sie eignet sich aber auch als Einstieg für Menschen, denen es schwerfällt, die Kontrolle zu verlieren. Ich beginne mit einem Kreis. Diesen teile ich in symmetrische Segmente ein, entweder vier, oder acht, oder gar zwölf. Dann setze ich in jedes Segment ein Zeichen für etwas, was mir im Leben wichtig ist und wofür ich meine Energie einsetzen möchte. Manche Lebensbereiche nehmen mehrere Segmente ein, andere gehen leer aus. Schon dies ist eine wichtige Erkenntnis, die nun vor mir liegt und, auf Papier gebannt, mir ins Auge fällt. Bei manchen Lebensbereichen mache ich vielleicht expandierende, runde Linien. Bei anderen setze ich kleine, schwach gestrichelte Zeichen. Manche zeichnen sich durch Nachdruck aus, andere bleiben blaß. Manche machen mir Lust beim Zeichnen, andere sind mir eine Qual. Jedes Ungleichgewicht zeichnet sich hier gnadenlos ab. Aber nicht nur ungleiche Gewichtung fällt ins Auge. Es stellt sich auch die Frage, wie sie verändert werden könnte. Manchmal ist es einfach nur die Erkenntnis, die allein schon verändernd wirkt. Ich weiß jetzt, daß ich z.B. zu viel Energie in meine Karriere stecke, und, getrieben von meinem Ehrgeiz, mir selten oder nie erlaube, wirklich zu mir selbst zu kommen. Ich kann nun bewußt Stunden der Ruhe und Muse einführen, weil ich erkannt habe, daß auf Dauer ein solches Ungleichgewicht sich schädlich in meinem Leben auswirkt. Ich kann auch erkennen, welche Lebensgebiete besonders viel Energie verbrauchen, und mich fragen, ob sie es wert sind und ich weiterhin bereit bin, diese hohen Kosten aufzubringen. Ich kann mich fragen, ob der Preis nicht zu hoch ist. Ich kann aber auch das Mandala als Ganzheit betrachten und mein energetisches Kraftfeld daraufhin untersuchen, ob sehr viel des Gezeichneten außerhalb des Kreises liegt oder ob das Mandala in sich einen geschwächten Eindruck macht. Es kann sein, daß mich das, was ich da sehe, nicht überzeugt. Manchmal vermitteln Mandalas als kleine Universen, als in sich geschlossene und funktionierende Mikrokosmen, den Eindruck, daß irgendwo eine Schwachstelle eingebaut ist, die kontinuierlich Energie abzapft und ein Körpergefühl der chronischen Erschöpfung hinterläßt. Oder ich fühle, daß mir sehr viel mehr Energie zur Verfügung stünde, ich aber nicht so recht den Zugang finde. So ist mein Mandala vielleicht durchsetzt mit blinden Flecken, tauben Stellen, weißen Flächen. Ich weiß aber, daß Energie da ist. Nur: Was müßte sich in meinem Leben verändern, damit ich sie endlich auch leben kann? Oder: Ich kann es nicht genau benennen, was mich da stört, aber ich will nicht weiter damit leben. Ich will Veränderung, und ich bin motiviert genug, diese anzustreben. Nun male ich mir also ein Mandala, das mich befriedigt. Es ist dies wie eine Meditation: Ich versenke mich ganz in den Zustand der Ausgeglichenheit, der Ruhe und Gelassenheit und male mir mein Leben als energetisches Kraftfeld in seinem idealen Zustand aus. Wörtlich. Das Ausmalen bewirkt erstaunliche Veränderungen im Unbewußten, das nun mit neuen Vor-Bildern ausgestattet wird. Eine positive Veränderung im Unbewußten wird sich früher oder später auch im Alltag zeigen und kann dann vom Bewußtsein erkannt werden. Der nächste Schritt ist dann der der Anerkennung. Das heilende Geschehen muß anerkannt werden, damit das Energiemanagement auch erfolgreich abgeschlossen werden kann.

Management der mittleren Ebene

Bei der mittleren Ebene haben wir es mit dem ganz realen Alltag zu tun und bewegen uns im Bereich des Sichtbaren. Wir müssen nicht viel mutmaßen und tief in uns gehen. Die Probleme sind da, sie sind offensichtlich, und sie wirken sich aus. Der Streß ist da. Die Zeit ist zu wenig. Die Konflikte liegen auf der Hand. Wie damit umgehen? Gerade hier sind intelligente Strategien der Bewältigung gefragt, gerade hier finden sich die meisten Themen für Management und Selbstmanagement.

II. Streßmanagement

Streß ist Belastung. Streß mag sich gut anfühlen, wenn die Belastung einer angemessenen Aufgabe entspricht oder eine Verantwortung bedeutet, der ich mich gewachsen fühle. Ich fühle mich gebraucht, wichtig, nützlich, wertvoll. Ich nehme die Belastung gerne in Kauf – aber nur bis zu einem bestimmten Maße steht der Preis, den ich für meine Wichtigkeit zahle, im Verhältnis zu der Belastung, die ich meinem Gesamtorganismus auferlege. Es ist wichtig, ständig dieses Maß im Auge zu behalten und sich immer wieder zu fragen: „Stimmt die Aufgabe noch für mich? Bin ich ihr gewachsen?" Selbstüberschätzung kann verheerende Folgen haben, nicht für mich, sondern für das ganze mich umgebende Gewebe, in dem ich eingebunden bin.

Streß ist vor allem Druck. Folgende Übung wird damit beginnen, zunächst den Druck aus dem Körper herauszunehmen und in Ausdruck zu verwandeln.

Ich erzähle eine Geschichte: Es ist die Geschichte, die sich mit meinem Streß befaßt. Ich erzähle vielleicht von einer bestimmten Situation, die mir Magenschmerzen bereitet, von einer bestimmten Person, in deren Gegenwart ich mich gedrückt und überfordert fühle, von dem Augenblick, in dem die Situation vorbei ist und ich wieder aufatmen kann. Nun habe ich schon mehrere Elemente, die ich ausdrücken kann: die Magenschmerzen (sich den Bauch halten, wimmern), Bedrückung und Überforderung (gekrümmte, geduckte Haltung wie unter einer schweren Last) und das Aufatmen (Expansion in der Körpersprache, Körpergefühl der Weite).

Streß-Management:

- Überforderung
- Bauchweh
- Ruhebedürfnis
- Handeln, ICH
- Fluchtimpuls, Sehnsucht
- Aufatmen

Wenn mir Mitspieler zur Verfügung stehen, wie das in einer Gruppe der Fall ist, bitte ich nun jemanden, meinen Magenschmerz darzustellen. Die Bedrückung und Überforderung, ebenfalls gut mimisch darzustellen, verstärken diesen Zustand und erhalten ihn aufrecht. Deshalb kommt dieser „Magen-Spieler" in eine Ecke. Gegenüber ist nun das „große Aufatmen danach". Vielleicht können gleich drei Spieler diesen Körperzustand repräsentieren, um dieses erleichternde und befreiende Gefühl als Gegengewicht in den Raum zu stellen. Nun stellt sich das Ich, also die Person, um deren Streß es hier geht, in die Mitte. Das Ich fühlt das Feld der aufeinanderwirkenden Kräfte, es steht mittendrin und steht doch auch außerhalb, denn das Ausdrücken der Innenweltlage hat schon eine Meta-Ebene der Beobachtung und der souveränen Gestaltung aufgebaut. Damit erhält das Ich Distanz zum Geschehen, auch wenn das Geschehen unmittelbar mit ihm zu tun hat. Das Ich in der Mitte wird unmittelbar gewahr, wie die Kräfte auf es wirken. Es nimmt dies durch Körpergefühle wahr, die sehr schnell zu Gefühlsideen verarbeitet werden. Aus dem Körpergefühl „klein – dunkel – hinten – zusammengerollt – brennender Schmerz" werden die Gefühle oder eigentlich schon Gefühlsinterpretationen „mein inneres Kind – im Verborgenen – zu kurz gekommen – nicht wirklich erwachsen, nicht der Situation gewachsen – Trauer und Sehnsucht zugleich". Es präsentiert sich eine ganze Reihe von Teilpersönlichkeiten, die alle aufgestellt werden könnten. Um dieses äußerst komplexe Verfahren jedoch abzukürzen, nehme ich nur die vorrangige Reaktion des Ich auf die zwei Pole, die den negativen Zustand und den positiven darstellen. Das Ich fühlt z.B. Trauer. Die Trauer fühlt sich dunkel und kontrahiert an. Das Ich fühlt zugleich Sehnsucht. Die Sehnsucht fühlt sich brennend an. Nun stelle ich zum Pol der Überforderung die Trauer, zum Pol des Aufatmens die Sehnsucht. Das Ich steht wieder in der Mitte und fragt sich, wie es die beiden Pole vereinen kann. Als Lösung mag sich anbieten, der Trauer einen Raum zu geben, um das überforderte Kind anzuhören und ihm Beachtung zu schenken. Gleichzeitig ist dieses Raumgeben beschränkt, und zwar zeitlich beschränkt. Ich kann mir selbst ein tägliches Trauer-Ritual verschreiben, indem ich mir vornehme, jeden Tag fünf Minuten mir ausgiebige Trauer zu gönnen. Danach aber soll auch die Sehnsucht angehört werden, denn erst indem auch sie beachtet wird, hört das Brennen auf. Das Brennen wiederum kann beim Magenschmerz mitwirken und sich auf den Gesamtorganismus – als ein auf Dauer schädigender Faktor – auswirken. Gut. Wie gehe ich also mit der Sehnsucht um, die sich vor das Aufatmen gestellt hat? Es scheint, daß die Sehnsucht zuerst beachtet werden will, als wollte sie sagen: „Kein Aufatmen ohne Rücksicht auf mich. An mir kommst du nicht vorbei. Durch mich erst findest du Ruhe und inneren Frieden." Die Sehnsucht scheint sich als innere Führerin anzubieten. Nun gut, das Ich läßt sich von der Sehnsucht führen, unter der Voraussetzung, daß die Sehnsucht nicht zur Trauer führt, sondern zum großen Aufatmen. Bald stellt sich aber heraus, daß die Sehnsucht als heftiges, leidenschaftliches Gefühl nicht so recht den Überblick bewahren kann. Sie kann ihr Versprechen nicht halten. Deshalb muß eine neue Instanz aufgebaut werden, die diese Aufgabe übernehmen kann. Hier eignet sich der innere Zeitmanager, der nun nüchtern und kompetent auf die Bühne tritt.

Zeitmanagement

Unsere Zeit ist begrenzt. Jeden Tag erfahren wir diese Tatsache. Nur manchmal geraten wir in Ausnahmezustände der Zeitlosigkeit, in denen wir uns dieser Begrenzung enthoben wähnen. Dann werden wir wieder unerbittlich mit unseren Grenzen konfrontiert. Wie damit umgehen?

Ich nehme ein großes Blatt Papier, um meine Wünsche und die Bedingungen für ihre Einlösung aufzuzeichnen. Am linken Rand vermerke ich das heutige Datum. Am rechten ein Datum, das mir gefühlsmäßig angemessen erscheint. Wann ist eine gute Zeit zur Erfüllung der Wünsche? Um dies herauszubekommen, schließe ich die Augen. Ich versetze mich in den Zustand des „ wunschlos glücklich". Und nun stelle ich mir einige Fragen:

❏ Wann in der Zukunft ist dieser Zustand angemessen und wünschenswert? (Achtung: Oft bedeutet die Erfüllung aller Wünsche z.B. eine Aufgabe des Kämpfens, was wiederum eine schwerwiegende Veränderung im Selbstbild hervorrufen kann!) Wann bin ich bereit, diese neue Identität des befreiten Aufatmens zuzulassen? Vielleicht sehe ich eine bestimmte Jahreszeit vor mir und kann mich daran orientieren. Oder ich weiß, daß bestimmte Ereignisse geschehen sind bzw. anstehen (z.B. Pensionierung im nächsten Jahr oder auch Weihnachten). Dann trage ich dieses Datum am rechten Rand ein. Je präziser ich meine Angaben mache, desto mehr kann sich das Unbewußte daran orientieren und an der Lösung mitarbeiten.

❏ Nun versetze ich mich in diese Zukunft. Wie fühle ich mich da? Was ist anders? Was ist geschehen, um die Veränderung hervorzurufen? Was genau sind die einzelnen Schritte, die zu dem veränderten Zustand geführt haben?

❏ Und nun beginne ich, die Zeitlinien aufzuzeichnen, die jeweils vom linken zum rechten Rand, von dem heutigen Zeitpunkt zum Zeitpunkt der erfüllten Wünsche oder eingelösten Ziele führen. Es sind mehrere Linien, denn ich lebe auf vielen Ebenen zugleich, und auf jeder Ebene habe ich eine andere Zeit, andere Phasen und Rhythmen, andere Bedingungen der Veränderung, ein anderes Tempo. Ich wähle für jede Zeitlinie eine andere

Farbe. Ich lege mir die Farben zurecht. Ich beginne mit der ersten Zeitlinie. Welche ist es?

❏ Ich schließe die Augen und erspüre das Körpergefühl, das ich mit der positiven Zukunft in Verbindung bringe. Wahrscheinlich ist es die Ebene, auf der ich am meisten meine Lust lebe. Die Ebene der Erotik? Der zwischenmenschlichen Beziehungen, der Kommunikation? Ich nehme einen Rotstift und ziehe einen Strich. Wie gestaltet er sich in meiner Vorstellung? Vielleicht ist es eine abfallende Linie, weil ich nicht mehr viel erwarte auf diesem Gebiet, von enttäuschenden Erfahrungen geprägt bin. Was aber würde geschehen, wenn ich entgegen meiner verhärmten Einstellung eine aufsteigende Linie eintragen würde? Es kann gut sein, daß es mir sofort heiß wird und ich mir erstaunt denke: „Genau, darum geht es doch eigentlich im Leben!" Was muß geschehen, damit die rote Linie als Leitlinie sich in meinem Leben verwirklichen kann? Vielleicht kommen jetzt gerade verrückte Phantasien, übersteigerte Ansprüche, aufgeheizte Gefühle und eine allgemeine Aufladung des gesamten Lebensgefühls. All dieses male ich auf. Vielleicht entsteht ein ganzes Fadengespinst von roten Linien.

❏ Natürlich gibt es noch andere Ebenen. Die Ebene der Entspannung, der Gesundheit, der organischen Verarbeitung von Eindrücken und Einflüssen. Die Ebene der Umsetzung, auf der ich meine Ideen Wirklichkeit werden lasse. Die Ebene des Handelns. Welche Schritte müssen unternommen werden? Mit Grün, Blau, Braun, vielleicht auch Schwarz (für die ernsteren Angelegenheiten im Leben, die mir aber auch Kontur und Struktur geben). Und zuletzt sollten noch die Ebenen der anderen zwei warmen Farben bedacht werden: Gelb und Orange. Die gelbe Linie kann als Schraffierung dem Ganzen einen sonnigen Anschein geben. Was aber bringt die Sonne in mein Leben? Mit Gelb verbindet sich der innere Sonnenschein – eine bestimmte innere Einstellung zum Leben, die alles überstrahlt, was auch das Leben bringen mag. Gelb kann eine Vision sein, eine geistige Verbindung zum Lebenssinn, eine leuchtende, erleuchtende Vorstellung. Gelb kann alles überstrahlen. Orange ist, laut Farbtherapie und eigener Erfahrung, zuständig für eine belebte Kontinuität, wie sie in der Fruchtbarkeit erfahren wird. Ich setze mich fort – wie, ist nicht wichtig. Was brauche ich aber, um diese Kontinuität des Lebens in mir zu erspüren und sie zu bejahen? Welchen Ausdruck erhält meine Fruchtbarkeit?

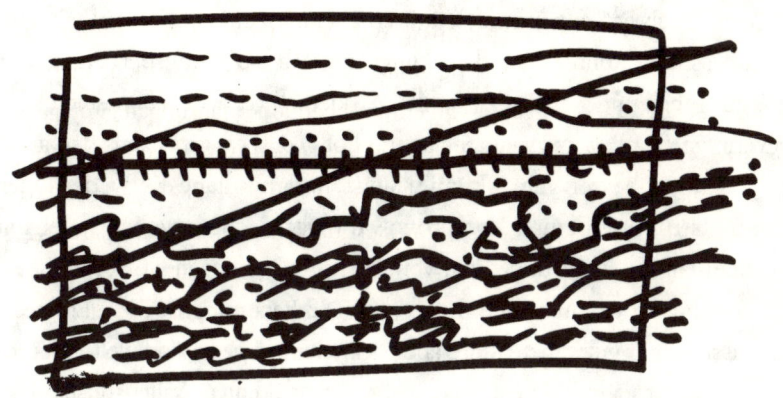

Zeit-Management in der Horizontalen:

- chronologische Zeitlinie;
- Rot für z.B. Leidenschaft, Engagement, das Vorrangige im Leben, Nahziele;
- Blau für z.B. Kontinuität, das Beständige und Wesentliche im Hintergrund, Fernziele;
- Gelb für z.B. das, was Lust macht, Heiterkeit und Leichtigkeit ins Leben bringt, Visionen;
- Braun für z.B. Verankerung und Erdung, Umsetzung in den Alltag, Praxis;
- Grün für z.B. vegetative Bedürfnisse des Körpers, Regeneration, Gesundheit, Entspannung.

Alle diese Fragen und ihre Beantwortung auf dem Papier, indem ich Zeichen finde und Zeichen setze, können mir helfen, mit den Begrenzungen des Alltags zurecht zu kommen. Oft erfahre ich erst durch diese Übung meine wahre Priorität im Leben. Ich habe sie auf das Papier gebannt. Mit dem Bild kann ich mich auseinandersetzen und mir weiter bewußtwerden, was wichtig und vorrangig ist und was warten kann.

Konfliktmanagement

Bei diesem Konfliktmanagement werden Sie vergeblich nach den üblichen Kommunikationsstrategien suchen. Hier geht es um innere Konflikte, die in der leib-seelisch-geistigen Einheit ausgetragen werden und später, wenn sie nicht bewältigt werden, sich in den üblichen äußeren Konfliktsituationen äußern. Doch gehen wir zurück auf die Ebene innerweltlicher Verhältnisse. Der klassische Konflikt-Standard klingt ungefähr so: Entweder ich lasse es mir gut gehen und schädige die anderen, oder ich verzichte auf meinen Lustgewinn, stelle mich an zweite Stelle und hoffe, daß es wenigstens den anderen dadurch besser geht als mir. Meist finden solche Entweder-Oder-Konfliktstrukturen einen Kompromiß im Dazwischen, wobei die eigene Verzichthaltung nicht unbedingt von Altruismus getragen ist, sondern aufgrund einer Berechnung sich durchsetzt. Die Rechnung ist die: „Entweder ich lasse es mir gut gehen, stifte aber Unfrieden in der Außenwelt, oder ich gebe zumindest ein bißchen nach und rechne auf einen Waffenstillstand." – Ich glaube, es erübrigt sich zu erwähnen, daß diese Rechnung meist nicht aufgeht. So wird kein Kontinuum von Verständnis und Vertrauen geschaffen. Das übliche Konfliktmanagement betont deshalb die Wichtigkeit eines klaren Verhaltens. Es entwickelt Verhaltensstrategien, die die Interessen aller Beteiligten klarstellt und klar kommuniziert. Doch oft fehlt die Klarheit, die sich im Selbst einstellen muß, bevor ich sie nach außen signalisiere.

„Brütender Konflikt"

Konfliktmanagement auf der persönlichen Ebene von Selbst, Unbewußtem und leib-seelisch-geistiger Einheit wird durch folgende Suchfragen, die das Ich an das Selbst stellt, eingeleitet:

❏ Worin genau besteht der Konflikt?

❏ Woran merke ich, daß es sich um einen Konflikt handelt?

❏ Was müßte sich verändern, um den Konflikt zu lösen?

❏ Und woran würde ich merken, daß die Lösung wirklich eingetreten ist?

Konflikt leitet sich ab vom Lateinischen, wo es ursprünglich gleichbedeutend ist mit Kampf. In dem Wort ist das Verb Schlagen enthalten und verweist auf ein Aufeinandertreffen, das feste, harte Konturen voraussetzt. Etwas prallt aufeinander und entpuppt sich als unvereinbarer Gegensatz, der zur Auseinandersetzung führt. Es gilt in unserer Kultur als ein Vorteil, konfliktfähig zu sein, d.h., nicht gleich nachzugeben und weich zu werden. Ein Taoist würde da sicher anders denken. Im Taoismus ist alles im Fluß, und der größte Lebenskünstler ist der, der den Fluß nicht anschiebt, sondern seine fließende Bewegung für sich nutzt. In der hier vorgeschlagenen Übung wird es darum gehen, die harte Entweder-Oder-Struktur aufzulösen und zu einer Und-Und-Komposition zu gelangen, die vom Selbst, vom Unbewußten und vom Körpergefühl als verträglich, mehr noch, als angenehm, sogar als lustvoll angenommen wird. Das Selbst ebenso wie der Körper in seiner Wahrnehmung und das Unbewußte halten sich ja nicht beim Kleingedruckten auf, sondern sehen immer den Gesamtentwurf, der ihnen vorgelegt wird. Die Ganzheit wird wahrgenommen, Details werden der linkshemisphärischen Aufarbeitung durch analytisches Nachdenken überlassen. Konzentrieren wir uns also auf die Ganzheit und versuchen wir, sie so zu komponieren, daß sie Wohlgefallen erweckt. Es geht darum, vom Konflikt-Szenario zur sinnlich befriedigenden Lebens-Komposition zu gelangen. Wundern Sie sich nicht! Wir arbeiten zu diesem Zweck mit Filzflecken in verschiedenen Farben. Die innerweltliche Angelegenheit wird durch die bunten Flecken repräsentiert. Die Farben entsprechen einzelnen Erlebenskategorien. Rot steht beim Konflikt natürlich ganz im Vordergrund:

❏ Rot stellt die Frage ans Unbewußte: Wo und wann und mit wem entzündet sich der Konflikt? Wie stark ist die Entzündung, wieviel Energie in ihr gebunden? Wohin richtet sich die expansive, expressive, aggressive Kraft? Legen Sie einen oder mehrere Flecken Rot vor sich hin auf den Boden. Treten Sie zurück, und stellen Sie sich diese Fragen.

❏ Um diese beantworten zu können, brauchen Sie ein Ich, zu dem sich die Aggression verhalten kann. Wählen Sie eine Farbe dazu aus, und plazieren Sie den Flecken auf den Boden. Stellen Sie sich darauf. Welches Körpergefühl nehmen Sie wahr?

❏ Nun wechseln Sie die Position und stellen sich auf Rot. Was empfinden Sie, wie empfinden Sie sich selbst?

❏ Gehen Sie zwischen Rot und Ich hin und her. Manchmal sind Sie dem Ich zugewandt, wenn Sie auf Rot stehen, manchmal auch abgewandt. Vielleicht adressiert sich das Rot an eine Instanz im Außen. Geben Sie dieser Instanz eine Farbe und einen Fleck, und plazieren Sie den Ansprechpartner irgendwo im Raum, wo Sie ihn gut im Auge haben.

❏ Gehen Sie wieder zurück zu Ihrem Innenleben, zu dem Innerwelt-Rot und der Ich-Farbe. Gehen Sie hin und her. Spüren Sie, welche Gefühle in Ihnen hochkommen. Verschiedene Gefühle können sich melden. Versuchen Sie, die Gefühle klar zu fokussieren und ihnen jeweils eine Farbe zu geben.

❏ Um Sie herum entsteht eine Zusammenstellung verschiedener Gefühlskomponenten, die zunächst als Reaktion zum Ursprungskonflikt gesehen werden können. Dann aber zeigt es sich, daß da auch durchaus innerweltliche Aktivitäten zum Vorschein kommen, die ihre eigene Dynamik haben. Da mag Ihr grundlegendes Bedürfnis nach Ruhe sein (Blau?). Nach Erdung, Heimat, ein Platz zum Niederlassen (Braun?). Ihre Sehnsucht nach Kontakt (Orange?). Nach Spiel und Abenteuer (Lila?). Ihr Enthusiasmus, der es haßt, durch kleinliche Streitereien von der großen Vision abgelenkt zu werden (Gelb?). Ihr Sinn für innere Werte und Tradition (Grün?).

❏ Ich stecke nicht in Ihrer Haut. Ich kann diese Anweisungen nur als Einladungen formulieren. Treten Sie ein in die wunderbare Welt der selbstgestrickten Konstruktionen! Treten Sie auf die Flecken drauf, und lassen Sie sich von Ihrem eigenen fliegenden Teppich in wilde, sanfte, brave oder durch und durch ungezogene Phantasien entführen. Fotografieren Sie diese Komposition, um sie zu dokumentieren, bevor Sie sich daran machen, die Komposition zu verändern. Vielleicht muß das Rot mehr nach Außen, um die expressive Energie wirken zu lassen. Vielleicht muß der Kern besser geschützt werden und bedarf eines Schutzwalls beruhigender Farben. Oft hat sich herausgestellt, daß die warmen Farben an der Peripherie Wunder bewirken, während die kühlen Farben im Zentrum für Tiefe sorgen und einen ruhenden Pol schaffen ... probieren Sie es aus.

❏ Und dann, wenn Sie die ideale Komposition gefunden haben und alle Positionen durchgegangen sind, können Sie sich fragen, was der Realisation im Wege steht.

❏ Sie können die Übung ausweiten und Ihren Ansprechpartner aufbauen, indem Sie um seinen roten Fleck herum andere Anteile gruppieren, die dieser Mensch wahrscheinlich auch besitzt. Welche Farbe z.B. hat wohl sein Ich? Und wo findet er seinen ruhenden Pol? Was hat er für Interessen? Was stimmt ihn friedlich, was gereizt? Wie könnte er sein aggressives Potential wohltuend für sich selbst und für die Umwelt investieren?

❏ Und wenn Sie dann vom harten Stil der Auseinandersetzung um jeden Preis ablassen können und die weichere Variante bevorzugen, können Sie nun Ihre eigene Komposition und die des Gegenübers in Verbindung bringen und als Gesamtkunstwerk gestalten.

❏ Und wenn Ihnen dies gelungen ist, können Sie sich wiederum fragen, was der Verwirklichung im Wege steht. Berufen Sie sich dabei nicht allzu sehr auf die harten Fakten, und versteifen Sie sich vor allem nicht darauf. Halten Sie sich statt dessen immer öfter an den weichen Rändern im Übergang zum Möglichen auf, und erlauben Sie sich auch Ausflüge in das Reich des Wunderbaren, auch wenn es unmöglich erscheint.

Sie werden sehen, daß diese Fom von Konfliktmanagement das Problem auf ganz andere Weise angeht und auch auf ganz andere Weise Ergebnisse erbringt. Diese werden Ihnen vielleicht so selbstverständlich erscheinen, daß es Ihnen gar nicht mehr auffällt, wie Ihre Phantasien Wirklichkeit geworden sind.

III. Kreatives, intuitives und visionäres Management

Viele Leute glauben, Kreativität erschöpfe sich in ein paar originellen Ideen. Aber was wären die Ideen ohne ihre Umsetzung in die Wirklichkeit? Manche meinen, Visionen seien irgendwelche Bilder im Kopf. Aber was nützt eine Vision, wenn sie nicht vermittelt werden kann? Und Intuition wird oft als etwas mißverstanden, das nicht logisch ist und dennoch stimmt, also irgendeine weibliche Eigenschaft darstellt, die irgendwo zwischen Gefühl, Empfindlichkeit und Instinkt angesiedelt ist. Aber wäre Intuition nur emotional gefärbt, so könnte sie nicht über den Tellerrand der eigenen Interessen hinaussehen und überpersönliche Bereiche erfassen, was sie aber tut. Wäre es reiner Instinkt, so wäre es eine vorbewußte Fähigkeit, die wir mit den Tieren teilen. Intuition ist aber eine Form von Bewußtsein. Und die Empfindlichkeit einer Prinzessin auf der Erbse allein reicht nicht aus, um eine umfassende und ganzheitliche Sicht der Dinge zu erlangen. Und zuletzt ein Trost: auch Männer können intuitiv sein.

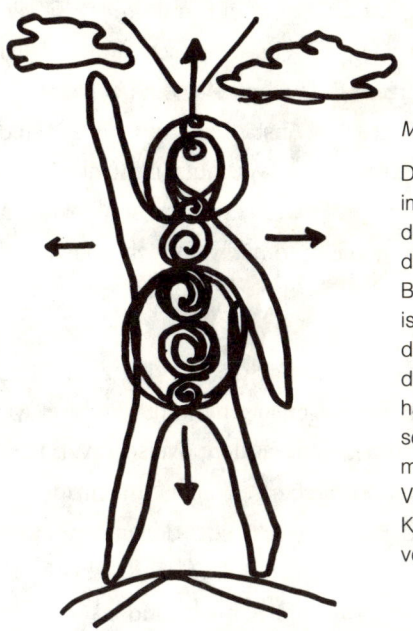

Management in der Vertikalen:

Die sieben Chakren oder Energiezentren im Körper sind Wirbelräder, die untereinander verbunden sind. Sie lassen sich in die drei großen Zentren von Kopf, Herz und Bauch zusammenfassen. Das Kopfzentrum ist mit dem Himmel verbunden und hat mit der Aufnahme neuer Informationen zu tun, der Bauch ist mit der Erde verbunden und har mit dem Umsetzen von Energien ebenso wie auch mit Informationen zu tun, also mit dem Handeln; das Herz wirkt als Vermittler, hat also mit Kontakt, Kommunikation und Informationsverarbeitung zu tun.

Bei dieser Form des Managements haben wir es mit dem Zusammenwirken verschiedener Zentren im Menschen zu tun. Die vertikale Achse verbindet diese Zentren der Energie (der Einfachheit halber beschränke ich mich auf drei Zentren und bringe nicht die klassische Lehre des Yoga mit den sieben Haupt-Chakren ins Spiel) und schafft durch diese Verbindung eine Möglichkeit, verschiedene Energien zusammenwirken zu lassen. Kreativität, Intuition und Vision sind Ergebnisse eines gelungenen Zusammenspiels. Herz, Kopf und Bauch schließen einander nicht aus, sondern arbeiten miteinander. Im Bauch sind wir mit unserer Vitalkraft verbunden und spüren die Verbindung zum Leben, zur Erde, zum Ort, auf dem wir stehen. Im Bauch spüren wir unsere Fähigkeit und unser Bedürfnis, Kraft umzusetzen, aktiv zu werden, zum Handeln zu kommen. Mit dem Kopf sind wir mit der Weite des Himmels verbunden, mit der Weite des Möglichen und Wunderbaren, aus dem ab und zu etwas uns zufällt als Einfall. Hier öffnen wir uns der

Inspiration. Im Herzen aber sind wir mit uns selbst auf innigste Weise verbunden, so daß wir die Hand aufs Herz legen, wenn wir unsere Authentizität
und Integrität betonen wollen. Im Herzen sind wir mit allen anderen verbunden. Hier befinden wir uns auf der Ebene des Austauschs, des Gebens und
Nehmens, des Kontakts und der Kommunikation. Was nutzen mir alle Kräfte
der Welt und alle guten Einfälle, wenn ich sie weder weitergeben noch von
anderen annehmen kann? Was nutzt mir alle Autorität, wenn ich isoliert und
deshalb uninformiert bin? Was nutzt es mir, wenn ich ganz oben bin, aber
keine Ahnung habe, was sonst so läuft?

   Bei diesem Management wird es also darum gehen, die drei Zentren zu
erspüren und mit der Körperwahrnehmung genau zu erkunden, wann wir
aus dem einen oder anderen Zentrum erleben, sprechen, handeln. Wir können dabei die Hände auf den jeweiligen Körperbereich legen, hinein spüren,
hinein atmen, die Körpergestik, mit der wir uns dem oder den anderen mitteilen, darauf abstimmen, die Haltung darauf einstellen. Durch solchen spie-
lerischen Umgang erweitern wir unser gewohntes Umfeld und erschließen
uns Bereiche, die uns vielleicht vorher nicht bewußt oder sogar nicht zugänglich waren. Kann sein, daß wir uns immer auf eine bestimmte Rolle, eine
bestimmte Daseinsfunktion, auf einen Typ und eine Art, das Leben zu erleben, eingeschossen haben. Jetzt kommt die Gelegenheit für nüchterne
Pragmatiker, die Wonnen des Grübelns und Träumens zu entdecken, jetzt ist
es an der Zeit, für hartgesottene Funktionäre – gleich dem Eisernen Heinrich
– die eisernen Banden um das Herz zu sprengen und sich berühren, ja, sich
rühren zu lassen. Und wer sich schon damit abgefunden hat, kein Bein auf
die Erde zu bekommen, kann es jetzt noch einmal versuchen und sich durch
bioenergetische Übungen der Erdung doch noch ein Plätzchen im Hier und
Jetzt erarbeiten. Diese Übungen wirken sich unmittelbar auf das Gesamt-
system der Leib-Seele-Geist-Einheit aus und bedürfen keiner logischen
Argumente. Auch was die Inspiration betrifft, kommen wir ihr nicht durch
Logik näher. Aber wir können uns auf ein Experiment einlassen, indem wir
uns eine Art Trichter vorstellen, der vom Himmel die Fülle der Einfälle in
unseren Kopf trichtert. Wir können uns auch vorstellen, daß wir im Kopf

einen Radioempfänger haben, mit vielen Knöpfen. Einer davon ist für das Einstellen der verschiedenen Sender bestimmt, und nun stellen wir uns darauf ein, daß wir offen sind für himmlische Weisheit. Der Kontakt mit dem höheren Selbst (eine esoterische Instanz, die jedoch auch experimentierfreudigen Naturen zur Verfügung steht, wenn diese den Kontakt suchen) kann eine solche Weisheit vermitteln. Der Kontakt lohnt sich also.

Wenn Sie sich auf diese Art von Management, das in der Tat sehr unkonventionell ist, einlassen, müssen Sie jedoch eine Spielregel beachten. Rechnen Sie nicht mit prompten Resultaten, mit pünktlich abgelieferten Forschungsergebnissen, mit überschaubaren Auswirkungen und gut abgesicherten, eingegrenzten, beschränkten Konsequenzen. Sie haben es hier mit dem Unbewußten zu tun, dem Sie die Aufgaben überantworten. Sie können keine Antworten erzwingen. Sie können nur warten und erkennen, wann und was Ihnen geschenkt wird. Ihre bewußte Verantworung liegt darin, die Fähigkeit Ihres Unbewußten wertzuschätzen und darauf zu vertrauen, daß BodyMindManagement wirkt – wenn auch auf eine Weise, die Sie bislang nicht für möglich und vielleicht auch nicht für erstrebenswert gehalten haben.

Nachwort:
Plädoyer für eine geistreiche Körperkultur

Es gibt gewisse Worte im Deutschen, die einen unangenehmen Beige-
schmack haben. Dazu gehört leider auch das Wort Körperkultur, vor allem
wenn es sich mit dem Wort „Frei" verbindet. Ich denke sofort an schweiß-
glänzende Leiber, Muskelmänner und flachbrüstige Athletinnen, Keulen einander im gymnastisch ausgewogenen Schwung sich zuwerfend, aber auch an
„Kraft durch Freude" und „Arbeit macht frei". Es ist schwierig, auf diesem
Hintergrund eine Alternative der Zukunft, die sich körperbewußt gibt, attrak-
tiv zu machen. Mit diesem Buch jedoch wollen wir unseren Beitrag leisten
und zuletzt noch einen Ausblick wagen.

Die Zukunft wird mit Sicherheit immer unsicherer werden. Wechsel werden schneller und häufiger geschehen, Stabilität abnehmen, Chaos drohen.
Es gibt aber auch schon den neuen Menschentyp, der diesem unberechen-
baren Zeitgeist gewachsen zu sein scheint. Zumindest der Name existiert
schon. Es geht um den Hyperrealisten. Das ist einer, der nicht an der
Wirklichkeit zerbricht, sondern an ihr wächst. Er macht sich weit, bis alle
Fraktale hineinpassen. Was nicht mehr unter einen Hut paßt, das versam-
melt er unter seiner Haut, und wenn es der ganze Kosmos ist. Er hat sich
prototypisch aus der Multimind-Persönlichkeit entwickelt und nährt sich
geradezu von Komplexität. Gerken/Konitzer schwärmen in ihrem neuen
Buch *Trends 2015* von dem neuen Borderliner, der sich nicht mehr krank
fühlt, sondern stolz ist auf seine Fähigkeit, viele Persönlichkeiten in einer
Person zu vereinen. Ebenso wie die multiple Persönlichkeit Modell stand für
den glücklichen Besitzer eines Multimind, so wird auch hier ein Phänomen,
das bislang als Indiz für Abnormalität gedeutet wurde, nun zum neuesten
Anpassungsmodell deklariert. Hyperrealismus heißt nicht, entfremdet der
Welt neben sich zu stehen, sondern einen neuen Typ der Gegenwärtigkeit,
der Anwesenheit zu erfinden. Die Welt verändert sich, und wir uns mit ihr.

Die Welt verändert sich schneller und schneller, und das herkömmliche Ich wird überflüssig, weil es nicht mithalten kann mit den Geschwindigkeiten, die die Schallgrenze überschreiten. Gefordert wird dennoch etwas Starkes inmitten aller ausgefransten Ränderzonen. Gefordert wird ein starkes Ich, das alle Teilpersönlichkeiten moderieren und integrieren kann. Es braucht ein starkes Ich, um in all diesen Splitterwelten und Teilidentitäten souverän sich zurechtzufinden, um jeweils angemessen die rechte Steuerung einzuschlagen, nur um sie im nächsten Moment wieder umzustellen. Es braucht ein starkes Ich, um weich und offen sein zu können. Wir möchten dieser Forderung eine weitere anfügen. Immer wichtiger wird es werden, im eigenen Körper – und wir haben bis jetzt immer noch nur einen Körper, der ganz real existiert – zu Hause zu sein. Wenn nicht dort, wo sonst? Es wird immer wichtiger sein, in Kontakt zu kommen mit Körpergefühlen und einem grundlegenden Sinn für Lebendigkeit. Glück entsteht im Körper, Glück wird wahrgenommen als Körpergefühl.

Wenn also in Zukunft so etwas wie Glücksschulung oder professionelle Anleitung zum Glücklichsein das Freizeitangebot ergänzen und erweitern wird, dann wird diese Schulung sich am Körper orientieren müssen. Ich würde dabei eher davon ausgehen, daß nicht der Sport, sondern die Meditation die neue Beschäftigung in arbeitslosen Zeiten sein wird. Das Interesse an Innenwelten wird die Gier nach äußerer Exotik ersetzen, denn bald ist alles auf der Oberfläche ausgereizt. Der Weg in die (eigene) Tiefe ist geradezu unausweichlich, soll die Gier nach Neuem befriedigt werden. Der Hyperrealismus bedient sich der Virtualität, nur um nach langen Irrfahrten dort anzukommen, von wo er gestartet ist. Nämlich bei der Wahrnehmung, den Sinnen, den unmittelbaren Körpersensationen noch vor jeder Deutung und Bewertung. Zwischen Meditation und Sport angesiedelt, werden Techniken, Inszenierungen, Events und Spielangebote immer größere Beachtung und Nachfrage erfahren. Dabei wird nicht mehr das Langzeitziel einer sozial versicherten Gesundheit, sondern die polymorph perverse Lust an der eigenen Lebendigkeit im Vordergrund stehen. Ausgehend von einem sich mehr und mehr durchsetzenden, autonomen und sehr persönlich gestalteten Verständnis für die eigene Verantwortung dem Körper und der Gesundheit gegenüber, wird BodyMind als übergeordnetes Prinzip einer neu erfahrenen Körperlichkeit eine neue Form des geistreichen Umgangs mit sich selbst und mit den anderen einläuten. Das werden spannende Zeiten voller neuer Möglichkeiten werden. Die Vorfreude lohnt sich schon heute!

Literatur

Richard Bandler: Veränderung des subjektiven Erlebens. Fortgeschrittene Methoden des NLP. Paderborn 1988

Richard Bandler & John Grinder: Neue Wege der Kurzzeit-Therapie. Neurolinguistische Programme. Paderborn 1985

Richard Bandler & John Grinder: Metasprache und Psychotherapie. Die Struktur der Magie I. Paderborn 1985

Will & Ariel Durant: Vom Aberglauben zur Wissenschaft. München 1965

Moshé Feldenkrais: Bewußtheit durch Bewegung. Der aufrechte Gang. Frankfurt 1978

Moshé Feldenkrais: Die Entdeckung des Selbstverständlichen. Frankfurt 1987

Moshé Feldenkrais: Das starke Selbst. Anleitung zur Spontaneität. Frankfurt 1989

Moshé Feldenkrais: Die Feldenkrais-Methode in Aktion. Paderborn 1990

Moshé Feldenkrais: Der Weg zum reifen Selbst. Phänomene menschlichen Verhaltens. Paderborn 1994

Gerd Gerken & Rudolf Kapellner (Hrsg.): Wie der Geist überlegen wird. Paderborn 1993

Kay Hoffman: Tanz durchs Labyrinth. Oldenburg 1994

Kay Hoffman: Das Jenseits ist jetzt. Zeitmanagement aus spiritueller Sicht. Sulzberg 1995

Dieter Jetter: Geschichte der Medizin. Stuttgart 1991

Hans Jonas: Das Prinzip Leben. Frankfurt 1994

Humberto Maturana: Was ist Erkennen? München 1994

Robert Ornstein: MULTIMIND. Ein neues Modell des menschlichen Geistes. Paderborn 1989

Caterina Wolfherz: Tanz entlang der Lebenslinie. Freiburg 1994

SEMINARE, FORTBILDUNG, COACHING, SUPERVISION

IN

BodyMindManagement in Action
NLP-Ausbildungen

Martin Haberzettl
Straubinger Staße 14
90480 Nürnberg
Tel.: 0911/405918
Fax.: 0911/405977

Maria Schneider
Tempelhof-Seminare
Drittes Quergäßchen 1
86152 Augsburg
Tel./Fax: 0821/514012

Kay Hoffman
Freischützstr. 110/803
81927 München
Tel.: 089/952336
Fax: 089/952446

Information zur Aus- und Fortbildung in NLP

NLP in Winzenburg !

BILDUNGSSTÄTTE
HOEDEKENHUS e. V.
Lamspringer Str. 24-26 • D-31088 Winzenburg
Tel.: 0 51 84 / 82 32; Fax: 16 88

NLP-Ausbildungen: Practitioner und Master • Coaching •
Workshops • Kinesiologie und Suggestopädie

NLP in Österreich

Österreichisches Trainingszentrum für NLP

35 Tage NLP-Practitioner & 27 Tage Master Practitioner-Kurse
4jährige NLP-Professional-Ausbildung für
Coaching, Supervision und Therapie
Ausbildung zum Lebens- und Sozialberater

Dr. Brigitte Gross, Dr. Siegrid Schneider Sommer,
Dr. Helmut Jelem, Mag. Peter Schütz

Internationaler Beirat: Robert Dilts, Gene Early, Joanne Riou

Widerhofergasse 4, A-1094 Wien
Tel.: 0043/1/317 67 80, Fax: 0043/1/317 67 81-22

Die innere Geometrie der Natur

1995, 64 S., A4-Format,
30 Bildentwürfe
DM 18,-
ISBN 3-87387-165-3

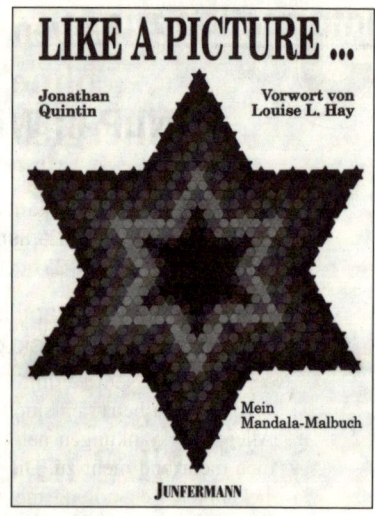

Die Formen und Symmetrien der Natur kann man als Symbole verstehen, welche universelle Prinzipien und Naturgesetze der Existenz enthüllen. Symmetrie ist eine graphische Form der Harmonie. Es ist die Harmonie der Teile miteinander und mit dem Ganzen. Symmetrie ist eine Verbindung von Form und Funktion, die Weise, wie die Natur alle Lebensformen miteinander verbindet.

Der Betrachter kann sich in diese Bildwerke als stille Augenblicke der Zeit versenken - als Fenster, die ewige Prozesse und universelle Harmonie enthüllen.

„Seit meiner Kindheit macht es mir großen Spaß, Malbücher zu kolorieren. Ich kann mich stundenlang in ihnen verlieren und es genießen, Farben zusammenzustellen und dadurch einfachen Schwarzweiß-Umrißzeichnungen zusätzliche Dimensionen zu verleihen. Außerdem ist dies eine der von mir bevorzugten Arten zu meditieren. ... Je mehr ich mich in diese wunderschönen Zeichnungen vertiefte, umso größer wurde mein Wunsch, auch andere an meiner Freude teilhaben zu lassen." - *Louise L. Hay*

Der Autor:
Jonathan Quintin lebt und arbeitet in Neuseeland. Er ist seit Jahren mit Louise L. Hay befreundet.

JUNFERMANN VERLAG • **Postfach 1840**
33048 Paderborn • **Telefon 0 52 51/3 40 34**

JUNFERMANN

Leben ohne Allergien

1995, 208 Seiten, kart.
DM 29,80
ISBN 3-87387-251-X

Dieses Buch wendet sich an alle, die in irgendeiner Weise von Allergien, Neurodermitis und Asthma betroffen sind. Allergie-Erkrankungen nehmen mehr und mehr zu. Die bekannten Behandlungsmethoden veranlassen viele, sich auf einen wahren Behandlungsmarathon einzulassen, mit dem selten Heilung erreicht wird. Klaus Witt vereint in seinem Buch vielfältige Behandlungsmöglichkeiten über eine Kombination von NLP-Methoden. So entstehen neue Behandlungswege, die, auf den Patienten individuell abgestimmt, zur Linderung oder Heilung der Allergie führen können. Betroffene, aber auch Therapeuten erhalten einen umfassenden Einblick in dieses aktuelle Thema. Das Buch beinhaltet zudem die Einladung, sich teils auf gänzlich neue Weise mit Allergien, Neurodermitis und Asthma zu beschäftigen und die eigene Einstellung zum allergischen Verhalten zu hinterfragen.

Klaus Witt

Allergie? Nein danke! Gesundheit? Ja bitte!

Mentale Wege zur Behandlung und Heilung von Allergien, Neurodermitis und Asthma mit NLP

Neben einer kurzen, schulmedizinischen Erläuterung und unterschiedlichen Gedankenmodellen zeigt der Autor die Vorteile eines neuen ökologischen Heilverständnisses auf.

Der Leser wird an die sogenannte „Psychische Impfung" herangeführt und kann sich aktiv auf diese vorbereiten. Er bekommt einen Eindruck von der Durchführung dieser „Impfung" und Informationen über die anzuwendenden NLP-Methoden. Der Autor gibt dem Leser Kriterien an die Hand, womit er erstmals in der Lage ist, die Qualität einer psychophysiologischen Intervention vorab einzuschätzen.

Der Autor: Klaus Witt, geb. 1958, ist verheiratet und hat zwei Töchter. Er ist klinischer Diplom-Psychologe und freiberuflich in eigener Praxis in Hamburg tätig.

JUNFERMANN VERLAG • Postfach 1840
33048 Paderborn • Telefon 0 52 51/3 40 34

Das vielfältige Gehirn

480 Seiten, kart.
DM 49,80
ISBN 3-87387-311-7

Johannes Holler

Das Neue Gehirn

Möglichkeiten moderner
Gehirnforschung

Unser Gehirn im Überblick
Ein Handbuch

Das menschliche Gehirn ist eine faszinierende und zugleich rätselhafte Konstruktion. Bei einem Gewicht von nur drei Pfund hat es die Fähigkeit, unsere grundlegenden und lebensnotwendigen Systeme zu überwachen, unsere Bewegungen zu steuern, Informationen über unsere Umwelt aufzunehmen, zu sortieren und sie lebenslang zu speichern. Das Gehirn kann nicht nur eine unbegrenzte Abfolge von Dingen vollziehen, sondern diese auch mehr oder weniger gleichzeitig bewältigen. Es ist fähig, Emotionen wie Freude, Liebe und Enttäuschung zu fühlen und ein Bewußtsein von sich selbst und seiner Zukunft zu haben. Außerdem scheint es etwas zu beherbergen, was es in die Lage versetzt, sich wahrzunehmen, über sich selbst zu reflektieren, Ziele zu visualisieren und *Etwas aus nichts zu erschaffen*. Auf einer bestimmten Stufe weiß es, daß es weiß, und daß es Wissen und Gewißheit und nicht nur Daten gibt.

Modellvorstellungen, wie sie der Autor vorstellt, können eine Anregung für eine neue, umfassendere Sichtweise im Umgang mit uns selbst und unserer Umwelt bedeuten.

Johannes Holler, Ausbildung zum staatl. gepr. Physiotherapeuten; danach Medizinstudium. Seit 1989 als Fachbuchautor zum neurowissenschaftlichen Themenbereich tätig. Autor von mehreren Büchern.

**JUNFERMANN VERLAG • Postfach 1840
33048 Paderborn • Telefon 0 52 51/3 40 34**

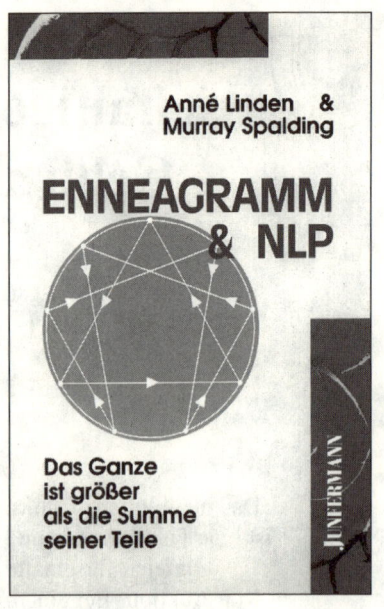